第一辑

闯天涯

温 州 华 侨 口 述 史

温州华侨口述史课题组 编

浙江大学出版社
ZHEJIANG UNIVERSITY PRESS
· 杭州

前言

作家莫言曾说："地球上也许有鸟儿飞不到的地方，但没有温州人去不了的地方。""无论多么偏僻的城市，无论多么遥远的国度，都可以吃到温州人做的饭，买到温州人做的商品，看到温州人热情的面孔。"

温州人素有敢为人先、勇闯世界的优良传统，最早可追溯到"三周"——北宋周伫、南宋周去非、元代周达观。改革开放以来，一个又一个、一批又一批温州人秉持着"为了创造更好生活"的朴素愿望，从家乡出发，历经千辛万苦、说尽千言万语、走遍千山万水、想尽千方百计，让温州人的经济版图扩展到全世界。温州现有华侨华人、港澳同胞共 68.8 万人，在浙江省占比超过三分之一，另有归侨侨眷 34.4 万人，有 304 个在海外规模大、有活力、有影响的温籍侨团。

海外创业路，鲜花与荆棘共生。每一位华侨华人的背后，都有着自己独特的经历，特别是在海外打拼闯荡时，留下了很多跌宕起伏的精彩故事和可歌可颂的传奇经历。

为了进一步激扬世界温州人精神，传颂好华侨华人事迹，温州市委统战部（市侨办）联合温州大学人文学院开展温州华侨口述史编纂工作。温州大学人文学院温州华侨口述史编纂团队，历时一年，对第一批 20 位温籍老侨领进行采访、拍摄、记录（其中收录于本书的有 18 位），以口述史形式展现温州华侨华人闯荡世界的心路历程和精彩故事，最后凝结成这本《闯天涯：温州华侨口述史（第一辑）》。

编纂《温州华侨口述史》，是想通过口述历史的方式向海外新生代讲述老一辈华侨创业发展历程，以老带新，发挥传帮带作用，引导海外新生代继续传承好侨界优良传统。首批受访对象，他们多数都在改革开放后出国，身上自带改革创业的"基因"。他们抱着"原来这美国，也是可以去闯一闯的"的心态去打拼事业，用"肩膀扛出马德里批发市场"，因为"温州人就是专心做生意"。在外面拼搏后，他们选择"回国投资"，他们"相信温州的发展"，更坚信"出国了反而会更爱国"。

　　编纂《温州华侨口述史》还可以进一步展示温州华侨敢于拼搏、抱团发展的良好形象，在海内外讲好温州故事、传播好温州声音。温州华侨总是抱团发展、守望相助，心系家园、思源思报，义利并举、热心公益，在商行天下的同时善行天下、义行天下，特别是在新冠疫情暴发之初，温州华侨众志成城，通过各种途径，不计成本地向全国捐助口罩等医疗物资，绘制出一幅世界温州人的"爱心地图"。首批受访对象，分布在世界各地，都是当地侨领。在他们的带领下，温州人紧密团结在一起，在异国他乡树立了艰苦奋斗、不畏苦难、敢于创新、善于创新、专注慈善事业的良好形象。

　　"若为化得身千亿，散上峰头望故乡。"希望可以借助口述历史记录，留下一代海外温州人的欢笑、泪水和不悔。讲好温州故事，传播时代强音。

目录

杨 益盈

1933 年 12 月 27 日出生于今瑞安市桂峰乡元底村。1946 年，全家搬至瓯海区雄溪村，其父杨德发为 20 世纪 30 年代第一批赴日华侨。1959 年，杨益盈前往德国做厨房学徒；1963 年，盘下工作过的福建酒楼开设自己的第一家餐馆，并改名为"上海酒楼"；1973 年，赴荷兰经营房地产，三年后返回联邦德国继续从事餐饮业。1978 年 12 月，联邦德国华人总会成立后，杨益盈担任总会副会长，分管该会的财务工作，并亲自带领 400 多名乡亲出国发展。1985 至 1987 年，于德国相继开设上海酒楼、国际酒家。自 20 世纪 80 年代起，致力于家乡的教育事业与社会公益事业，累计捐款达 1000 多万元。

杨益盈：

我一生有两个宝，一双手和一个脑

访谈时间： 2021 年 7 月 21 日、8 月 2 日、8 月 9 日
访谈地点： 瓯海区瞿溪镇杨益盈先生家中
受 访 者： 杨益盈
采 访 者： 何锦顶、蒋冰雁、方韶毅
录音、摄影： 蒋冰雁
文字整理： 何锦顶

我家现在是侨五代了

我出生在瑞安桂峰，后来迁居瓯海。我爸爸是 20 世纪 30 年代第一批去日本的老华侨，他人长得高大，经常戴着一顶圆帽子，非常帅气。

我爸爸曾往返日本三四趟，他在国外做什么，我不太清楚。只是他最后一趟去日本，整整九年都没有音讯！家里面都以为他已经不在了。没想到日本投降以后一个月，我们收到了他的信，信中说他准备回国了。后来，他也会偶尔说起在日本的见闻，记得他说有一次他经过一个桥头，看到日本人在摸路人的后脑勺，如果后脑勺是平的，就直接砍了头扔到河里冲走。因为当时有种说法，后脑勺平的就是朝鲜人。我们当时听了都吓得胆战心惊。

他在日本没挣到什么钱，又觉得桂峰人多地少，不好长久住下去。于是，我们全家就在 1946 年搬到了瓯海，在瓯海雄溪村买了两亩地。那时候，附近的华侨也不多，雄溪同瞿溪，总共只有六七户华侨人家。

现在，我们在雄溪还有一间房，我当年在德国挣了钱以后曾汇款给我爸爸让他翻新重盖。当时取出来的钱都是 5 元、10 元的，三四个人坐在床上数了好几个小时，用这些钱盖了一幢 7 间 2 层的房子。那时，其他人家建房子都

是用木头，我们家已经用水泥来盖了，说实话，那房子盖得真难看。我后来还同我爸爸说过，这么多钱，买条街也够了，怎么建了个这样难看的房子！但是路过的人居然都觉得那个房子还挺好的。

在雄溪种了几年田以后，我爸爸听说有人在欧洲挣了钱，所以1957年他又出国了。他先去意大利，在罗马、佛罗伦萨、米兰做小商贩，卖过领带、背包等，后来从奥地利到了德国的科隆。他们卖东西不是摆摊，而是拿在手里在街上走着卖，遇到警察还要跑，不然可能会挨打，甚至被抓走。20世纪60年代后，他才归国养老。

我是1959年出国的。小学毕业后，我种了四五年的田，但觉得一直这样穷下去不是办法，就想要出去挣钱。那时候出国的人非常少，出国的过程也有波折。公安局的同志觉得我既不会说普通话，也不会说德语，就劝我别去。可我告诉他们，只要能到德国，我就能学会德语。

我的申请最终还是审批通过了。当时，出国手续要去香港办，因为那时的香港是由英国政府管理的，是国际码头。我们先去金华，再坐火车到深圳，在深圳坐船去香港。火车车厢内非常拥挤，我一路蜷缩着，想把手肘撑开一下都不行。

我们一行有八九个人，都是来自青田、瑞安的小伙子。好不容易到了香港，大家都饿得要命，去到一家饭店，店里用的是小碗，我那一顿吃了9碗饭。后面几次都不好意思叫服务员了，干脆自己拿碗去盛。还有人直接用一块腐乳配一口饭，我看着都觉得咸。

当时，出国还有个老规矩，就是"扒"关税，所以我没带很多行李。但是，我给自己买了一套衣服，换上身后，还把旧衣服全都寄回家了。我太太会把毛衣的线拆开，给孩子们重新织毛衣。

在香港等待审批需要4个月时间。我们这一行人在家都是吃生产队的大食堂，经常饿肚子。到了这里，吃得饱穿得暖，感觉非常自由，还能到处去逛。可是每天只是打扑克、抽烟、喝酒，我不喜欢。我出门就是为了赚钱，难道钱非得到德国才能赚吗？我看到当地有种擦汗用的手帕做得很精致，价格又便宜，想到我爸爸在德国就是小商贩，所以我也批发了一些，准备带出国去卖。

瓯海瞿溪扬宅落成时，各界人士前来道贺

其实，在香港办的相关手续只是个开始，我们在国外还要办回港证，用来返回香港。大使馆也会为我们办理中华人民共和国护照，之后再发居留证。整个流程走完需要两三年的时间。

实在困了就躺在公园的椅子上睡一下

我到德国以后，没有和我爸爸一起卖小商品。他来机场接我的那天晚上同我说了很多，我才知道，他们在国外卖东西，赚钱并不多，地位也低。何况自己初来乍到，语言不通，怎么卖东西啊。我就想先去餐馆里面当个临时工，把语言学起来。

以前，中国人在德国能做的只有餐馆，其他行业搞不起来，连手续都批不下来。即使是开餐馆，也是香港人开的最多，温州人开的很少。后来，我们中国的国际外贸打开了世界市场，我们在德国法兰克福机场那边才能做一些批发生意，卖鞋、卖衣服之类的。

我爸爸认识一个同乡，叫潘成南，他也是湖岭区桂峰乡人。他在波恩市有家福建酒楼，我就到他的餐馆去做工了。我当时的工资是每个月300马克，就凭这点收入，是很难攒到钱自己开店的。于是，白天我在厨房做学徒打工，晚上我就去公园卖东西，实在困了就躺在公园的椅子上睡一下，然后接着到处去兜售。从香港批发来的手帕，成本是四毛钱一条，靠着它，我第一个月就赚了4000马克。那是我第一次赚到这么多钱。

总之，那时我就是拼命赚钱，不该用的钱一分都不花。这样过了两年，我的老板年纪大了，不想干了，问我要不要买下他的餐馆。我觉得自己的机会来了。东借西凑，又向银行贷了点款，差不多借了12万马克，把店盘了过来。这就是我的第一家餐馆，叫"上海酒楼"，1963年开业，有200多平方米，能同时容纳120个人用餐。

在国外当老板，比做工人还要累。在中国做老板只是管理监督，把任务吩咐下去，做事的是工人。但在德国，我这个老板每天起得比店员还早，把需要的东西买回来。有时候我采购回来了，工人都还没上班。晚上打烊后，我要到厨房里看看明天还缺什么。新鲜的蔬菜需要天天买，肉类让人每周送一次。

德国人爱干净，我也是。我的店里一直是干干净净的，天天洗地，晚上工人都走了，我也要把桌布都换好。一直到现在，我们家的阿姨还拿我的习惯说事，说我看不得拖鞋摆不齐，毛巾必须要四个角工整地摊开挂在钩子上，做不好我就要说她不规矩。从做事情的态度就能看出一个人的品性，我就喜欢东西都保持工整干净，我做人规规矩矩。

我的店一开张生意就很好，每天都有客人排队等位。刚开始我自己做厨师，忙得不得了。洋葱牛肉和牛肉炒面这两道菜是店里最畅销的。

因为叫工人来帮忙需要费用，我就控制工人的人数，把自己的工作安排得非常紧凑。有时候，我一天要工作二十来个小时，每顿饭都要迅速解决，中途还会被一些事情打断，每天都吃不好也睡不好。工人们也一样，没时间去拖拖拉

开设在德国科隆的上海酒楼

拉，餐馆虽然不大，但生意红火，服务员端着盘子来回要走得很快。听说有些在我这儿做跑堂的女员工，一天下来腿酸痛得不行，把腿竖着靠在墙上才能睡着。

不过德国人有一点很好，餐馆这么大，一百来桌摆起来，都是鸦雀无声的，只能听见刀、叉、碗、盘相碰的声音，有人说话大声一点都觉得失礼。店里安排了几个跑堂的站在客人旁边，客人有什么需要，只用摆一摆手，跑堂的就过来了，速度非常快。

生意好，挣了钱，我就没有再亲自炒菜了，而是在前厅招待客人。只要有客人进后里吃饭，我就高兴。哪怕工作再吃力，我也会热情招待他们，所以客人们都愿意来。店开了一年，我就把借的钱给还清了。从 1973 年开始，我陆陆续续把太太、孩子们带到德国帮忙。女儿来店里帮忙，我没有给她发过工资，她一个月的小费就可以赚几千马克，攒到后面都能当她的嫁妆了。

后来，我听说有很多人在荷兰搞房地产赚了钱。我也想去试试，就去了布雷达，做了三年，主要就是买房子来投资，还真赚钱了！1976 年，我又回到波恩买下了一幢 3 间 5 层的房子，有 1000 多平方米，后来很多我带出国的人都安置在这幢房子里。

回到德国后我还是重操旧业，又开了两家餐馆。1985 年，我在科隆开了一家餐馆，也叫"上海酒楼"，我把女儿和女婿带出来，店交给他们管理。店面是租来的，店里有 210 个座位，光员工就有 15 个，生意也非常好。1987 年，我在波恩市又开了一家餐馆，叫"国际酒家"，我的二儿子杨伟孝在打理。

我开的这三家餐馆，生意都很红火。其实只要牢记勤劳、节约、热情这三点，生意自然就能做起来。

第一次回国是去送周恩来总理

出国后，我整整 16 年没有回家，连我母亲去世都没回来。一是手续批不下来；二是想多挣点钱。当年我出国时，我女儿 6 个月大，大儿子也只有 6 岁。后来等我回家，一个到了适婚的年纪，另一个已经是两个孩子的爸爸了，连我孙子都比我出国时看到的自己孩子的年纪还要大。听我太太说，我女儿老问她，为什么人家都有爸爸，她长到 17 岁了也没有见过自己的爸爸。

因为我在国外，我太太和家里的小孩都过得很辛苦。刚出去那几年，国内还在吃生产队的大食堂，我的孩子去打稀饭，生产队说我家里没有劳力，不想给他吃。我太太就告诉他们，孩子十年之后也是劳动力啊，可当时的生产队哪会听，把他们的碗都扔了。

家里面少粮少油，有时候他们还会被我伯伯辈的人欺负，经常饿肚子。我的大儿子 10 岁时就开始帮我太太砍柴、种番薯。刚开始他不会用砍刀，只能靠手掰树枝，再捡些人家不要的，勉强凑成一捆柴。

那时候是 20 世纪 60 年代"文革"前夕。听我带出去的同乡说，学生去上学，吃饭根本没有菜，只能炒一点盐装在瓶子里，带到学校去拌饭吃。

家里实揭不开锅了，我只好在德国熬好猪油，一桶一桶地冻起来，和买的粮食一起寄回家，不然他们根本活不了。

两张全家福照片见证了杨家五代华侨的历史

我第一次回国是因为 1976 年周恩来总理去世。大使馆安排我们回国去北京为周恩来总理送行。我印象很深的是，那时国内派来接我们的面包车连门都没有，我们坐在车上被冻得不得了。当时我就想，我们国家和德国生活水平还是差很多的，我出去一定要挣更多的钱，帮助我们国家变得比德国还好。

既然回来了，我当然要回家去看看。我还打算把女儿也带到德国去，因为要在家等审批，前后待了有半年时间。我记得从北京到上海站后，是我大儿子和我侄子一起来接我的。我真怕自己认不出他们来！还好我儿子穿的是我寄回家的一件衣服，一见这衣服我就知道，那一定是我儿子。见面后，我给了儿子200 块钱。一直到现在他都说，这 200 块钱他一辈子都会记得，在生产队一年干到头也没那么多钱，现在就算给他 200 万元，都没当时那么激动。

因为是出国后第一次回家，我带了不少东西回来，给外甥买了手表，还带了糖果分给小孩子。回来之后去取钱，我也没多想，只知道多取一些，不料取出的都是散钞。工作人员给我找了一个放饲料的麻袋，装了整整一麻袋。我回家骑了辆三轮车来运，路上也不怕被抢——谁能想到这个麻袋里装的是钱？

分给老一辈亲戚的是金戒指。平时家里多亏他们照应，我想好好感谢他们，就去金店给他们每人买了一枚金戒指。家族里人多，我买了不少，金店的老板一开始差点以为我是骗子，确认了好几遍，直到我把钱付到他手里他才放心，拿了多个戒指出来让我挑。当时店里没有那么多成品，我又怕老板以次充好，就在店里听他敲了一下午锤子。最后我实在没耐心等他逐个包装，索性让他用绳子把金戒指串起来，就这样一串一串地拎回了家。听我太太说，这些金戒指家里亲戚都不舍得戴，一直留到自己儿子结婚，把它当传家宝送出去。

"那时候没人愿意当会长，因为办会要自己掏钱"

1973 年，我们就开始申请家庭团聚，让家里人来德国，我太太和我二儿子都过来了。

有钱大家赚，来德国能赚钱，我当然要报答帮助过我们家的亲戚，我们家族的人基本上都被我带出国了。记得我外甥出国时，穿的鞋连脚指头都露在外面，我去给他买了皮鞋和大衣，买飞机票手续也是我来办的，1985年的时候还帮他开了一家"南京酒楼"。

在德国，要想带人过来，要看你做生意的纳税情况。我的店生意好，越开越大，交的税达到了德国的要求，证明我需要的劳工多，德国政府才肯审批通过我提交的申请。

如果是旅游签证，那只能在德国待3个月，有的亲戚拿的是旅游签证，如果遇到意大利"大赦"，我就会把他们送到那边去。当时也能申请难民补贴，他们就暂住在我的餐馆里，边做工边学语言。慢慢熟悉之后，我就鼓励他们自己去开店。陆陆续续地，我带过来的有400多人。

"文革"前后，偷渡的人很多，有亲属在国外的人都想出国。如果他们在国外开的是没有名气的小餐馆，当地政府就不给他们的亲属办手续，很多人就通过黄牛褙出国。

黄牛褙开出的价格很高，出国路上也辛苦。因为没有正式的手续，过不了海关，他们会采取一些手段。有的带着人爬山越过国境线，有的靠把人封闭在箱子里来躲过检查。不少偷渡的人把性命都搭进去了。

到了国外，如果黄牛褙的老板没收到钱，就会把人囚禁起来，要求亲属拿钱来赎。以前，我经常接到他们的威胁电话，张嘴就要十几二十万元，否则就把人打死或饿死。我只能带着钱去机场，把他们接到餐馆里安置。我有个亲戚还因为路上吃了太多苦头，在店里一直哭。

既然电话打到我这里，无论亲疏，我都会负责。人家出门是想赚钱的，不能看着他们枉死。这些钱我没让他们还过，但有些人后来会还钱给我。至于一共花了多少钱去赎人，因为往来的人太多，我不记得了。他们有钱就还，如果忘了，我就当没赚过这些钱。

我刚到德国时，中德尚未建交，中国在德国没有大使馆。后来中德建交有了大使馆，大使馆的工作人员刚来德国，天冷都不知道去哪里买木炭，我就干脆买了送过去。有时候他们也要找我商量事情。有一次，有台湾同胞想来德国，

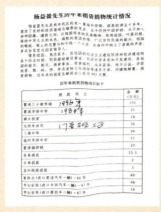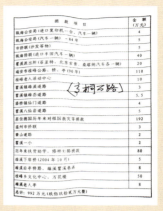

杨益盈热心公益，这是他近年捐赠记录表

大使问我要不要签给他们。我就觉得，都是中国人，当然是要签的，中国人理应互相照顾。

1978 年成立了联邦德国华人总会，我当了副会长。一开始没有人愿意当会长，因为办会要自己掏钱。那时候德国华侨也少，就七八十个人。后来我牵头，好多人加入了联邦德国华人总会，都是开餐馆的，以广东人为主，温州人也有。

1984 年，大使馆在德国想建办公用房，但资金不够，我们当时也是各种宣传、募捐，筹到了 21 万马克给大使馆建房。因为我是侨领，成立大使馆之后，国内领导人来德国访问，我都会参与接待。记得华国锋来访时，我和女儿一起买了一束花，到机场迎接他。他还在我的餐馆里吃了饭。

我想自己能比爸爸多赚钱的原因，和我们国家的发展是分不开的。以前中国地位低，我们华侨在国外受欺负，那我们就要联合起来，努力赚钱，一起让自己的国家变强。

"人呢，总要回家，回到故土去"

以前我们国家物资匮乏，很多生产材料依靠进口。我回到家乡，在家乡造房子、造水电、修路，让家乡的基础设施建设慢慢完善起来，从湖岭到桂峰的公路、桥梁，还有桂峰乡的万花楼、文化中心、老年活动中心，都是我出资建造的。这么多年了，零零碎碎也没记那么清楚，反正只要我知道家乡缺少物资，或者国家需要捐款，我一定会想办法帮忙。像1994年的时候温州洪灾严重，我当时捐了30多万元。当地的政府的资金不足，我就在国外买汽车、摩托车、复印机等，送给短缺的部门。当地的公安局、派出所、侨联，我都资助过。

学校尤其重要，一个地方或一个国家，一代比一代有文化，才能发展起来。瞿溪这边的学校，很多是我出资修建的。1996年，我捐了150多万元建瞿溪第三小学，温州的华侨中学搬迁到新校址，我也出过力。还有瞿溪的华侨中学、瞿溪第一小学、三溪中学……我没有特意去记，已经忘得差不多了。这些年都捐出去1000多万元了，真要逐个说，那不是累人嘛。

我爸爸也很乐善好施。要是在黄鱼摊附近遇到家里困难的孩子，我爸爸就会替他们付钱买鱼，说再苦也要让小孩吃好一点。他去世那天，有3000多人来送他，每家门口都摆着东西。说实话，我脾气不如我爸爸好，我看不得青年人偷懒。以前有人看我资助地方挺慷慨，就上门向我借钱，被我骂了回去。这样年轻的人，有手有脚，要是肯动脑子，钱怎么会不够用！

现在，我的后代也成了华侨，玄孙一代都在德国。他们有些在德国开店，有些在那边工作，但都会说中国话和温州话，从小就被我教起来。我们依然是中国籍，他们的配偶也都是中国人。当初，德国的有关部门给我机会选择，我觉得自己作为中国人，老了自然要回故乡，所以我还是坚持保留中国国籍。

回国后，我在德国也有养老金，但需要每年去领一次，我宁可放弃这些。

我不愿意再出国，连旅游都不热衷。天南海北我都走遍了，光出去看看有什么意思，没钱赚的地方我不去。

黄 品松

1943 年 8 月生,浙江温州人。法国归侨,曾任浙江省侨联常委、温州市侨联副主席、瓯海区侨联副主席、瓯海区丽岙镇侨联主席、温州市政协委员、瓯海区政协委员、法国法华工商联合会名誉会长等;2002 年回国,服务于家乡丽岙侨界。

黄品松:

归乡反哺，甘当丽岙『白忙官』

访谈时间：2021 年 7 月 20 日、10 月 12 日
访谈地点：温州市瓯海区丽岙街道华侨山庄黄品松先生家
受 访 者：黄品松
采 访 者：罗甜甜、张利、易永谊
录音、摄影：张利
文字整理：罗甜甜

回家种田，从此再也没有机会读书了

我出生于 1943 年，是温州丽岙叶宅村人。我的父母亲最早都是厂里的工人。父亲在温州冰厂做工，母亲是一家卷烟厂的工人。后来，母亲为了照顾家庭，放弃厂里的工作，回到农村务农，成了一名家庭主妇。

那个时候的丽岙经济落后，乡民们生活普遍都很困难。我们家共有 11 口人，一家人一年到头拼命干活，七八月时不管多热的天气都要去田里割早稻，即便如此，有时也可能会吃不上饭。可以想见，我父母的负担有多重。

1950 年，我开始读小学。1957 年，进入温州市华侨中学读初中。这所学校就是现在的温州华侨职业中等专业学校（以下简称"学校"），由丽岙华侨叶福澄先生与塘下林者弟先生发动华侨捐资创办，当时只有华侨子女或者有华侨亲属关系的学生才能就读。我能进这所学校读书，是因为我姑父的关系。

我的姑父杨岩生是法国归侨，人生经历很丰富，曾是瑞安华侨陶瓷厂的厂长，后来做过第五届全国人大代表、温州地区的侨联主席、瑞安县的侨联主席，还成立了丽岙乡侨联并担任了两届主席。如今，我自己也成了我们丽岙乡侨联

的主席，就是想把老一辈华侨建设家乡的精神继续传承下去。当年，因为有这层与"侨"的缘分，我得以成为这所学校的第一届学生。

最开始的两年，学校还没有校舍，大家只能借住，第一年借住在温州市委党校，第二年借住在温州卫生学校。就读期间，我结识了很多同学，他们都是华侨子弟，父母几乎都在欧洲的不同国家工作。起初，我还在无忧无虑地上学，但读到初二时，情况就发生了变化。

当时，青年学生响应毛主席的号召，要到农村去接受贫下中农的改造。学校有三个班，三个班的学生都积极投身到了下乡改造的大潮中。读初二那年，我也被安排到仰义乡去参加劳动。我住在一个农民家里，一边种田、做砖，一边读书。这样的生活持续了一年多。直到读初三那年，学校的校舍建好了，我才返回学校。

那时，初中毕业后读高中是统一分配的。我初中毕业后被分配到温州市第四中学。就是在这个阶段，我的学业中断了。

1960年，正值三年困难时期，国家陷入粮食和副食品短缺危机，大家都没饭吃。我和我的父亲也在这时被下放了。

那时候大家连饭都吃不上，不要说读书受教育了，很多人大字都不识一个，而我是当时村里唯一一个读到高中的孩子。在下放途中，我坐轮船，结果船上有人叫我，我一看，竟是我小学时候的校长邵炳柳老师！邵老师问我坐船去哪里，星期三不是应该在温州市里面读书吗？我告诉他说，我准备回家去种田，因为家里吃不上饭了。他当场就表示反对我的做法，让我马上到他们学校里去当老师，但我拒绝了他。当时的我一心只想着回家帮忙，先减轻父母的负担，以后有机会再接着完成学业。

可没想到，从这以后，我就再没有机会继续读书了。不仅老师为我感到惋惜，而且这也成为我人生的一大遗憾。就这样，我毅然决然回村务农。从1960年到1965年，我总共在丽岙务农五年。

最开始种田的时候，我非常不适应，认为这是非常艰苦的事情。我虽然在农村长大，但因为我是家里的独生子，姐姐、妹妹都很疼爱我，不让我干农活，所以直到下放前，我都没有下地干过活。

当时，大队里分过来的粮食不够吃，家里总有人挨饿，所以大家都得拼命地挣工分。等到我越来越熟悉庄稼活后，也慢慢能多拿些工分了。我还跟我的叔父合作挣工分。我叔父当时都 60 多岁了，但也还要去种田。他和我一样，都是挣 7 个工分的，我们两个合作能挣 14 个工分，加起来比一个劳动力挣得多。

之后，我结婚成家。全家老小齐心协力开垦种田，渐渐地，日子也有了一些起色。虽然生活并不富裕，但是大家都肯吃苦，愿意为家庭奉献、拼命劳作，一家人的生活虽然简单朴素，但我们都乐在其中。

信用社主任为了我"四顾茅庐"

我的第一份工作是在丽岙农村信用社。怎么会到信用社去工作的，这当中也有一段难忘的经历。

丽岙当时是没有银行的，一个乡只有一个农村信用社。丽岙农村信用社各方面条件都不错，业务量也大，算是温州市，甚至是浙江省的先进信用社，唯一的缺点就是人手不够。

信用社的一位主任看中我了，想要我到他那里去工作。他和另一位内勤兼会计前前后后来我们村三次，都被我拒绝了。那时的我已经习惯做一个农民了，只要家里有饭吃，我就已经很满足、很安心了。

不过，那位主任并没有放弃。我记得很清楚，那天是 1965 年 4 月 15 日，我在山上砍完柴，满头大汗地回到家，家里也没条件吃白米饭，中午就吃地瓜丝饭。这时，信用社的主任又来我家找我了，这是他第四次来我们村。父亲也来劝我兑，好不容易读书读到了高中，现在家里的温饱问题也已经解决了，还是去信用社工作比较好。

当时，我被打动了。刘备请诸葛亮出山才三顾茅庐，而这位主任为了我，已经亲自跑了四趟了。就这样，我闷头吃了一碗地瓜丝饭后，当天下午，我就跟着主任去信用社上班了。

黄品松与法华工商联合会会长戴安友（左）、中法友谊互助协会会长吴时敏（右）在第十次全国归侨侨眷代表大会上

现在的丽岙已经有十几家银行了，而在那时，就只有一个农村信用社。信用社建立的初衷是为乡政府、乡镇企业和广大农民服务，工作方针则是"扶持贫困"。这里的"贫困"群体有两类。

一种是生产队内部的贫困队，他们没钱买化肥、农药，信用社就贷款给他们。现在的银行贷款是一定要贷给有资产或者有偿还能力的人的，而在那个时候是相反的，越是生活困难的人，就越要贷款给他、帮助他。

另一种是乡里的贫困户，是我们帮扶和资助的对象。这一类贫困户的指标主要是看家里的劳动力、老人、病人以及孩子的数量等，要调查清楚这些情况，就得到乡镇里挨家挨户地摸底。当时也没有代步工具，出行都是靠走路，挨家挨户地去对接业务。有时候去调查的地方，连张床都没有，更不要说像样的住所了。

信用社的任务就是这样，扶持"两个贫困"、支持农业生产，增加当地的粮食产量，帮助农民增加收入。整个信用社要处理贷款、储蓄、扶贫等大量业务，可想而知当时的工作有多忙。工作条件也很简朴，我们就是从这样艰苦的时期熬过来的。虽然辛苦，但在当时的农村，这已经算是乡里最好的工作之一了。

我在丽岙乡信用社干了近十年。在我们的共同努力下，丽岙乡信用社发展得越来越成熟，我和同事们也都陆续升职了。之前"四顾茅庐"让我出来工作的那位主任调到了塘下的农业银行做副主任，另一位内勤同事被调往温州地区的银行做处长。我则被调至瑞安县人民银行，任侨汇科科长。这是我的第二份工作。

侨汇业务对于国家的发展是非常重要的。那时寄外汇到中国是有奖励的，寄外汇来的人，我们会发奖品，或者赠送外汇券供他们购物。丽岙在 20 世纪50 年代开始有侨汇业务，我由此接触了许多这方面的知识，为我在瑞安县人民银行的侨汇科工作积累了不少经验。

20 世纪七八十年代除中国银行外，中国建设银行、中国工商银行、中国农业银行都不常见。我能在瑞安县人民银行当科长，是很受人羡慕的。工作了三年后，又有人推荐我去瑞安当地的中国银行当行长。当时，瑞安向浙江省中国银行申请在当地开设分行，我的工作能力也被那家银行负责人所肯定。他们把我招聘过去，这样，我就开始了自己的第三份工作——在瑞安县中国银行任行长一职。

当时，我只有 38 岁，对一个银行行长来讲，那是非常年轻的。领导有意要提拔我去更高层的部门工作，我自己也干劲十足，一心想着能有更好的发展。

儿子在法国赚的钱成了我出国的路费

肯定会有人疑惑，我都已经做到银行行长了，怎么会放弃这么好的工作，选择了出国呢？其实，我是我们家里最后一批出国的。我的大儿子黄学铭是第一个。

虽说我当时是做到了银行行长，但光靠工资是不够花的，要养活一家人，乡下还要建房子，日子过得并不好。大儿子初中毕业后就没法再继续上学了，于是选择了出国去打拼。

儿子到法国时只有十四五岁，没有家里人的陪伴照顾，就在那里一边学习法语、一边打工赚钱，比生活在国内的我们都要辛苦。没有像样的住处，他就借住在我一个朋友的家里。这个朋友家里是开工厂的，条件比较好，我儿子就在他家的沙发上睡觉。

当时，他是工厂里年纪最小的，什么活都要干，还要给年纪大的工人们做饭。老板娘出门做事，他就负责抱小孩。久而久之，老板娘看我儿子那么懂事，年纪又那么小，就出钱让他在空闲时去读书。经她介绍，我儿子到巴黎第七大学学法文，下课后，老板娘再把工厂一些零碎的活交给他做。

就这样，在法国的三年，儿子攒了10万法郎。儿子特别懂事，他知道自己出国的路费都是家里人四处借的，因此他把赚到的钱全都寄回来给家里还债。到现在我还记得很清楚，他托一个归国华侨把钱带给我，收到那笔钱时，我正在干活。我没有立即接下这笔钱，而是瞬间泪流满面。

儿子给我这笔钱的时候还不到18岁。直到现在，我还是经常对儿子感到愧疚，小小年纪就让他独自到他乡吃苦。反而是我的儿子始终在鼓励、开导我，让我不要自责。

当时，这10万法郎兑换成人民币大概是2.9万元，除去还债的，剩下的则为我提供了出国的路费。我的老婆同大女儿是第二批到法国的。家人到了那边之后，希望我也能尽快过去。我老婆一直劝我，儿子的事业刚起步，正在发展阶段，创业需要集资。我老婆不懂金融，法国华侨也不会轻易借钱给他们。而我在银行工作多年，有丰富的金融经验，去法国以后，在集资方面对他们会有很大帮助。但是我在国内的工作一直做得很出色，在那种形势下，上级领导也不会批准我出国的请求。

1984年的某一天，中国银行全国的分行行长都集中在杭州开会学习。这期间，我老婆接连打了九个电话给我，催促我尽快下决心出国。说实在的，考虑到净钱的问题，当时我在国内当行长一个月只有 58 元的工资，而在法国，就算当工人、当保姆，每个月都能有 5000 法郎的收入，相较国内的待遇实在好太多了。况且，我也思念家人心切，希望一家人能够团聚，不要再分散在异国两地。一番思想斗争之后，我终于下定了决心。

整个出国的过程，还是很顺利的。在那之前，大家对出国华侨还是存在抵触心理的，个人能不能出国需要经过贫下中农讨论，只要他们讨论不通过就没有资格出国。

当时，改革开放的浪潮已起，中央有一位叫廖承志的领导是负责外交事宜的，也是国务院侨务办的办公室主任，他开了一个座谈会，鼓励有条件的公民出国谋发展。紧接着，浙江省也开了一个座谈会，批评省公安局浪费出国人员的名额。局势在慢慢发生变化，政府不断发通知，要扩大出国人员名额，温州公安局也开始陆续批准人员外出。

这样我顺利地拿到了护照。当时，浙江省公安局外事处处长张瑞芳指导我们，让我们在办签证时，到前往葡萄牙、西班牙等国家的窗口去排队，这样拿签证比较容易。在他的指导下，我成功拿到签证。我和我的二儿子黄学兵、二女儿黄学梅一起从北京出发，辗转到了法国。

更幸运的是，我们一到法国，就正好赶上了法国左翼总统密特朗上台，整个法国"大赦"，于是我们全部都拿到了居留证。1984 年，我们一家人终于在法国聚齐了。

家人齐心，从皮具小作坊到贸易进出口公司

20 世纪七八十年代，欧洲很多国家都处于经济快速发展的阶段，在欧洲的许多华人借这机会赚到了人生的第一桶金。1984 年到 1995 年，我们也通过奋斗，在这里赚到了丰厚收入。

像很多刚到外国的华侨一样，我们初到法国时，语言不通，没法和当地人交流。干的都是脏活、累活和重活，住的都是很糟糕的地方。但温州人的精神

就是这样，一旦在异国落脚，就马不停蹄地开始四处找工作、谋生路。

我们一家人在法国聚齐之后，就筹资创办了一家公司，做手袋、皮包的生产和批发销售。我们全家人都拼命地工作，特别是我家的孩子们。女儿好不容易接到的裁皮包业务，一般都是加急单，所以每次她都是连夜加工。因为赶工，手被机器刺穿了，就拿胶带简单包扎一下，又继续投入工作，没日没夜地苦干。儿子干活的时候因为太劳累，不小心磕到机器上，头上瞬间肿了一大块，他一声不吭地起来继续干，为的就是按时完成订单，多赚点钱。我的孩子们就这样非常艰苦地闯了过来。

但在当时，我们根本就没有时间去想吃苦的事情，但凡能接到一点业务，高兴都来不及，根本就不会奢求得到别人的理解和关心。其实不仅仅是我们一家人，所有出国打拼的人，谁没有流过眼泪、受过伤害呢？几乎我们在海外的每一个同胞，都是在这样的环境里熬出来、苦出来的。

就这样，我们自己生产，自己销售，既能节约成本又能保证质量。当时，我们的产品款式做出来非常时髦，质量有保障，口碑也打响了，连当地华侨办的工厂都纷纷到我们这里进货。

有一次，在一个商品展览会上，我们看到一些来自韩国的手袋和皮包非常受欢迎，就试着引进了一些。没想到货一到法国，立马就被一抢而光。我们很兴奋，觉得看到了赚钱的机会。我们中间没人懂韩语，立刻就找了一个韩国留学生，雇他帮我们去订货。这样我们开始销售韩国货，一卖就是近十年。渐渐地，我们的货源拓展到了香港，香港货在法国也非常好卖。

随着我们与国内市场的联系越来越紧密，我们看到了其中巨大的机遇。决定在国内的东莞、增城办自己的加工厂。20 世纪 90 年代，我们的加工产业投资逐渐形成了一个完整的产业链。自己接订单、自己设计、自己加工、自己销售。可以说，从 1985 年到 1995 年的这十年，是我们在法国做生意做得最红火的阶段，产品远销欧洲各国、非洲国家，以及美国等国家。最自豪的是，我们还创立了属于自己的皮包品牌，把品牌专卖店开进了许多法国的大商场里。

1995 年以后，生意开始难做了起来。在国外的华侨越来越多，大家都去

黄品松（右二）与法国美丽城联合商会会长姜金玉（左二），
法华工商联合会会长戴安友（右一）、副会长戴国荣（左一）
等人在温州考察

办皮包厂、服装厂，开中餐馆，形成了激烈的行业竞争。我们的订单量也不如以前多了，不管是中东也好，东欧也好，这些国家的进货商都聪明起来了，他们自己创立批发公司，亲自去义乌、广州进货。久而久之，我们的利润不如以前了。

与比同时，我们下一代人的观念也在慢慢发生变化，他们不再愿意继续从事传统行业。以法国为例，新华侨不再办厂做服装、箱包类业务，而是转为开咖啡馆，因为咖啡馆这个行当更稳定。在法国，几乎 80% 的咖啡馆都是我们中国人开的。

其间，大儿子一直在思考如何把我们的事业做大做强。从之前的小作坊，到服装加工厂，再到和国内市场的联系，创立自己的品牌。最后，转型从事贸易进出口行业，也是他拍板决定的想法。在巴黎，我们应该算是最早从事这类行业的华侨了。

只要是华侨，就百分之百地爱国爱乡

刚到法国时，我们以为到了天堂一样，坚信只要靠我们"温州老板睡地板"的苦干精神，钱会多起来的，生活也会好起来的。慢慢熟悉了当地社会之后，才发现法国并没有我们想象中的那么美好，歧视华人的现象到处存在。一开始我们不会法语，无法融入法国人的生活圈，他们对我们说歧视的话，我们根本听不懂。后来，即使我们听懂了他们的意思，知道他们在歧视我们，我们也不敢反抗，只能忍气吞声。有时候他们不会直接表现自己的歧视，直到事后我们才察觉到，反应过来。

我一直很感恩，我们一家出国创业的过程是比较顺利的，没有遇到非常大的困难。但实际上华人做生意是很不容易的，会受到当地政府的歧视、打击、排斥，华人的工厂经常莫名其妙地就被查办，目的就是想让我们交罚款、给好处。我有个朋友最早是做鞋的，他在西班牙、葡萄牙那些地方的小村子里办厂，当地人都是手工做鞋的，他的鞋厂做鞋做得速度快、产量高，鞋子价格还便宜，这下子把当地外国人的饭碗都抢了。当地人就合伙把他给告了，警察查封了他的鞋厂。他没有放弃，后来又爬起来接着闯，重新筹钱办厂，再谋发展。

为了华侨之间能互相帮忙，抱团取暖，就有了各种协会。现在的法国华侨华人会（以下简称"华人会"），最早叫"华侨俱乐部"，基本上来法国的华侨都会加入这个组织。我到法国以后没几年，生意上的事情比较稳定了，就慢慢地把生意都交给儿子负责打理，时间也就空了下来，所以我有了更多的时间参与华人会的活动。

华人会的作用首先是互助。华侨之间有什么困难，就发动大家相互帮助。我们在海外时，一有什么急需用钱的地方，大家都会积极筹款，一人出一部分。

即便在以前没什么钱的时候，也都是一呼百应的。

其次是对外维护华人的利益。有什么大事我们华人就组织起来游行、抗议，请律师打官司。以前面对不公正时，我们往往会忍气吞声，现在不一样了，祖国强大了，我们在海外也发展起来了。有一次，发生了一起在法华侨被法国警察枪击身亡的案件，华人震怒，联合起来去抗议。这在以前是想都不敢想的。

华人会让我们在海外的凝聚力越来越强，华侨的爱国之情是最浓厚的，甚至超过国内人。要是碰着有谁说中国不好，立马会有华侨站出来跟他理论。有一次，有人把一面宣扬"藏独"的旗子挂到了巴黎市政府门口，当地的华侨立刻赶去，直接爬到旗杆上，把那面旗子给拽了下来。不顾一切，不怕牺牲自己，这就是华侨爱国精神的体现。

华侨爱国，对自己的家乡有着深厚的感情。早在我出国前，就已经享受过老一辈华侨对家乡的奉献。他们寄钱给家乡造桥修路，给村里买拖拉机。前文提及，我读书的中学也是由华侨筹建的。现在，大家有钱了以后，都想着怎么能为国出力，帮助家乡建设。发动捐款、建学校，积极参与抗震救灾、公益慈善事业。这次新冠疫情开始的时候，法国华侨积极奔走，购买口罩、医疗器械等带到中国，展现出来的团结力量和爱国热情实在可贵。这种反哺精神也正是从老一辈华侨身上代代相传下来的。

甘当"白忙官"，我又回到丽岙当了侨联主席

温州人重视家乡情谊，在法国，就有文成同乡会、青田同乡会、瑞安同乡会等，后来越来越多的地方性协会组建了起来。我在法国也帮助当地华侨组建了一个工商联合会。这是法国华人中间第一个行业性的协会，全称是"法国法华工商联合会"。此后，各行业都开始组建自己的协会，比如服装协会等。后来，我的大儿子黄学铭也担任过协会会长一职。

协会的重要任务之一就是促进中法交流。我们把法国的好产品带到国内，

黄品松载誉回到家乡

同时也会把中国的好产品出口到法国，尽我们所能，促进两国商业和文化的交流发展。我们与国内很多地方都有生意合作。例如，我们曾经和天津的工商联合会一起投资，建了一个食品冷冻工厂；和上海类似的组织合作，投资过油漆工厂……

协会的成员越来越多，大家都愿意帮忙，更希望为祖国和家乡出一份力。但是参与建设华人会是要投入精力和资金，牺牲个人利益的。所以很多成员都是热心的"白忙官"。我也算其中之一。

2002 年，温州市瓯海区一个农业考察团来到法国考察。当时丽岙的乡镇书记姜迪清，现在是瓯海区人大主任，他也随团访问，第一天就特意住到了我家。原来，他是想邀请我回国，去为家乡的侨联做事。

那个时候，我的家族已是四代同堂，整个大家庭 200 多人都在法国定居了。我要回去，会有很多不方便的地方。

姜主任就对我说:"你一定要回国为华侨服务!你自己不但是个华侨,而且以前也担任过家乡干部,我们家乡需要你回来。"这话让我至今印象深刻。

今天的丽岙是全国的重点侨乡,归侨侨眷超过1.3万人,占到丽岙总人口的98%。在丽岙,政府开展各类工作,都需要华侨的配合。大部分华侨在国外,留在国内的多是老年华侨和侨眷,怎么做好服务侨胞,维护其利益的工作,关系到丽岙这个侨乡家园的团结。

我出生、成长都在丽岙,对家乡有深厚的感情,从小也感受着老一辈华侨对家乡的奉献。丽岙乡侨联成立于1972年,是全国较早成立的侨联组织,第一届的主席就是我的姑父杨岩生,和我也颇有渊源。

如今,家乡需要我回来,我思来想去,终于决定,回国。刚开始我打算只在侨联有需要的时候暂时回来,其他时间还是和家人居住在法国。在我正式接管了丽岙侨联后,紧接着,又当选瓯海区侨联主席、温州市侨联副主席、浙江省侨联常委。工作越来越多,随时接到一个电话,我就要坐飞机回国,参加会议或者处理事务。

这样长期坐飞机两头跑太不现实了,我下了决心要做的事,就一定要做好。想要踏踏实实把侨联建设好,为家乡侨胞谋福利,自此开始,我就到国内定居了。还好,我背后是一个温暖团结的大家庭。家人们都很理解我,鼓励我。他们本身就热衷于做慈善公益事业,自然都会来支持我的工作。就这样,我这个"白忙官",又回到了家乡。

侨联的工作要忙起来,那是没完没了的,从周一到周日,都是我们的工作日,完全没有休息的时间。除此之外,在侨联工作,非但没有工资、没有政府拨款,有时候还需要自己掏腰包补贴费用。很多人以为侨联是国家编制单位,其实不是,侨联是没有薪水发放的民间组织。

同在国外一样,丽岙不仅仅只有我一个"白忙官",而是有一群这样甘于奉献的"白忙官"们。这个称呼,也是老百姓给我们取的。

丽岙的每一项建设都离不开华侨

之前说过，我们丽岙是侨乡家园，丽岙的发展和建设离不开一代代华侨对家乡的贡献。从铁路、马路、桥梁，到自来水厂、学校、公园……丽岙的基础设施大部分都是由爱国华侨出资建设的，95% 以上的工厂是侨资企业。

侨联在其中起到了重要的作用，发动华侨，参与到家乡建设中来。比如，这个时期需要大办农业，我们就动员华侨捐款，组织购买拖拉机之类的农业器材；下一个时期需要贯彻科教兴国政策，就发动华侨出钱，建学校，办教育场所。

谈到教育问题，我要特别提到我们丽岙一位德高望重的老华侨——任岩松先生。他在家乡出资办了一个任岩松学堂，为家乡的教育事业做出巨大贡献。在他的带动下，新华侨也陆陆续续出资捐建学校，现在在丽岙有 13 所华侨捐建的中小学。后来，温州大学特地建造了一个任岩松大礼堂，这是对我们老华侨最好的纪念，使我们永远记住这些为当地教育做出过突出贡献的华侨。

除了发动华侨参与家乡建设，侨联还要努力为侨胞服务。丽岙的侨联十分团结，不管华侨遇到什么困难，我们都会尽力想办法解决。在家乡的侨胞很多是年纪大的老人家，经常要办理一些公证、证明业务，腿脚不便，我们都是主动帮他们去跑腿。我在担任丽岙侨联主席时，还配合政府政策，建设性地提出了"只跑一次"的口号。2014 年，与当地的派出所成立了"警侨之家"，在全国是首创之举。这些大大提高了我们侨联的工作效率，也方便了侨胞。

加强海内外的联系交流，丰富侨胞的业余生活也是侨联的一项重要工作。我们经常组织侨胞们各处旅游。爷爷奶奶辈的要到国内、国外去旅游，我们都会帮他们做好规划。国外的华侨子女想回国看看，我们就举办各种夏令营，把他们接回国来读书，搞活动，为的是让孩子们记住祖国，继承祖国文化。

每个月的 10 日、20 日、30 日，这三天是侨联举办读书会的日子。这项活动已经坚持举办了几十年，雷打不动，成了我们侨联的特色活动。说起来，这个侨联读书会的设立和我的姑父杨岩生也有渊源。他们这一批华侨20世纪50年代回国以后，空闲时间比较多，又想提升一下自己的文化，于是就合起伙来商量，一个月聚几次，一起读读报、看看书。读书会最开始的举办地点就在乡镇的公社里头。1972年，丽岙的侨联组织正式成立，大家还是延续以往的传统，把读书会这项活动坚持办了下来。

读书会的内容也在不断丰富中。最开始是读一些有关国家形势的、国内外的重大新闻，后来读的内容就更广泛了，包括金融知识、科学知识、保健知识、历史故事等。侨联组织的这个读书会几十年来都没有中断过，不是强制参与的，大家想去的自行前往，有事的也可以不去。但每次读书会最起码都有四五十人参与。

传统为根，心怀天下，一代比一代强

我2002年回国定居，在家乡工作了近20年。明年（2022），我就80岁了，我的两个儿子也都快60岁了。童年时，我家里有11口人，现在我连曾孙、曾孙女都有了，家族已经是第四代了，成员早就不止11个了。包括我的姊妹、外甥、外甥女等，整个家族有200多人在法国。

我们一直是个团结、温暖的大家庭。"以孝为先，以勤为本"是我们父辈传下来的家训。记得小时候，我的爷爷眼睛不好，现在想可能是患有白内障，我爸爸每个星期回来都给他洗澡、剪指甲。言传身教，我也这样去教育我的下一代，我的儿子也是非常懂事，会体谅父母。那个时候他读书，为了方便出行买了一辆摩托车，我听说了，觉得危险，马上叫他把摩托车卖掉。他为了让我放心，立刻说："好，我马上把它卖掉，换成一辆自行车，不叫爸爸担心。"我这个人是比较死板的，其实孩子们的经验比我丰富，眼光也比我长远，不能老拿着最传统的经验去教导他们。

我们老一辈的华侨都是在国外干体力活的，大多数人也没什么文化，全凭勤劳和肯吃苦。那时候的世界，一切都在建设中，发展机遇多，埋头苦干是可以的。现在，只靠体力是没办法在国外闯出来的，必须要赶上时代，学好文化知识。

有种说法把温州人比作"东方的犹太人"，我说实话，温州人跟犹太人相比差距太大了。以前大家在国外，就只顾着拼命赚钱，重视财富积累，忽略了精神层面的培养。犹太人不一样，除了同我们一样勤劳，他们更重视知识层面的提高，所以不管是在金融界还是在政界，很早就有各种人才。他们这个民族对精神层面的追求比我们自觉得多，这是值得我们学习的地方。

我有个朋友，原来在国内供销社上班，他们一家人到法国后，他的女儿、儿子读书读得非常好。美国一所大学到法国去选留学生时，他的儿女都被选上了，还获得了美国大学的助学金。可是就因为他脑子里有重男轻女的旧观念，最后他没有让他的女儿接着读书深造。实在是太可惜了。

新一代的华侨接受了很好的教育，一代比一代更优秀，不仅融入当地社会，而且还成为金融、医学、法学甚至政界的行业精英。我们有一个在法国的温州华侨叫王立杰，他就是融入法国社会的好典范——担任了巴黎第 19 区的副区长；还有一个意大利的温州女华侨，也成为意大利政府的议员。

很多新华侨有自己的想法。他们对长辈留下来的家业并不是很感兴趣了，不想留在父母身边享受生活，更渴望趁着年轻，自己去闯天下。我的孙辈有些已经离开法国，去了东南亚；有一家移民到新加坡去了，打算靠自己的努力去成就一番事业；也有去泰国发展的，因为他妻子是泰国人。虽然我是最希望一家人团圆的，但毕竟一代人有一代人的想法。所以，我很支持他们的想法和做法。但不管新一代的华侨去到哪里，一定要记住自己的家乡。

我非常重视孩子们对中国文化的学习，因为这个是我们的根，一定要留住。随着孙辈们逐渐长大，我的儿子、儿媳会要求他们一定要回国，学好中文。孩子们每年都会到北京、上海、广东、云南、昆明、西安等地，去读书、补习中文，专门学习中国文化。我一个孙女是学医的，她在法国出生，目前正在中国学中医。学中医就需要学习古文，学习很多的中华优秀传统文化，这类专业对

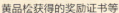
黄品松获得的奖励证书等

在法国长大的孩子来说，需要下很大的苦功夫。虽然她读得很辛苦，但是她很喜欢，也很努力，她打算把中医学好然后带到法国来。我们的下一辈如此热爱中国文化，让我感到高兴。

　　在老一辈的影响下，新华侨们也同样爱国爱乡。现在都不用动员，海外华侨们都热衷于建设家乡，国内有好的项目或者活动他们都会自发参与。在丽岙，华侨出资建设家乡已经成为一个传统了。丽岙在海外有个联络部，由一些比较年轻的华侨组成，他们也会经常聚会，经常组织活动。网络时代把国外、国内的许多同乡会都连在一起，家乡有什么活动我们一旦知道，都会大力支持。

　　回顾一路走来，我们海外华侨的经历是和国家发展的命运紧紧联系在一起的。当年我们出国赚钱打拼，搭的是国家改革开放的时代顺风车。国家越来越强大，我们在海外也能挺起腰杆。我和儿子在海外建立工商联合会，促进国内外联系和交流，其间也深刻感受到反哺家乡的重要性。也正是因为这样，我选择回到家乡，为家乡建设出力。

黄品松获得的奖励证书等

　　借用我儿子在温州市侨联举办的"庆祝中国共产党成立100周年"大会上说的一句话来形容最合适不过:"中国共产党一经诞生,就把为中国人民谋幸福,为中华民族谋复兴确立为自己的初心使命。时刻牢记人民,将人民放在心中,这就是中国共产党人的承诺。我们作为海外侨胞,看到今天祖国发展的伟大成就,深切感受到,没有共产党就没有新中国。"

　　"人在福中要知福",今天的青年人,在我国飞跃发展的大背景下去闯天下,更不能忘记老华侨们的优良传统——甘于奉献,乐于为国家做贡献。只有这样,才能实现自我,创造更大的人生价值。

潘世锦：帮助别人，我和家人没有后悔过

潘 世锦

1944 年 11 月 12 日出生于今瑞安市湖岭镇坳后村小方山自然村。现任旅荷华侨总会名誉会长、和平统一促进会会长团成员。1961 年自湖岭中学毕业，先后担任永安凤山头小学、桂峰坳后小学的教师，兼任坳后村团支部书记、桂峰乡团委副书记。1973 年走出国门，次年在荷兰开设向阳酒楼，后陆续开设亚洲酒楼、迎宾酒楼、状元楼。1997 年，任荷兰瑞安教育基金会首届副会长，2012 年出任第十四届旅荷华侨总会会长。2013 年荣膺首届"感动瑞安十大人物"。曾任中国侨联海外顾问、中国海外交流协会名誉委员，获瑞安市第七届道德模范、浙江省老区扶贫先进工作者等荣誉称号。

访谈时间： 2021 年 7 月 28 日
访谈地点： 瑞安市滨江大厦潘世锦先生家中
受 访 者： 潘世锦
采 访 者： 何锦顶、蒋冰雁、方韶毅
录音、摄影： 蒋冰雁
文字整理： 何锦顶

我爸爸一到荷兰就坐了两年半的牢

我们家最早出国的，是我的大伯潘铭齐和小叔潘直正。那是在 20 世纪 30 年代。

那时，物质水平还很低下，住在山区的人家，自耕地很少，租别人家的地，要交大量租谷，好多人忙活一整年才勉强能糊口。

都说山头人有三件宝，"火笼当棉袄，火篾当灯草，番薯干吃到饱"。山区冬天全靠火笼取暖，这个火笼有多危险呢？它外面的罩子是竹篾编的，里面放个烧炭的火盆。我一岁多的时候，刚会爬，一不小心就把手伸到了火笼里。当时家里人也不懂，用草药把手整个包起来，因为手指没有分开包，送治又不及时，导致我四个手指只能粘连卷曲着，我的左手就是这样留下了残疾。烫成我这么严重的虽不多，但小孩子被烫伤，我想应该是很普遍的事。这都是吃了贫穷的苦。

我的叔伯出国，也是因为日子过得太苦了。当时有股出国的风潮，听说有人出国挣了钱，大家都想出去。可以去上海办理出国手续，国外已经开始批申请了。他们这批是先去的日本，后来去了法国、荷兰。我大伯 1948 年回国了，

小叔定居荷兰娶妻生子。我爸爸就是他带出国的。

我爸爸是 1957 年出国的，那时能出国的人屈指可数，有很多人为他送行。当时中荷还未建交，去荷兰要先到香港或者澳门，再找人申请出国。我爸爸他们是去了香港，在那边有位卢先生专门负责办理相关手续。

申请荷兰居留要等待很长时间，爸爸在香港等了大约有两年。可他拿到手的不是长期居留签证（以下简称"居留"），而是旅游护照。荷兰政府查得严，他到荷兰没多久，就被警察发现，坐了两年半的牢。这些都是我叔叔写信回家告诉我们的，谁都没想到，在国外挣钱还有这么大的风险。

1961 年，我叔叔在荷兰开了家皇城酒楼，我爸爸就在他店里帮忙。爸爸刚出国那几年，我们家的生活异常艰难。我是家里唯一的男孩子，也成了当时仅有的劳动力。那时大家都是吃食堂，家里没有成年劳力，食堂就不让打饭。爸爸一出国就坐牢，出狱后又在医院住了三年，所以一直没有钱汇回来。一家人经常饿肚子。后来，我实在难以支撑，只好让我的大姐和姐夫帮忙料理家务、做农活。

我是一路哭到荷兰的

1957 年，我升到瑞安县湖岭中学念书。1960 年上半年，我被下放到桂峰乡开元村的水电站，做了八个多月的会计。后来村里需要教师，1961 年毕业后，我就回我们村的永安凤山头小学当老师了，什么课都教，还兼任村里的团支部书记。

那时村民的文化程度普遍较低，提升村民素质靠夜校，我在那里教数学和政治，当时我还是民办教师。本来我是可以第一批转成有编制的教师。有位亲戚叫潘世柱，退伍回来一时找不到工作，我安排他做了民办教师。后来，乡里有几个转编内代课教师的名额，考虑到他生活比较困难，我就把名额让给了他。我的立场一直是这样，那时政府有补贴下来，我也会与校长一起商量，尽量公正地把经费给到最需要的老师，让他们能安心工作。

潘世锦全家福（摄于状元楼）

1966 年，乡里准备办一所小学，要我去做青年工作，我就被调到坳后小学担任校长，除了当村里的团支部书记，还要兼任桂峰乡的团委副书记。

平时我就带领农村的青年投身团支部的工作，坳后村也是比较活跃的。为了提高产量，我专门发动村民种试验田、种水稻，早上一有空，我就去帮生产队一起驱虫。那时候要扫盲，我经常帮夜校、文工团四处宣传，让大家积极参加活动。还要号召大家学习雷锋，以前稻子都晒在操场上，下雨了就赶紧去帮老人一起把稻子收好送回家里。在坳后村任团支部书记期间，我的工作做得不错，夜校数次评上县先进学校，支部搞青年团也得过几次奖。

1971 年，我正式成了公办教师。我一开始没想要出国，家里原本打算让伯叔的孩子过去。可出国要看成分，大哥的丈母娘过去是地主，二伯又做过伪保长，申请一直批不下来。国内实在找不到人去接班，我爸爸和叔叔年纪又渐长，接班刻不容缓。

我的个人成分是老师，又是桂峰乡的团委副书记、坳后村的团支部书记，家庭背景很清白。所以在 1973 年，家人决定让我申请出国。整个申请过程很顺利，我先去上海申请，再转到杭州，护照是杭州有关部门发的。

我是被三个欢送会送出国的。因为我的工作关系，加之当时出国的人少，桂峰乡政府和当地百姓都非常关心我，乡里的团支部、村里和学校都给我开了欢送会。那时交通不便，我和送行的 50 人一路从桂峰乡走到已经通车的湖岭乡。多亏我们村那位在咸芳乡工作的干部，他叫詹应悦，调了一辆最大的货车把我们送到了瑞安县。之后我们又乘船到了华侨饭店，我还记得当晚买了五坛酒招待他们。

我几乎是就穿着一身衣服就出国了。在国内，大家都穿中山装，到了荷兰爸爸来接我，西装还是他带我去买的。直到 1978 年左右，有人要来荷兰，我都让他们不要带太多行李，用品我都会买，出去做工的衣服也给他们从头买到脚。

说出来不怕大家笑话，我从温州动身，是一路哭到荷兰的。有位丽岙的王先生和我同路，还觉得奇怪："潘先生，我们去荷兰是件高兴事啊，你怎么还要哭呢？"我当时就是忍不住啊。我出国，是带着大家的期盼去的，但离太太和小孩那么远，家里万一有急事，我也赶不回来。要是在荷兰赚不到钱，我真是对不起他们。

3800 荷兰盾成了我们父子的救命钱

刚到荷兰的一两年，周末我一有休息时间，就给我太太写信。那时我太太还没来荷兰，每晚我都要把她写给我的信拿出来看看。

倒不完全是因为感到孤独，那时我在厨房工作，身边都是同乡，不学荷兰语也能交流。当时叔叔的皇城酒楼生意不太理想，我在那里工作不到一年，店就卖了。爸爸重新找工作还比较容易，可就是没人招我。一是他们觉得我原来是教师，干不了重活；二是我的左手残疾，他们觉得我打不了工。

我既想念家里，又担心自己赚不到钱，晚上睡不着，就看我太太的信，感觉看了，自己就能安心一点，留在荷兰的信心也强一些。

有些在荷兰的亲戚让我暂住在他们店里休整一阵子，但是我知道大家在这里都是为了赚钱，我怎么好意思白吃白住。那时候真感觉到，在国外有份工作的重要性，起码能养活自己。

一直待业总归不是办法。1974年，我和爸爸在海牙开了一家向阳酒楼。当时取店名也有个风潮，带着我们对中国的一个念想，向着红太阳走。后来也是因为这个店，我和爸爸才能继续留在荷兰。

这里头的事情很凑巧。为了开这家向阳酒楼，爸爸和我把所有积蓄全投了进去。没想到的是，店里生意很冷清。平时就我们父子俩在店里工作，还有一个荷兰人偶尔来帮帮忙。当时荷兰政府有专门给小孩子的补贴，荷兰朋友看我们生活难以为继，就帮我们填了这个表。但好几个月都杳无音讯，我也就没有把它当回事。

店开了八个月就开不下去了。最后我和爸爸口袋里几乎没什么钱了，准备清点东西回国去。就在关门那天，我正准备把店里的桌椅盘点完就离开，这时收到邮差送来的一封信。拆开一看，是补贴申请通过了！

我们马上去了邮电局，拿到了荷兰政府发的3800荷兰盾。爸爸和我说："真是巧，看来我们父子俩在国外还是有希望的。"这3800荷兰盾让当时几乎身无分文的父子俩在荷兰继续生存了下去。

我们有个同乡，叫张巨央，听说我们的店关门了，就让我去他那里工作。他对我说的话，我到现在还清楚记得。他说："世锦啊，其他工作你做不了，在我这里洗洗盘子、碗总是行的。以前你开店，我怕你工作吃不消，不敢邀请你，假如你真要找工作就到我店里来。"我当时感觉他是真心要帮我的，就到他的餐馆去了。

在后厨，不管有没有用，不懂的东西我都想先学过来。有一次扛的东西实在太重，把我压得血都要吐出来了，大家都劝我不要那么拼命。可我依旧什么都干，要对得起人家照顾我的一片心意。

就这样，我提高得很快，刚过去时只会做些炒饭炒面，但用了不到一年的时间，我就做到了大厨，每个月拿当地厨师的最高工资，有 1400 荷兰盾。当时有道菜叫"火肉"，就是把猪颈肉煮熟后在油里炸一下，最后淋上火肉汁，这个菜畅销至今。另一个比较流行的菜是"厚烧"，在中国我们叫"蛋饼"。再一个就是"什菜"，有好几种菜拼在一起。当时除了炒饭和炒面，这几个菜都是比较受欢迎的。客人们都比较认可我做的菜，所以老板也欢迎我留在店里。我在那里待了将近三年，攒下了点钱。

老板娘这样拼命，工人都不敢来我们店了

我和我太太成家的时候，我 19 岁，刚毕业，她才 18 岁。说起来有点搞笑，她到我家的第一年因为年纪小，不习惯，还总要回娘家。

像我太太这样能吃苦的人真是很少。随着我成家立业，在我家帮忙的大姐、大姐夫就回家了，整个担子落在我太太身上。平时我就负责教书，那些家务、农活，全都靠她一个人。就在她出国那天，她还要把茅坑里的粪便统统舀起来，浇到地里去，再放上水，全弄妥了才肯走。

1976 年，我们父子积攒了 50 多万荷兰盾，又向银行和亲戚朋友借了 50 万荷兰盾，在哈登伯格（Hardenberg）开了一家比较正式的亚洲酒楼。这家店和上一家不同，房子我们是买来的，就在沃斯特拉特街（Voorstraat）。过去在荷兰开的都是中印餐馆，中国菜和印度菜一起卖。

这个店一开张生意就很好，营业时间从早上 9 点到晚上 11 点，开业一年就把向亲戚朋友借的钱还清了。因为可以通过申请家庭团聚得到居留，于是在 1976 年，我太太带着两个大一点的儿子（潘永忠、潘永海）来到荷兰。因为他们有正规居留证，从北京或者上海就能直接出国，途经罗马尼亚和法国。

当时我对我的孩子管得严，白天在当地的学校读书，晚上就帮我们一起洗盘、碗。假如他们一回家就去玩，那是会挨骂的。

我太太真的是很能吃苦。这之后的两年我有两个儿子在荷兰出生，我太太

潘世锦与赞助的球队

生完孩子，只在医院里住了一个礼拜，回来就进厨房做工。有一次，地窖的门几乎把她五根指头都敲碎了，她也只是简单包扎一下，马上又去做工了。她的手指被签子戳穿了也是如此。荷兰医生的治疗方法很特别，直接把指尖被贯穿的那部分剪掉，我太太就用包扎过的手继续在坚持干活。我们店里的老工人都被吓到了，说老板娘这样拼命，都不敢在我们店里打工了。

　　我太太无条件地相信我的决定。我开亚洲酒楼时，为了结交朋友，想赞助一支球队，她大力支持。当时有位警察是球队负责人，希望我资助他们一批球衣。我觉得这是双赢的事情，既能帮到他们，交到朋友，又能帮我的店打打广告。尽管店里资金周转有些困难，但我还是给他们买了球衣，衣服上印着"亚洲酒楼"字样。我和太太当时还带着十五六岁的大儿子与他们合影留念。这个广告打得非常成功，不光队员们经常来店里吃饭，观众也注意到了我们的酒楼，店里的生意越来越好。

因为店里生意好，1978 年，我妈妈带着我的两个妹妹，还有我另外两个在国内的儿子也来了荷兰。我妹妹在国内结过婚，不能作为我爸爸的女儿通过申请家庭团聚的方式出国。两个妹妹谎称未婚被发现后，荷兰政府取消了她们的居留。所以我就把这家店迁给了我的两个妹妹，证明她们在国外有产业，以便她们再次申请居留。

亚洲酒楼持续红火了五年。后来有个亲戚眼红，在亚洲酒楼边上也开了一家。原来这个地方只有我一家店，结果陆续变成两家、三家，生意自然慢慢冷清了。我妹妹经营了两年，但是她们的居留一直都没下来，正巧 1982 年西班牙"大赦"，我就把两个妹妹送去了西班牙，店则盘给了一个青田人。但房子还是我自己的，现在这座老房子刚刚被拆了重建。

想帮亲戚，给钱解决不了问题

亚洲酒楼转给妹妹之后，我想开一家规模大一点的餐馆。1982 年，又倾尽所有，在丹德斯法尔特（Dedemsvaart）的朱莉安娜街（Julianastraat）开了一家迎宾酒楼。亚洲酒楼最多只能坐下 70 多人，但迎宾酒楼可以同时坐下 160 多人，装修也比原来的好。可惜最后又重蹈了向阳酒楼的覆辙，不过这家店对我们来说还是起到了非常大的作用。

店的规模变大了，需要的人手自然也更多。我首先想到的，就是把国内的亲戚朋友带出来。我大姐夫的三个孩子、二姐夫一家、姑妈的孩子、舅舅……都是我带出来的。以前我们家那么困难，全靠他们帮衬，又有这么多人支持我出国，现在自己有一点能力了，总该回报他们。但仅仅给他们一笔钱不能解决问题，给再多总有花完的一天。授人以鱼不如授人以渔，让他们在国外能自己养活自己和家人，才算真的帮到他们。大家以亲带亲，一户人家做好了，就把自己的家族带出去。这样算起来，我带出国的人有 800—1000 个了。

迎宾酒楼周边的店铺分布密集，生意很难做起来。最开始我们雇了十几人，到最后店里就剩我们家五个人和我的外甥张永兴，连我的大儿子都只能外出做工来补贴家用。当时他已经结婚了，安慰我："爸爸，没关系啊，我已经有自己的家庭了，可以养活自己，店里的生意大家一起想办法，总能把它做起来。"可餐馆生意不好，纳的税不多，能办的居留就少，我带出来的人只能拿旅游护照，他们被发现也是要坐牢的。

1986 年正好意大利"大赦"，我有个叔叔想在意大利开餐馆，他觉得我之前的酒楼做得挺成功，让我找人过去帮他。既然是我把亲戚朋友带出来的，就要给他们一个安定的地方生存。所以我想把他们带到意大利，在那里能办到居留。

可中国国籍的人不能在意大利开店，只有荷兰国籍的人可以。要找谁带他们过去？这又让人很头痛。很多人为了能在欧洲流动、开店，加入了荷兰国籍，我们家也是。我自己抽不出身，大儿子也已经结婚，在外帮人做事，想来想去只有二儿子永海合适。他当时只有 18 岁，在学校里成绩不错，英语也很好，方便办居留时与人交流。再加上他去意大利不用很麻烦的手续，我决定，让他去意大利经营餐馆、帮忙办居留。这样，他就只能放弃继续深造的机会了。

趁那次"大赦"，我儿子和我叔叔在意大利博洛尼亚（Bologna）开了家餐馆。

幸运的是，我儿子在意大利遇到了一个同乡女孩。双方家长互相认识，我也鼓励他在意大利交个女朋友，相互有个照应也不错，就撮合了一下。其实我儿子在学校还是很受欢迎的，可我不太希望他找荷兰媳妇，感觉在思想上终归是有差别的，他能和同乡走到一起我觉得很高兴。

我儿子在意大利的生活条件非常艰苦。他和我儿媳妇结婚，连个像样的房间都没有，只在皮包工厂摆了牌子提示有人居住，他们就睡在那个上面，连上厕所都要去对面的工厂。因为他的英文不错，很多在意大利的同乡，有事情都要找他帮忙。我的店生意不大好，他手头也没有多少钱，但外出帮忙的车马费还是坚持自己掏。当初很多人因为偷渡被警察抓住，不管多远，他都会赶过去把人带回来。

说实话，一开始让他放弃学业去意大利，我们和他自己的心里都有些不舍。其他人也问过，我以前是名教师，怎么不让自己的孩子继续读书。

我到国外是下了决心的，一定要闯出个样子，把亲戚都带出去。既然决意帮助人家，就要帮到底。把人放在国外不管不顾，他们痛苦，我们心里也过意不去。我的孩子能帮他们把居留办下来，看到他们成功，对我们来说是很荣幸的。我和我的孩子都尽了自己最大的力，我们没有遗憾！

加入侨团是因为一个电话

我现在住在奥尔登扎尔（Oldenzaal）。1990 年，我在这里开了状元酒楼，当时的街道叫本廷克街（Bentinckstraat）。这个餐馆是转让来的，之前的迎宾酒楼开了 8 年左右，后来卖了 150 万荷兰盾。

这个状元酒楼所在位置不是在街边，而是在住宅区里，原来的生意基础就不错，我就又向银行贷了一笔钱，加上自己的积蓄盘下了这里。重新翻修以后，生意变得更好了，店里虽然只有 90 个位置，但有非常多打包的单子。我们用一年时间就还清了贷款。生意好，也和我们店注重卫生有关。荷兰政府对餐饮业的卫生抓得比较严，状况差的店每周都要面临检查，直到符合要求后才逐渐放宽检查时间，所以我们在卫生方面下了很多功夫。现在这个店是我儿子在经营，每个月的营业额从 50 万荷兰盾做到了 180 万荷兰盾。

有朋友看我们经济实力不错，家族的人也多，就来邀请我参加旅荷华侨总会（以下简称"总会"）。我有个同事叫胡克勋，是胡志光的大舅子，他给我打了个电话："老潘，你在荷兰这么多年了，家族又比较大。一个人消息不大灵通，领事馆里也没有熟人，你一定要参加我们总会，有些信息我们可以互相沟通。"我听完觉得很有道理，在国外多些人商量总是好事，于是 1991 年我就参加了总会。后来 1997 年成立的荷兰瑞安教育基金会，也是他首先同我联系的，我那时也想为大家做点事，就做了基金会第一届的副会长。

大家看我做得挺好，旅荷华侨总会也比较看好我，第十三届周守局做会长时，他就找了我做常务副会长。

说到荷兰瑞安教育基金会，我参加了第一届和第四届。这个基金会成员比较多，第一届就有 100 多人，经费也多，经常还要回国拜访领导人。我参加的第四届还有个特别的地方，原本每届会长任期2年，那届是由我和董贤构担任共同会长，每人各当一年。

基金会主要帮助国内的贫困学生。我们瑞安侨胞每年都会捐给这个教育基金会10万元去资助学生，直到现在我还这样做。基金会成员还会参加"一对多"结对帮扶活动。到现在，瑞安教育基金会资助的学生已有1000多人。

我资助过的学生里，有几个还有模糊的印象，但是我记不住他们的名字。一个是我本村书记的侄子，因为学费不够，他家长来与我商量，我一直培养他到大学毕业，现在他是一名人民教师。2012年，我还资助过一个瑞安的女孩，她家是困难的单亲家庭，毕业后也当了教师，还邀请我到她工作的学校去参观。还有一个我印象比较深刻，是北京大学的学生，我们资助了两年，后来他或许能自食其力了，就拒绝了我们的帮助。

作为侨领，我们首要考虑的是自己国家。教育是最重要的，没有文化是无法立足的，所以我们要资助学校、培养学生，这也是我们瑞安教育基金会的目的、中心、宗旨。当初，我也是被基金会的善行感动，觉得自己一定要去做这一项公益事业。再加上我原来就是教师，教育事业我更应支持。

其实从我爸爸开始，我们家就一直热衷为家乡做事。因为我们山区的路况很差，我爸爸就专门给地方造了条路。他还赞助过一个林场。1967年，我还用爸爸出国时留下的钱资助了一所小学。那时地方上没有学校，爸爸觉得每个自然村都应该有小学，所以我们就出资建了方山小学。由其他地方到坳后村的路，也是我和爸爸捐款修造的。桂峰乡有个水电站，1971年前后我们赞助了几千块，当时这笔钱对我们家来说是比较多的。

我的妈妈也很有爱心，她60多岁时来到荷兰，80岁左右才回老家。老人家平日里没有多少钱，但她会省下来，瞒着我们做好事。有一次我回国，还有人夸她："潘先生，你的妈妈真是个好人，我出国是你妈妈资助的，刚刚到荷兰时也给了我几百块钱。"

妈妈总说，有条件了，能帮就尽力帮。这句话我一直都记得。有些人需要帮助，我们就要及时施以援手。

番世锦投资开办的酒楼

总会遇到了几个大难题

到第十三届时，我做了两年旅荷华侨总会的代理会长，2012 年 9 月 12 日正式成为第十四届的会长。就职典礼那天，来了 400 多人，中国驻荷兰大使馆临时代办张晋雄先生也来了。大家都那么信任我，我也想为大家出份力，把事情做好。

我接手工作时，总会正处于低谷期，工作上遇到很多的困难，如办报纸、会庆、解决会址资金问题。好在我有一帮朋友，像胡志言、黄其杆、胡克铮、胡允革、周守局、胡志光……大家互相鼓励支持，一起帮助总会渡过了难关。

说到办报纸，我和报纸还是很有缘分的，《温州日报》就是在我老家诞生的。最开始叫"时事周报"，用作浙南特委的机关报，后来改名"温州日报"。浙南游击纵队 1947 年驻扎在我家，他们要做一些宣传工作，就在我家里印发报纸。当时这些报纸都是找人秘密发放的。后来部队考虑到我大伯身体不好，转移到板寮去了。现在我们家这个老屋，交给温州日报报业集团使用，被当作廉政教育基地。

总会在 1977 年创办了《华侨通讯》，每月一期。在大概第十届时，会里不团结导致《华侨通讯》停刊。第十三届的会长想重新刊发，当时我与他们产生了分歧。他们提出每月刊两期，这个要求太高了。做报纸的费用很高，一期差不多要八九千荷兰盾，我的建议则是循序渐进，先每月一期，效果好再增印。最后总会还是决定每月刊两期，半年要花费 7 万多荷兰盾，因为经济实在困难，后面才改成了每月一期。

到我这一届，总会的经费已经很紧张了，《华侨通讯》就改在网上办了。说起来也比较遗憾，以前这个报纸办得相当好，1983 年的时候，总会还请专家来负责，半个月一期，从原来的 8 个版面加到了 12 个，一期能发 6000 多份。报纸上经常登各侨团的活动，大家都习惯看它、用它宣传。虽然现在信息发达，看报纸的人也少了，但是几十年下来，报纸对总会的意义很大，哪怕是在网上办也要坚持下去，说不定效果会更好。何况《综合商报》答应每个月帮我们登一次广告，我们也不算完全从纸质报纸上消失，所以《华侨通讯》自 2012 年开始就在网上发行了。

到第十三届时，还要办总会 60 周年的会庆，这也产生了意见分歧。当时会费所剩不多，我认为应该节俭一些，先向国内政府申请，如果国务院侨务办公室（以下简称"国侨办"）支持，从国内派来艺术团的话，我们再出钱出力把它做好。但最后因为部分同志的疏忽，我们只能自己邀请艺术团，加上报销机票和食宿，几乎用去了一半会费。

报纸与会庆，这两项支出太大了，最后根本无法支付，会长无计可施，大家只好叫我这个常务副会长做代理会长。我差不多先垫付了 10 万荷兰盾，又拿出自己家里的酒，与胡志言先生一家一家地拜访其他副会长，希望他们能一起支持总会。好在大家比较支持，就这样一两千地凑，赞助了总会 20 多万荷兰盾，把这个难关给渡过去了。

等到第十四届总会改选，大家一致推选我做会长。我做会长时还碰到一个大难题，在第十三届时，总会在海牙买了一处地方作为会址。第十二届留下近 100 万荷兰盾，当时我们的会费有近 550 万荷兰盾。总会觉得可行，就再贷些款买下了这块地方作为会址。可后来这块地方一直闲置着，不仅租不出去，还要付月息。一年多就欠下了 50 多万荷兰盾，到最后欠款加起来有 100 万荷兰盾。我一筹莫展，用自己的钱先还了利息，后来总会的积极分子认捐了 60 多万荷兰盾，我和朱庆局的孩子再把剩下钱的补上。可最后还是难以为继，总会打算把会址卖掉来还欠款。当时只能亏本以 340 万荷兰盾卖掉，而且银行要求我们先还清最后的 170 万荷兰盾才有权转卖。我的二儿子是做贸易的，资金流动比较大，只好先从他的流动资金里拿出 170 万荷兰盾还给银行，等会址卖掉后把钱还给他。用卖会址的钱还清了总会所有的欠款，这才算最终渡过了难关。

事情只靠一个人是做不成的

那时候很多人都觉得总会要塌了，我想了很多办法，让大家愿意继续支持我们，让总会重新稳定发展。

潘世锦与家人

　　我做会长时，每年会带两个团访问。清明节一次，国庆节一次，由中央到地方，一般外出两个礼拜。第一次是 2013 年，时间也最长，近一个月。由东三省到重庆、四川、福建，最后去杭州。我觉得比较辛苦的是国庆节的团，人数比较多，大约有二三十人。大家到了北京都想去人民大会堂看看，可拨给我们的票不够全团的一半，其余的票需要我四处询问。

　　总会也重视老人，章程规定，每年都要慰问一些生病的老人、老侨领。

　　如果想让总会发展起来，我们作为老一辈，一定要带领中青年侨领。在我那一届，中青年侨领有四五十人，大部分是青年。我想赶快把他们培养起来，总会经常办学习班，每年都让他们回国访问。2013 年，国侨办组织了青年学习班，总会公费让中青年去学习，那次是谭天星副主任接待的我们。2015 年10 月，中国侨联青年委员会和上海市侨联在复旦大学举办了一次活动，我们也组织了一批青年过去。这样起起伏伏走过来，培养的年轻人也延续了我们的观念，都做得很好，总会算是重新步入正轨。

我们不希望后代把自己的根忘了，总会很早就开始重视中文教育。还是瓯海同乡会时就办华文学习班，改名"旅荷华侨总会"后，几位老会长都大力支持小孩子学中文。荷兰政府也支持，1986 年开始在全国推行中文教育。为了鼓励大家积极参与，荷兰教育部发布了《中文教材发展计划》，拨款资助华人社团编一套适合的中文教材。

荷兰的中文学校一般在周六有半天课。因为中国学生平时要上学，我们就鼓励他们利用休息时间学习，部分荷兰孩子也会来。现在荷兰的中文学校大概有 36 所，总会属下的就有 17 所，每年都有 2000 多名学生。

荷兰的侨团中，旅荷华侨总会是成立时间较早的一个，其他如荷兰华人总会，是我们总会胡永央做会长的时候分立出去的。时间较悠久的还有荷兰温州同乡会、青田会……为了团结在荷兰的温州人，2014 年 7 月 4 日，旅荷华侨总会、荷兰温州同乡会和荷兰华人总会在乌特勒支的 Wok de Mallejan 餐厅一起举办了荷兰华裔青年联谊活动。瑞安教育基金会、文成同乡会、青田同乡会、永嘉同乡会和中饮公会的负责人都参加了。那年，还有一支德国球队联系总会，我组织了主席会与德国球队的一次球赛。我们在荷兰有举办运动会的传统，当年胡志光先生在这方面就比较重视，所以如果有中国人办运动会，我们通常会赞助、参加。

在国外，大家还是要互相照顾的，尤其是青年一代，很多事只靠一个人是做不成的。我们有很多想法跟不上时代了，但他们还年轻，比我们有更多时间去做事。

我已经从总会退下来五年了，现在回头想想，花钱、花时间，我和家人没有后悔过。钱，只要是有机遇、肯努力，都能挣起来，有时我们给他人的机会就是希望。既然我们有点能力，也是真心实意地想要帮助人家、把事情做好，那肯定需要自己付出一点代价。

只要真心想做，就一定会做到，否则，怎么样都是徒劳。

胡 振国

男，1947 年出生，浙江温州人。13 岁
学牙医，16 岁开办第一家私人牙医诊所，
27 岁从温州到云南，在异乡发展壮大；
1980 年决意闯荡法国，经历了替人打工，
成立皮包工厂，开办饭店，经营超市，
转业小商品生意的辗转创业之路，最后
瞄定商机，重开"新中华"商城，先后
购入 7 家超市，合并成立"大中华"集
团公司。工作之余，积极投身于侨团工
作和家乡建设，热心公益事业。担任过
法国华侨华人会副主席、全国海外政协
委员、温州政协委员。

胡振国：

做人第一要紧就是诚信

访谈时间： 2021 年 7 月 20 日、8 月 18 日
访谈地点： 温州市鹿城区莲花路胡振国先生家中
受 访 者： 胡振国
采 访 者： 张利、罗甜甜、易永谊
录音、摄影： 罗甜甜
文字整理： 张利

当牙医，我带出了一大批徒弟

我是 1947 年出生的，老家在仙岩穗丰村。我们是一个大家庭，最大的是姐姐，最小的是妹妹，中间有五个兄弟。小时候生活是比较艰苦的，这么多孩子，只有一件能穿出来见客的衣服。兄弟几个从小就在田里捡田螺、泥鳅，摸河里的螺蛳来当下饭的菜。我爸爸是牙医，但是空有一身好手艺，因为他的成分有问题，对找工作有影响，所以家里条件还是很困难。

我在仙岩镇中心小学读了 6 年，12 岁小学毕业。当时我考上了初中，但没有办法上学。我身体好，人长得很高，部队里的人看到了很喜欢我，想招我入伍，但是因为家庭原因，我不能去当兵。我就跟着我爸爸和二叔学修牙齿。我爸爸他们，都是去上海跟一位姓胡的师傅学的手艺，胡师傅也是瑞安人，在上海南京路上开了一家牙医诊所。我二叔是从小就去学了，当学徒是不要钱的。而我爸爸中途才到那里去学，是经朋友介绍的，去之前先约定好了每月学费多少钱。

后来，我又去了当时的瑞安县人民医院进修，学习专业的牙医技术，例如拔牙、抽神经等。

胡振国的老家仙岩穗丰村山水秀丽

　　牙医的手艺学完之后，当时村里还是不允许我们出去。家里人就叫我去种田挣工分，但地我也不会种。后来我就去一个采石场干拉车的活。石头开采出来，堆在山脚下，要用手推车把石头拉到河边，拉一万斤的石头，能挣一块钱，一天要拉好几车。因为要用手去搬，石头都很锋利，胳膊就被划破了，我手臂上有些地方到现在还留有疤痕。当时，农村里采石头的师傅都是农民，他们要是划伤了，都是把草药放在嘴里嚼一会儿，然后吐出来拍到伤口上，用布巾扎起来。我爸爸看到我受伤了就很心疼，把我送到温州市人民医院，用双氧水把伤口洗了，再用皮筋把手臂绑好。医生说："你要是打针的话就需要十块钱，不打针只是缝起来的话，就只用五块钱。"当时的十块钱是很高的价格了，我说："那就五块钱好了。"

　　前后差不多拉了有一年多的石头，出了这个事故以后，我爸爸就不让我再去搬石头了。后来，我结识了另一个镇的副书记，他给我提供了一个建议说："你的手艺很好，到我们镇里的一个排灌站来挂个名头吧。"这样，我就去了温州市区。

在温州市区，我有个朋友是修理自行车的，我就用一百块买了四辆二手自行车。自己修理一下，轮子歪掉了的把它正一下，油漆掉了的重新漆一下，这些事情我都会。当时也没有几个人会骑自行车，我就租给别人学，一毛钱一个小时。那时还有纺麻线的，我会在机器上纺麻头，手艺也很好，做好了一块五毛钱一个卖出去，成本就几毛钱。就这样维持了一年，没有亏，但也没有赚，最后自行车也都送给人家了。后来，我们村里第二任书记来了，对我的限制放宽松了一些，我就可以出来工作了。

那年我16岁，学艺出师了，在南白象开了一家私人牙医诊所。开了几年后，在1958年，我搬到丽岙继续开牙医诊所。丽岙华侨多，生意很好，当时一个月大概能赚三四百元。但是我喜欢交朋友，花销也很大，经常把钱用完了还觉得不够用。

当时我家的生活水平，在农村里还算可以的。后来，一个朋友告诉我说，云南那边没有牙医，叫我带上我两个徒弟（一个是我二叔家的儿子，一个是姑妈家的儿子），还有我大哥，一共四个人到云南去。1974年，在云南曲靖市最好的一个县里，我们开了一家牙医诊所，这是云南当地第一家牙医诊所。

当时，"文革"刚结束，连买蔬菜都是实行计划经济的。有个朋友帮我们拿到了瑞安县卫生局、工商行政管理局、公安局发布的文件，相关部门回复，私人是无法办理营业执照的，需要有单位的证明。于是，我们就回到温州，请丽岙政府按人头给我们几个开出证明，这样总算解决了营业执照的问题。

云南那个地方原来没有牙医，我们的诊所开起来后，生意好得不得了，顾客盈门，每天都接待不过来。于是我们商量，每个礼拜一制定好安排表，平均分配每天接待客人的数量，这样也几乎天天都要做到夜里十一二点。这样火爆的情况持续了两个月不到，我们几个人的身体就都吃不消了。我跑回温州去了。

那时牙科生意还是很赚钱的。云南卫生局里有很多国家分配下来牙医用的器械，别人也用不到，就都给我们用了。当时，国家定价磨牙是两块五毛钱，门牙是两块钱，在温州种一颗牙齿是一块五或两块钱，云南的价格高一点，是两块钱，而成本只占十分之一左右。后来虽然我不做牙医了，但对自己的这门手艺还是很自信的。

　　当时在云南还有一个小插曲令我印象深刻。那时候，我们的店面开在陆良的县城里，交通不是很便利，买补牙的材料都要跑到很远的地方去买，而公共汽车的车票特别紧张。当时的人民币，十块钱是最大的数额了，到目的地是三块多钱一张票。有一次坐车，售票员是一个福建女孩子，她爸爸在那里当车站的站长，我拿十块钱买票，她多找了五块钱给我。我发现后就又回去重新排长队把钱还给她。当时的五块钱是不小的一笔钱，后来这个女孩子看到我来买票，就让我不用排队了。还有一次，我到昆明买补牙材料，也是她拜托车站帮忙带我来回一趟，我才能坐到车。五块钱竟然能够交到一个好朋友，由此可见做人诚信是最要紧的。

　　说到交朋友，在那里我还认识了云南省卫生局的一位副厅长，工商局的一位副厅长，还有一位曲靖地区的地委书记，他是山西人。我给他们看完牙齿后，他们对我印象都特别好，就交上了朋友。

　　我家的牙医很多，同时我也培养了一批徒弟，也把他们带了出去。第二次带出去的全是年轻人，手艺都很好，逐渐地就在各处乡镇形成一个个营业点。

辗转创业，不料付之一炬

　　说到出国，我们家也是有渊源的，我的爷爷就曾经在 20 世纪 30 年代去过欧洲。

　　我爷爷这辈有三个兄弟，我爷爷排行第二，他有个宝号叫"益兴"，是一家银楼，我们家传下来的就有打银和治牙这两门手艺。我三爷爷家在瑞安莘塍那里开了一家西药房，除此之外他家还做打银、照相生意，一共有三门手艺。我们是一个大家族，三个爷爷家一共有 10 个子女。其中我家就有 8 个子女，包括我爸爸在内的四个兄弟和四个姐妹。

　　我爷爷当时就作为打银的师傅，乘邮轮出去做生意。那时出国很方便，不用办理护照和签证，直接花钱买票上船就行。当年他出国的时候，我们家的家庭成员有我爸爸、二叔、好几个姑姑，已经是一个大家庭了。我爷爷先坐船到马赛，从 1937 年开始在法国卖首饰，卖了四年多，眼看继续留下来也赚不到什么钱了就回来了。在法国那四年据说是很辛苦的，但那段经历也是很有意思的。那时他到乡下去卖仿制首饰，法国人看到中国人来，马上就把门关了，因为知道我们是走街串巷做小买卖的。但是，我爷爷敲开门后，首先就把脚卡在门边，这样他们的门就关不起来了，又好说歹说，没有办法，别人就只好向他买一点，他就是通过这样的形式来推销首饰的。

从法国回来以后，我爷爷就在老家仙岩河口塘开了这家益兴银楼。我出生的时候爷爷还在，他就会和我讲他在法国的故事。他不会修牙，只会打首饰，他在打金器、银器的时候，我就在旁边负责拉风箱。我也会做银首饰，这门手艺就是和爷爷学的。

我在云南做牙医期间，我的一位堂姑妈在广东广州市第三人民医院担任书记，她是 1937 年的南下干部，是抗大（中国人民抗日军事政治大学）出来的，在五七干校待过。当时她对我说："你们年轻人应该要勤快点，还是到外面闯闯吧。假如你决定出国的话，七成（费用）我给你包了，想知道外面的事情就多去丽岙华侨那边问问。"后来我爸爸也对我说："国内现在还不是很稳定，像我们家经历了这么多风风雨雨，你去外面闯一闯也是好的。"这样，我就决定出国去看一看。我叔叔在瑞安开长虹照相馆，名气很大，他帮我拍了一张照片，后来这张照片就用在了护照上。出国申请批下来了，离家之际，我爸爸把家人的一张合影给了我，让我带着出国。

办理手续都很顺利，到北京后，当时的外交部副部长帮我申请了一个到葡萄牙的签证。当时国航没有直接飞葡萄牙的航班，中间要在法国巴黎转机。在巴黎机场时，一位老华侨认识中国民航的一位老总，这位老华侨就来把我接了出去。他来接机的费用本来要 3600 多元，后来他很客气地说："我们是同乡，那就少一些，2000 块也可以。"就这样我在巴黎留了下来。

我是 1974 年去的云南，1980 年就出国了，而我太太和兄弟姐妹都还在云南工作，当时总共开了 11 家牙医诊所，分别在楚雄、玉溪、通海等云南省比较好的县市里。后来我就陆续把全家都带到国外，还有很多亲戚，比如姑妈家的、姨妈家的、舅舅家的孩子，总共可能有几百人。当时有一个条件就是要把户口全部迁到云南。因为当时在云南申请护照很方便，所以我的家人都是先到的云南。那时，欧洲很多社会主义国家对中国都很友好，中国人出去很方便，像南斯拉夫、匈牙利这些国家的签证很快都能发下来。出去的过程也是一样，都是在巴黎机场转机，然后我到机场去把人接出来。

我在 1980 年 9 月抵达法国，刚到那里时是很不安心的。在国内我们是自己开诊所当老板，到法国后白天都在打工，晚上就当无营业执照的"地下牙医"。我带了一些简单的修牙齿的工具出来，当地的一些老华侨都到我那里看牙，因为我技术好，价钱又便宜，大家经常会找上门来。

像这样打了两年工，我挣了大概 60 多万法郎。做牙医很赚钱，法国的牙医收费很高，而我当时的收费连别人的三分之一都没有，老华侨都喜欢来我这，对我来说，这真的是一门值得珍惜的手艺。

1983 年，我自己开工厂做皮包、皮具，这个工厂维持了五年。1989 年，我又到法国乡下开饭店，一共开了两家。因为巴黎房产贵，我就把饭店地址选在地中海的边上一个度假城市的乡下小镇里，小镇里总共三万多人。我们也没有什么经验，当时就看到房子这么便宜，楼上、楼下共 500 多平方米，才卖100 多万法郎。我就买了下来，请了一个当时很出名的台湾公司装修，装修得很豪华，楼上、楼下共 200 多个位置，请了做饭的师傅，开张头一个月就赚了 300 多万法郎。但我们到底是外行人，不了解情况。在那里夏天是旺季，那几个月的生意特别好，到处都是去海边、沙滩旅游的人。但是到了冬天是淡季，一个人都没有，仅靠本地人的一点点小生意很难维持，后来只经营了一年多就卖掉了。

到了 1991 年，我开始尝试经营超市。我第一家超市开在巴黎的贝尔维尔(Belleville) 街区，中文叫"美丽城"。店铺的面积很小，楼上大概 150 平方米，楼下 120 平方米，共 270 平方米。当时，我给超市起的店名就叫"益兴商场"，这个宝号来源于我爷爷的银楼。开张后生意确实很不错，一个月赚到了 300

多万法郎。

这家超市一直坚持开到 2000 年，后来觉得太辛苦了，就把店卖给了我的小舅子。他也是个老实人，把店面接手过去之后，起先生意也很好，后来生意慢慢淡掉了，最后也卖掉了。而我自己则转行开始做一些小商品生意，公司倒是慢慢做大做好了。但是接下来发生的一桩意外又打断了我们刚起步的生意。

有一个黑人跑到工厂里偷东西，被我们发现了。我儿子一气之下就打了他一巴掌。结果他怀恨在心，夜里就偷偷跑到工厂里放了一把火，把货物都烧掉了。我们为货物买了保险，保险公司起初还怀疑是不是我们自己放火，想骗取保险。那个黑人看起来很高大，实际上只有十六七岁，他力气很大。大火烧起来后，他自己也跑不出来了，就跑到厨房里面把玻璃敲掉爬出来，因为爬出来时划破了手，血迹和手印都留在了玻璃上。后来他又到另外一个地方偷东西时被警察抓到，核对上了指纹。这样保险公司才给我们赔了钱，赔了 300 多万法郎，挽回了一些损失。

当时，国内义乌那边的小商品生意刚刚起步，我的生意也经营得挺好的，但因为这场大火，货物全部毁于一旦，我们所有的辛勤付出也都付之一炬了。

观念糅合，"新中华"发扬光大

火灾事故发生后，我决心还是回去重新开超市。这次还是开在巴黎的美丽城，取名字叫"新中华"。这个宝号的取名也有一个过程。这就要说到我家里的信仰情况比较复杂。我出生于基督教的家庭，妈妈、爸爸都是信仰基督教的，而我岳母家里都是信仰佛教的，家里有泰山石敢当这些东西，我儿子出国时还带了两个小狮子。这样两种不同的观念之间就存在冲撞，很难协调的，我就想那该怎么办呢？

当时买店的时候，这个地址是最好的地段，有 500 多平方米，拍卖出让，却没有人要，为什么呢？因为这个地方正好是"路冲"，温州人是比较信风水这些的。但是，我家是信基督教的，不怕什么鬼怪，我就把他买下来了，因为和法官交流得多，后来和他都交上了朋友。

我又想了个两全其美的方法，把我们家的小狮子放在前面柜台下面，又把泰山石敢当放在后面。最开始的时候，店已经取好了名叫"欧润华"，后来我决定把宝号改了，改成"新中华"。因为我觉得，我们中华人民共和国有超过13亿人口，我们国家有那么多人，什么"路冲"、大鬼、小鬼都要怕我们中华人民共和国。

后来我还放了一个华表在"新中华"的招牌上面。那是在改革开放之后，云南省侨办主任带了30多人的代表团到法国，由我负责接待。当时我是法国华侨华人会的常任主席，而且我对云南很熟悉，云南可以说是我的"第二故乡"。访问使团就送给我这个做工很雅致的华表当作纪念。

新中华超市一开门，生意就非常红火，到现在还在经营。那段时间是我小儿子在法国和我一起经营，我的大儿子还留在中国做服装生意，他在湖州德清开制衣工厂，买了50亩地，建了3万多平方米的厂房。当时的德清是百强县，刚调过去的常务副县长正好以前是我们温州的纪委书记，现在已经是金华市的政协主席了。后来，在德清的工厂招不到工人，我儿子一个人经营又很辛苦，我就问他要不要到法国来。那时候我已经60岁了。

我说："假如你喜欢爸爸的职业的话，就把德清的制衣生意先放掉，我们这么大的地和厂房用来做物流也可以。"因为我们有一个表弟在上海这边做物流，生意做得很成功。儿子听了，顺势劝我说："爸爸，想想您这一辈子，从十五六岁起就自己开私人诊所，一直打拼到现在，我现在过来，您就退休吧。"他又说："德清那个地方我把它卖掉，接下来法国的生意我来把它做好。"

我想想也是的，劳累了一辈子，到底要休息了。我大儿子说："爸爸，公司的股份你就放在里面。"我说："那这样，你们兄弟俩各35%，爸爸占30%。"实际上，我的股份是空的，但是我有钱用就可以了，对不对？以前的钱都不管了，往后开始我都是30%的股份，到现在还是一样。

大儿子到巴黎后，公司名义上的董事长还是我当。当时我们是两家超市，旁边有家还比新中华超市还大的，叫"家园百货商场"。

现在我们合并成立了一家大中华集团公司，下属一共有 7 家店面，规模很大，有 155 个工人。

成绩是一点点积累出来的

我在法国没有背景，连一点法文都不懂，是靠着自己勤劳，加上一点运气好赚到了钱。

刚到法国时我已经 33 岁了，还要去学习法文。白天在工厂打工，晚上当牙医，实在没有时间去学，常用的法文也不怎么说得上来。我们学外语就是像唱戏一样地去学，像听我们瑞安鼓词那样。在开办新中华超市的时候，我只懂一点常见的词汇，比如说牛肉、羊肉这些，其他都是重新开始学，用于一般的交流是可以的，但要做大生意，要跟警察、海关这些人打交道是不够的，所以后来我就聘了一位留学生做我的长期秘书，做什么事情都是他陪我一起，才有可能让我的生意做得更大。

但是，有一点我比较自信，那就是我这个人讲诚信，真心待客，人缘特别好。比如说我们在丽岙做牙医，帮别人补牙保修十年，十年内坏了来我们这里修是不要钱的，老华侨全部都认识我，都来找我补牙齿。开商场也是一样，我们商品的价钱没有高过别人，紧俏的东西别人没有了，我还有，但是我没有加价，这就是诚信。我的店里也从来都没有客人吵架，一个是因为我们家族大，那些浪子一般都不敢在我前面撒野。他们也知道我人脉很多，警察也都认识，不敢乱来。所以我的生意一直经营维持得很好，就是因为我真心对客人，客人处于第一位，永远让利给客人。

有时候做生意不一定需要多少学问，这样的例子很多，很多华侨都是农村出来的，普通话都不会说，但是看到某个东西能卖，天天卖这个，就能赚到钱。比如说，看到某一件衣服的样式做得很好，别人卖到法国去，那他自己也买一件，把它裁剪开了自己学，做件一模一样的卖到意大利，有些人生意好到赚了几亿元。再比如我们自己，2012 年到 2013 年的时候，我们商城进货，专卖中国的本地鸡鸭，国外的鸡鸭和中国的品种是不一样的，我们中国的乌鸡、老鸭都是要养三年以上，而且是体格较小的水鸭，骨头比较多，别的地方是没有这种的，温州有个著名产品——藤桥熏鸡，一般每隔 40 天我就要进货进一个集装箱。我们温州人很喜欢买乌鸡、老鸭来补身体，温州华侨又都很勤劳，一天工作十几个小时，需要补身体，所以我们卖得特别好。但是进货的时候也不是那么容易的，我们也不懂过海关这些流程，都是托一个公司帮我们运送。这些都是抓住了商机。

还有时候，越有学问可能反而越赚不到钱。像很多留学生，他们法文太好了，太清楚法国的法律了，胆子小，很多生意就做不起来。温州人胆子大，有闯劲。还有句俗话说"一个人就是一条龙，三个人就是一条虫"。我们温州的华侨大部分都是这样。如果一个大学生和一个农民一起做事，就不一定能说得到一起去，一个对事务太懂了，而另一个什么也不懂。所以，我们温州人比较喜欢单打独斗或是家族经营，跟外人合股起来是比较难的。

我这人不会做什么投资，回到国内后，对于当时很热门的房地产、大型器械这些都是一窍不通的。直到后来，有朋友在国内做房地产，天天在国内跑，拉我一起投资，我才在房地产上投了一些项目。在法国，我只要赚了一些钱，就去多开一家店，也有向法国的银行贷款的。他们银行根据年终结算来看，清楚地知道你名下公司的营业额、利润和上交国家的税款，并以此为依据来给你审批贷款，也就不用什么担保。像我们做食品生意的，银行都知道我们有仓库买下来，文件也都批好了。但是有时候也不那么顺利，有一次银行批准了以后，他们又说这块地以前做过化学材料的仓库，现在准备存放食品了，要钻到地下 15 米的深度取样来检测是否有什么毒性物质，于是我们又花了一万多欧元进行检测。现在我们在外面差不多买了三个很大的仓库，7 个门店里有两家都是自己买下来的。就是这样一步步慢慢来。

大部分海外的文成人、瑞安人现在成就都很高。都是因为他们不怕吃苦，成绩是干出来的，不是讲出来的，更不是吹牛吹出来。

温州人就是专心做生意

在法国这么多年，我也亲眼看到了华人在法国的地位变化。我认识一位东南亚的华侨，是以柬埔寨难民的身份来到法国的，现在已经是法国比较出名的议员了。还有我们温州来的一位小年轻，现在才25岁左右，就成了青年议员，目前在法国外交部工作。

法国的外来移民里，犹太人算是最厉害的，但是像很多非洲、阿拉伯移民，根本比不上我们中国人。比如，大部分的阿拉伯人都有七八个孩子，他们是孩子生得越多就越贫困，没有吃的东西，就到我们商场里来偷。我们去报警，警察说数额没有达到500欧元就不予立案调查。但我们商场哪有什么东西要500欧元，最贵的东西也就200多欧元，所以我们只能用自己的办法解决问题。

有一次，我们发现有阿拉伯人来商场里偷东西，而且偷了好几次。我实在没有办法了，就把他的照片打印出来贴在门口，一看到他来就把他拦住。后来他姨妈看到了，就要来找老板，说："这是我外甥，他偷你的东西多少钱我给你，你把他照片拿下来。"她意思是说这对她的家族影响不好。我说："好好，我听你的，钱不要了，就算了。"过了几天，那个小偷穿得很华丽，戴着十几条金手链来我的商场。但是到底是屡教不改，后来又来偷了很多东西被我们抓到。

不止偷盗，还有抢劫的，华侨的首饰、手表这些贵重物品经常会被抢，导致现在都不敢带在身上。这样的案件发生过很多，我们经常在当地的警察局一起开会，对他们说："我们华侨集资出钱，请你们把监控器装起来，特别是那些处于盲区的地方。"他们却说："不行的，这是人权，是人的隐私。"我当时还以为他开玩笑，法文又不太好，就让翻译员讲给他听，说："隐私不是在房间里面吗，在路上有什么隐私？"这些事情是我们在法国最害怕的。

说到法国人对我们中国人的印象，除了做一些合理避税的事，别的坏事是不会干的，不会影响法国国家的安定，也不会搞什么政治运动。我们就是这样一个宗旨，无论发生什么运动，我们都不参加，我们就是专心工作，一切向

"钱"看。

比如，前几年法国巴黎闹得轰轰烈烈的"黄背心"运动，开始于2018年11月17日，持续多日，重创法国经济，起因是抗议政府加征燃油税，是法国巴黎50年来最大的骚乱。但是，这些闹事活动，温州华侨一个都没有参加，我们温州人就是专心做生意。

我的店面都是开在一些热闹的地方，好几家是在市中心，当时闹得很厉害，有些人拿一些老旧的木头、木板，把汽油浇在上面烧，就堆在我们店的门口。我一看情况严重，不对了，就出来对他们说，我是做生意的，是外国人，让他们移动一下，一旦火烧起来的话，那我的生意就都没有了，并拿出可口可乐、啤酒这些来给他们。他们倒也讲道理，听了我的话，说他们的行为是针对政府的，不是针对我私人的。那一年"黄背心"运动闹了很多次，烧汽车、砸商场，但是像我们卖吃的这些店铺都不会抢，专门抢那些卖珠宝的。

而我们国家现在稳定治安这方面就做得特别好。就像抓小偷，群众一举报，警察马上来，我们的"天网"行动让小偷跑也跑不掉。外面都不像我们国内现在这么太平。另外，我们这次疫情防控做得非常好，庆祝建党100周年的时候，有三万多人在天安门，一个口罩都没有戴。我侄儿当时也在那里。他说庆典开始前几天大家都在旅馆里没有出来，开会那天特别安排了不戴口罩，离开天安门再戴上，让全世界看一下我们中国三万多人在一个地方不戴口罩，也没有发生意外。

纵观国家发展历史，我们现在越来越兴盛了。我在云南当牙医的时候，那些地方的房子都是用泥巴铺起来的毛坯房，只有土司的家是砖瓦房。现在回云南一看，毛坯房全部没有了，我以前开牙医诊所的陆良县里的房子也全都变成了砖瓦水泥房。国家现在大力推动脱贫攻坚政策，脱贫攻坚战取得了全面胜利。我现在还常对我儿子说："假如以前我们国家是现在这样繁荣的话，爸爸就不会到法国去的。"我妹夫在中国开牙医诊所，现在招了20多个工人，赚了很多钱。在中国口腔医疗还是免税行业。

我们现在在法国也算取得了小小的成功，但是未来一定要想长远一点，要回到回国来看看，我对我大儿子说："现在珠海、澳门，还有海南发展空间都比较好的，你去这几个地方看看，考虑一下，拿一部分资金回中国投资，不要把钱都投在同一个地方。"还有，我大儿子一家都是法国籍，二儿子一家都是中国籍，我的兄弟们也商量好了要分开，不要都在一个地方发展。这也是我一直在想的，这么多"鸡蛋"不要放在同一个篮子里。

我们这个侨团是有故事的

我大儿子从德清到法国来以后，我就退休了，一半时间在法国，一半时间在中国。生意上，差不多每两年增加一家超市，自己买下来的有三个地方，共有5000多平方米，做得还比较好。在法国，我主要就是做我们华侨华人会和侨团的工作。

华侨华人会是很有知名度的，算是一个老牌的华侨社团。前身是旅法华侨工商互助会，中法建交了以后，改名叫"旅法华侨俱乐部"，由廖承志题写。改革开放后，国家强大起来，我们这个社团名称又改成了"法国华侨华人会"，这是由当时侨办主任郭东坡题写的。

华乔华人会是有悠久历史的，也有很多故事。有位旅法女画家叫潘玉良，人很漂亮，才艺也都很好，当时我们会里给她资助过。还有很多名人，像刘海粟、吴作人都来过我们华侨华人会，吴作人还在我们华侨华人会里办过画展。还有邓颖超、华国锋等国家领导人也来过我们华侨华人会。

华侨华人会里几乎都是温州华侨，比如说任岩松先生，他是会里永久名誉主席，会参与日常会议。任岩松在我们华侨中贡献很多的一位，他出资修建了温州的仁岩松中学，捐赠了温州大学的一栋楼，现在还有一个以他名字命名的岩松堂。后来，任岩松中学因合并改名，他的子女也欣然同意，一切都是为了学生们好，这个胸怀是很大的。还有我的朋友黄品松是法华工商联合会的创会人，也是永久名誉会长。

我们这个华侨华人会到现在为止，在全世界还是排得上名次的。国庆60

周年、建党 100 周年的典礼，我们华侨华人会的主席都是要参加的，全国政协委员里也有一些我们的名誉会长。

我们的华侨华人会也接待过很多重要领导。当年，时任浙江省委书记习近平访问法国时就是安排我到杭州去同机接待的。在法国南部访问的时候，我们举办了一个晚会活动，是我们华侨华人会带头发起的，联合了很多其他侨团去参加，晚会原本定的是 45 桌，后来都坐不下，变成了 47 桌，每一个桌子上面都有铭牌，上面写了各个与会侨团的名称，比如说什么法华工商会、各种同乡同盟会等。

领导看到桌子上摆放的铭牌，就问青田的华侨在哪里。看到我们这里有青田人举手，就说："常说青田人是'有海水的地方就有中国人，有中国人的地方就有青田人'，现在这么多青田人三五年内在外面都发展得这么好。"有朋友在会上还提问到，为什么温州人这么会做生意？有人说就是因为"四个千，两个板"。领导就赞扬温州人有"白天当老板，晚上睡地板"这种吃苦耐劳、艰苦创业、敢闯敢拼的精神。他的发言讲得很实在、很有味道，讲了十五分钟，我们坐在台下都听得很感动。在报告结束后，大家全都站起来鼓掌，鼓掌的声音很响亮。

在普鲁士到巴黎的车上，领导还对我说了一个真实的事情，讲他从前在陕北插队时的艰苦生活，我听了也很有感触。领导讲话时都是慢慢说的，一字一句说的，听了他的报告，我也学到做人和说话是一样。讲话慢一点没有关系，但一定要一字一句的，要让大家听得清楚，一定不能弄虚的，要实实在在的。

侨团工作是我人生一段重要的经历，后来我还担任了海外政协委员，这也是国家给我的一个荣誉，是肯定了我对侨团工作的付出。在海外政协我任职了 14 年左右，2015 年的时候，有一次我找时任温州市政协主席余梅生，到现在他也还是我的好朋友，我说，我要 70 岁了，想要把位子让出来，把工作交给年轻人。他对我说："你还有一年多时间才卸任呢，在这段时间里，我们还有很多事情可以一起去完成。"

胡振国的部分聘书

团结互助是我们的传统

我们温州农村有一个"会"的传统，即互助会、领会，就是大家拿钱借给别人。比如说，我造房子急需要一笔钱，通过组织一个互助会筹款，不用付利息，每年固定时间摆一桌酒席，叫大家都来吃酒，然后大家掏钱集资给其中一个会员。我自己没有做过会东，但帮别人做了很多。一些人生意做不起来，公司倒闭了，我们都会帮忙。身边的瑞安人只要有需要，我就会为他们搞互助会。瑞安、文成的原来都是乡下人，很诚信实在的，我们对农村都怀有很深的感情，在海外也都是非常很团结的。

在法国有很多华人侨团，经贸会、联谊会、东南亚华侨会等有很多，总共加起来有80来个，可以说所有的会长有八成都是温州人。为什么？当会长是要付出的，温州人会赚钱，也肯吃亏，对朋友出手大方，而且乐于助人。像国内有些地方的同乡会或者联谊会的会长没人来当，是因为他们心里考虑得特别多，就会觉得我的钱就是我的，为什么要拿出给大家？不是温州人不如他们聪明，而是我们有这样组织互助会的传统。我为什么能认识这么多国内的领导？就是以前我们温州有一些大型项目缺乏启动资金，没办法开工时，都是我们华侨来捐款筹建的，我们都心甘情愿。

我们华侨华人会在全世界有十几个华助中心，一年费用大概要几万美金，法国只有一家，就是我们华侨华人会下属的一个机构，我是常务副主席，华助中心由一位副书记在管。这个华助中心主要就是帮助有困难处境的一些人，包括华侨商人、打工的人、留学生等。凡是有困难的我们都是互帮互助的。

有一个华侨，他来自我老家仙岩镇最边缘一个叫"渔潭村"的村子，家庭非常贫困，三个姐姐都在国内，他偷渡来到法国，在这里找了一个对象，生了三个孩子。夫妻俩都打工，也换了好几次工作，他是做日本料理的师傅，老板们都很仰仗他。有一次可能是夫妻之间吵架了，这个男人是很老实的，也可能患有抑郁症之类的。那天恰是正月初一，很冷的天气，他一时想不开，跳到河里，死掉了，留下三个年幼的小孩子。我知道这个事情时正在国内，就马上打电话给华助中心，叫他们去看望一下，那边回复说连这个人家住在哪里都不知道。我就说："如果不行的话，那就我回去看一下。"我一回到法国就马上去这个人家里，看到他太太还不到30岁，独自带着三个小孩，工作也不稳定，很可怜。我给他太太1000欧元，还有口罩这些防疫物资，华助中心后来也抚恤1000欧元。

还有一个华侨，也是和我们一个地方的，出国前在我那里打工。在法国一年多，结果去医院查出来肾不太好要做肾透析，连续九年都没有劳动。他治病需要的费用很大，一个礼拜要治疗三次，法国的社会福利相对比较好，虽然没有居留证，法国政府还是会出钱给他补助，但是后来连肾透析也没用了，他就做了换肾手术。现在换了肾已经是第十年，平时就是靠他太太做衣服来付房租、维持生活，我们华侨华人会里也给了他很多资助。

还有一次，有个留学生在机场，机票和护照都丢了，转来转去待了一天多，也没有钱回家，就到我们这里求助。护照问题不大，因为他叔叔传了照片过来，后来到大使馆拿了复印本和一张留学证。但是机票丢了就乘不了飞机，后来是我们华侨华人会出资帮他买了机票。

这样的例子有很多，比如说出车祸的、去世的、家庭困难的、孤寡老人等，我们都会去帮，有钱出钱，有人出人。像这样的华助中心，在法国就我们这一家。我们虽然都只算是小华侨，但心系家乡，我们家乡修建路桥、捐款集资，都是华侨出大头。

我印象特别深的是2008年，那年我们国家举办了奥运会，同时也是在这年发生了汶川地震。我在云南期间也碰到过不少地震，像昭通地震、通海地震我都经历过。地震造成的境况真的惨不忍睹，当时我们也没有重型机械设备，没有办法把人挖出来，眼看着遇难者失去了生命。在昭通那里，我弟弟开了一家牙医诊所。我第一次去看时，发现这里的地震是从两边陷下去的，就像我们在大罗山和西边白云山的中间，两边的山合拢倒下来一样。我们第一次从上面往下看时，还能看到下面的屋顶，到第三次去就没有了，两边都是沙石植被，非常惨烈。

我们对这场地震感触特别深，我的家族在欧洲的族人很多，几乎都是在云南赚了钱后来到法国的。我就自己安排了三桌酒席，把在云南工作过的亲戚都请过来，我捐助一半的钱，他们在桌上两个小时不到就一共筹集了150万元人民币，后来我又出了一些，最后筹到了160多万元。我又在自己的新中华超市门口请了四个留学生，让他们到街上呼吁捐款："国家有难，八方支援。"到我店里买菜的，我说你先不要买，先为我们国家捐一些钱吧。因为我的人缘也好，一共9天，就筹集了10万多欧元送到了大使馆。后来我们家族还联合出资在汶川旁边的阿坝州茂县洼底乡建立了一所学校，叫"侨爱学校"。

2019年，我组织了一个"旅法胡氏宗亲云南寻谊团"去云南。这是云南省侨联邀请我们组团去的，寻谊团的成员以前也都是在云南当牙医的，现在已经离开几十年了，大家都要想回去看看。在我们心目当中，云南可以说是第二家乡，云南亲戚来了，就好像娘家人来了，都是我们接待的。我们华侨华人会和温州侨联、云南省侨联、侨办等政府部门关系都很好，每到一个地方都是侨联来接待我们，比如说去玉溪、曲靖、楚雄地区，就是当地的侨联接待我们，都觉得很亲切。

在温州，我妈妈是第一个也是唯一一个被批准能够火葬的华侨老太太。当时是温州工商改革之后，温州市市长、副书记亲自向省里报告，由时任浙江省常务副省长章猛进批准，这也是国家给予我们的一个荣誉。当时批准是符合几个条件的：第一是模范市民；第二是爱乡楷模，这是专门针对华侨的；第三，对家乡有重大贡献的，那时候我捐资在老家边上的塘河里修造了一座华侨大桥，是1996年造好的。凭借这几点，政府通过了我的申请。

实话实说，我们这些华侨算不上是什么大富豪，都只是小打小闹，但是我们这代华侨都很传统，对家乡有深厚的情谊，现在的年轻一辈恐怕已经很难体会我们对于家乡文化、故土人情的这种深刻感情。希望未来的温州华侨们也一定要懂得这一点，赚到钱后一定要回报社会，我们华侨是游子，只有我们自己的国家强大了，国力强盛了，无论走到哪里，我们才不会受到歧视，不会被欺负。

重视文化，下一代会更好

老话常说，"吃得苦中苦，方为人上人"，我们这一代华侨，虽然谈不上人上人，但都是勤劳的、肯吃苦的人。现在的孩子，物质条件、生活条件都好太多了。

今年我在中国，我曾孙子在国外过生日，很热闹地摆了酒席。我太太就说："你们爸爸这一辈子都没有过过一次像样子的生日，你们天天轮流过生日，举办得这么好，请了这么多人来，唯独你们爸爸不在。"我大儿子就在农历的七月三十这天打电话给我，说："爸爸，你明天不要出门啊，就待在家里，我们儿孙几代人祝福您生日快乐。"他还买了一个大蛋糕，准备了一个红包送给我。我这辈子第一次过生日是我五岁那年，到现在我也还记得很清楚，我那天出了麻疹，我爸爸说今天是我的生日，买了五毛钱的猪肝，做了中午、晚上两顿饭，还煮了一碗面条给我。算上今年这次，我这辈子一共就过过两次生日。

物质条件上去了，就更要重视下一代的文化教育。有一次，我们温州政协组织参观访问巴黎一所大学，和一位来自武义的学者一起用餐，他大概有 60 多岁了。这位教授上台的时候说："我说的话你们不喜欢听的，可以畅所欲言。"他就说了，不赞同"温州模式"这个概念，说现在的温州人不行了，是井底之蛙，看不到外面的世界。

于是温州市的一位部长也站出来说："既然可以畅所欲言，那我也要说一说我的想法。你现在说的是对的，我们温州人没有文化，但是能够赚钱。我们赚到了第一桶金，接下来肯定是培养下一代大学生继续深造的。"他说："不能一直用旧的眼光看温州人，没有文化而能赚到钱，那下一代人有了文化，肯定会更好。"

说实话，文化素质低，确实是温州人的不足。一领导人曾经提到过，要说老一代温州人缺少一些东西，那就是缺少文化，所以现在要致力提高温州人民的文化素质，落实好大学的建设。

在以前，我长期聘用一个秘书，每月支出几千法郎的工资，因为我自己法语不好，要应付各种谈话，但是现在我不需要了，也一点都不怕了，我女儿早就大学毕业了，我的孙子、孙女也都大学毕业，连孙子都已经有两个孩子了。我孙子、孙女都在我公司工作，特别是我孙女，我们集团下面这么多的公司，所有的账目都是她在管，很有才能。

但现在也有个问题我要实话实说。在往后的侨三代、侨四代里，大部分都是在公司里做事情，以后愿意当会长的人就不多了。

现在我在温州政协已经干了十几年，也要退休了。我的建议是，我们政协里这些荣誉性的东西一定要交给下一代，还是要挖掘年轻一代中有文化的、企业办得好的，把位置让给更有能力的人。现在开会天天看到都是老面孔，我觉得这个观念要改变一下，我们要把年轻一代中的有用的、国家需要的人才培养起来，多吸引年轻的华侨回来。

所以我们老华侨也要起到这个桥梁作用，在国外的那些年轻人，有技术人才，有大学教授，以后开会要多叫他们来，旅馆、机票这些都由我们出钱付，要把我们国家需要的人才请回来，只有这样，才能为我们家乡建设做出更大的一番贡献。

荷兰华侨的领头羊

胡允革：

胡 允革

1951 年出生于温州市文成县玉壶镇。1968 年参加中国人民解放军，1971 年退伍。1976 年毕业于杭州大学历史系，1976 年至 1979 年在文成中学任教。1980 年初，赴荷兰定居，从事餐饮行业，先后在哈勒姆、诺德韦克等地开设"孔夫子""王朝酒楼""美堡快餐店"等。积极参与华侨社团活动，1990 年任旅荷华侨总会总会哈勒姆分会会长，1993 年任第九届旅荷华侨总会副会长兼秘书长，1996 年以最高票数当选为旅荷华侨总会的第十届会长。15 次应邀回国参加国庆典礼，2004 年获得荷兰女王授予的皇家绅士勋章。晚年回国定居，热心家乡公益事业。

访谈时间：2021 年 7 月 22 日
访谈地点：温州市文成县玉湖镇步行街 10 幢 8 号
受 访 者：胡允革
采 访 者：金丹霞 倪靓璇
录音、摄影：曹颜
文字整理：倪靓璇

进部队，上大学，当老师

　　1951 年 10 月 22 日，我出生在文成县玉壶镇。我来自一个大家庭，家里人比较多，上面有两个姐姐、两个哥哥，在我之后还有两个弟弟，兄弟姐妹一共 7 个人。除了我和两个姐姐现在在国内，其他的兄弟都在意大利。

　　我爸爸在镇里的供销社工作，被派到外地，长期不在家，家务事都是我妈妈在干。

　　我大姐从温州卫生学校毕业，二姐从温州第四中学毕业。在我们老家这里，农村重男轻女的思想比较严重，一般都不让女孩上学。但我的父母亲很了不起，把两个姐姐、一个哥哥都送去温州读书。开销很大，我爸爸一人的工资不足以支撑，所以我妈妈也在努力赚钱。她是个体户，做轧棉花的生意。

　　我们兄弟姐妹之间都会互相帮助。1957 年，我 6 周岁了，去玉壶小学读书，就是我大姐带我去报名的。从家里走到玉壶小学，大概要十几分钟。我那时读的是春季班，后来跳级到秋季班。对读书这件事，我是很喜欢的。

　　1966 年，我从玉壶初中毕业，"文革"开始了。我大姐在医院工作，二姐是教师，大哥和二哥去做手艺工。读书没得读，我就在家里帮忙做事。那时候我一门心思想去当兵。因为我一直很仰慕解放军，希望自己能去部队锻炼锻炼。

两年后，也就是1968年3月8日，我如愿进入部队。当时的政审很严格，当然，体检也要合格。我大哥是1961年去当兵的，父母很支持我们兄弟参军。3月8日那天，我们300号人从文成县出发，坐着部队的军车，先到黄山，集训一个星期后，再分到温州平阳的营队。到了平阳，在新兵连训练一个月。我第一天训练的时候，早上起床，还感觉脑袋晕晕忽忽，头重脚轻的。

我们是陆军边防部队，驻扎在平阳县金乡镇（今属苍南县）。我被分到一营三连六零炮班。虽然离家比较近，都属于温州地区的，但是也不能随便回去，只允许给家里写信。

部队的生活很辛苦。战士们要轮流站岗，冬天站岗，到后半夜时，会很冷很冷。特别苦的是晚上紧急集合，哨子一吹响，立刻要穿上衣服，拿起自己的武器。深夜里行军，天黑得什么也看不见，只能跟着前面的人，一步一步往前走。

因为我是初中正式毕业后才入伍的，文化程度比其他从农村来的新兵要高一些，掌握技术的速度更快一点，所以参军第一年，我就担任了第一炮手。第二年，我就去带新兵了，自己也成了别人的榜样。

除了部队的训练之外，我们还会去瑞安的生产连。每年收获的时候，我们都会去农场帮忙收割稻子。有一年，我们从金乡出发，带着武器和背包，那一回没有坐龙港的小汽轮，而是用了一天一夜的时间，步行去瑞安。到了瑞安，原地待命一天，又马上投入"双抢"（一项常见的农业活动，指农村夏天抢收庄稼抢种庄稼）。

我记得，离部队不远处有一个工厂。有一天晚上，工厂因为电线老化，意外起火，大家都拼了命地去救火，把东西从火场里抢出来。这件事我印象很深，后来我参加高考，语文考试的作文题目是"你最难忘的一件事"，我写的就是去工厂救火这件事。

部队是一个锻炼人的大熔炉，一方面是忠诚党、忠诚于国家的教育；另一方面是对自己毅力的锻炼。我在部队待了整整三年没有回家。我对部队的生活还是很怀念的，直到现在，我们这些当年的战友也经常聚会。

我在部队时，对未来的事没有想那么多、那么远。部队需要我，我就留下来；不需要的话，我就回来。如果当初没有进入部队，我会去做什么，那就难说了。可能会下田去劳动，去福建当木工开采木材，或者去外省弹棉花、做小手艺。

当时有农村户口、非居民户口、城镇户口，我家夹在中间，不是农村户口，没有田，小时候我也没有插过秧。地方上有一句话，"山头人三样宝，火笼当棉袄，火簸当灯草，番薯丝吃到老"，文成八山一水一分田，想要吃饱肚子都很困难，地瓜一年吃到尾。收成再差一些的时候，连地瓜也吃不上，只能吃砻糠。1960年那会儿，我们连地瓜叶也吃过。我记得很清楚，就在家前面的那座山上，黄色的地瓜叶掉到地上，我们捡来洗干净，再煮了吃。

1971年，我从部队退伍回来以后，先是去生产队参加劳动。过了不久，公社派我去管乡镇企业，就是文成玉壶瓦厂。瓦厂之前的财务搞不好，我去的时候，瓦厂都快干不下去了。

1973年上半年，玉壶镇上的小学叫我去代课。一个学校里只有两个老师，从一年级到五年级，语文、算数，什么都教。我和爱人就是在小学代课时认识的。

当年公社还推荐我去县里参加统一考试。那时的高考和现在不一样，是推荐和考试结合，以推荐为主，考试为辅，先面试，然后安排语文、数学、物理等科目的考试，考上了就是工农兵大学生。我在家里自学，把玉壶中学老教师留下来的数学、物理习题册统统拿来做练习。

1973年下半年，我坐在货车的后厢，带着被褥和一些日用品，高高兴兴地去杭州大学读历史系，学制三年。当时学校和专业都是分配的。杭州大学在天目山路上，就是现在的浙江大学西溪校区。我们历史系主要学世界史、中国史、中国古代史、中国近代史、中国共产党党史。我最喜欢古代史，特别是宋史，徐规老师上课，我们都听得很仔细。课余时间，我会去打篮球、打排球。

上大学时实行的是供应制，学校发给每位学生粮票30斤，伙食费3.5元，家庭特别困难的学生会给5元的补助。

我们班50多个学生，有十七八个都在部队当过兵，还有十几个是支边回来的。我们的师生关系，就和朋友一样。在学校，每学期要下一次乡。我们去过舟山、松阳，去过嘉兴农村，去过部队，去过方腊起义的淳安——那时候批判宋江、批判投降主义。下乡的那个月，我们和老师们吃在一起，住在一起，彼此之间就像兄弟姐妹一样亲近。

1996 年，毕业 20 周年的时候，我带领旅荷华侨总会考察团，回国拜访了我的母校杭州大学。能够拜会母校的师长、留校的同学们，我的心情特别激动。母校的发展尤其让我高兴。我祝愿母校能为祖国的建设培养更多的人才。

2021 年 6 月，我还去杭州拜访了我从前的老师。尊重历史，以史为鉴，做正直的人——这是我在大学里体会最深的事。大学的学习，让我更加坚定地选择去做一个为社会服务、对社会有用的人。被分配到历史系，广泛地学习历史知识，不仅影响了我对社会的认识，也影响了我对事件的判断能力。学会如何做人，如何将学到的知识应用到之后的岗位、之后的人生中，是大学教育留给我最大的财富。

大学毕业后会分配工作。尽管我学的是历史，但 1976 年下半年，我被分配到文成中学做政治老师，带高三年级的八个班。当时也还是在"文革"期间，学生们能学的东西其实不多，很浅，知识基础自然比我们"老三届"会差一些，但孩子们的学习态度还是比较认真。

顽皮的学生当然有。我印象特别深的一个学生，他爷爷是荷兰很有名的侨领。上课的时候，我在讲台上讲政治，他坐在底下玩手表——那时候手表是很少见的东西，老师们也都没怎么见过手表。我注意到他分心，走过去问他："怎么不听老师上课，在底下只管自己玩呢？"他不好意思地回答说："是、是。"

后来，我在荷兰遇见这个学生的时候，他已经很稳重了，见到我时也很有礼貌。文成是侨乡，很多学生都知道自己以后就是要出国的。

辞教职去荷兰开餐馆

我在文成中学教了三年半的书。1977 年，我和爱人结了婚。1978 年改革开放开始了，中国不再像原来那样封闭，外面传来的新讯息很多。国外带回来的物件，打火机、小计算器，都是很新鲜的玩意。我在上课时，学生们都要我讲国外的情况是怎么样的。我拿起粉笔在黑板上画，一边画一边同他们讲，这条呢，是出去的公路，那条是返程的公路；你如果想找人家，在大街上也能接听到电话——就是手机。其实我也没去过国外，这些都是听别人讲的，道听途说，我再讲给学生听。

那时候，华侨在国内存十万元人民币，每个月的利息能顶我们两年的工资。我们一个月的工资只有 54 元。

1949 年到 1984 年间，文成出国的人很多。我的岳父、岳母在荷兰，我自己也想去外面看看，国外为什么好，好在什么地方。当时文成人去国外，一般去荷兰的就开餐馆，去意大利的就做皮包。我想着，去国外务工，挣够十万元。

一开始，我岳父、岳母不乐意我去国外，毕竟在国内教书是一个稳定的工作，但我出去的心很坚决，他们最后也同意了。

1966 年，我岳父计划出国的时候，在澳门等了一年也没等到签证，最后偷渡去了意大利。办护照、办签证并不是一件容易的事。当时中国和南斯拉夫友好，有些人选择先办去南斯拉夫的旅游签证，再去香港坐飞机到法国，最后偷渡到荷兰。不过南斯拉夫的旅游签也是有名额的，不是有多少人申请，就能办下多少来。当时有这样一个规矩：一个人办完签证后，他写了号码的票会被大使馆收走。一些温州人就想办法偷偷把票带出来，大家轮流用这张票去办签证——当然，这样做也有风险。

1978 年 10 月，护照批下来后，我就辞职了，把铁饭碗给扔掉了。然后我去香港办荷兰的劳工手续。劳工手续办不下来，就不能进入荷兰。好在还比较顺利，途径也比较正规，只在香港九龙住了半个月，正式的劳工手续就批下来了。有一个同乡知道我的手续和护照办下来后，央求我带他一起去，于是我先回文成过完新年后飞去巴基斯坦，再转机到比利时和老乡碰头，最后才到荷兰的首都阿姆斯特丹。当时的机票要 2000 多荷兰盾。我没有什么行李，带着几件旧衣服就出门了。我爱人在一年后才来荷兰。我的大哥、二哥是 1983 年出国的。

我记得很清楚，到荷兰的那天是 1980 年 1 月 27 日，我的小舅子和他的外国朋友来接我。后来许多年，我认识了很多荷兰朋友，与我最要好的荷兰朋友 Joop，就是我初到荷兰时来机场接我的那位。直到今天，我们都一直是好朋友，我家里、公司里的电器偶尔坏了，都是请他帮忙修理。

　　一出机场，我看到以前教书时和学生讲的那些马路、高速公路，心想，这可算是亲眼见到了。

　　我住在霍夫多普（Hoofddorp，北荷兰省哈莱默梅尔的一个主要城镇）。刚到荷兰的那几年，天气比较冷，冬天一般在零下七八摄氏度，最低气温有零下 18 摄氏度。

　　荷兰人很好，他们是一个友善的民族。荷兰学校的老师知道我们开餐馆的人忙，平日里对我们的孩子也格外上心，甚至出去玩也会带着我们家的小孩。华侨华人在荷兰的待遇，基本和荷兰本地人一样。在荷兰，华侨华人分布很广，即使是在只有三四千人口的小镇子，也能见到华侨华人的踪影。在阿姆斯特丹、海牙、鹿特丹和乌特勒支这几个大城市的华侨华人会多一些。

　　就这样，我来到了人们口中有着鲜花、风车、吊桥、美丽的小木屋的荷兰，其实到荷兰后的实际生活，完全是两样的。早上九点上班，一直干到深夜，每天收工时都累得腰酸背痛。

　　至于荷兰语，我在初来时一点不通。荷兰语由英语、法语、德语、拉丁语四个国家的语言混合在一起。对于一个 30 多岁的中年人来说，要从零开始学习一门新的语言，难度可想而知。但是，若要在荷兰的餐饮业工作，需要用荷兰语进行营业执照考试。我岳父在莱顿（Leiden，荷兰西部城市）开餐馆，我在他的"东亚酒家"的后厨做工，8 个月后，我转去楼面做服务员。做跑堂必然要接待客人，不会说荷兰话可不行。我没有时间到专门的学校学语言，只好一边学，一边做。一开始看餐饮业的卫生标准书本，专记菜名、接待、摆放布置等餐厅用语，然后再学其他日常用语，拼命背拼命记。第二年，我在第一次考试口考下了荷兰的餐馆执照。只要肯学，没有什么是做不到的。

　　在荷兰的中餐馆其实不是地道的中餐，而是印度尼西亚（简称印尼）餐和中餐混合的风味，所以中餐馆的招牌上写着的都是"中国—印尼餐馆"。印尼从前是荷兰的殖民地，很多荷兰人在印尼生活。在印尼的华人也多，大家的饮食习惯融合在一起。20世纪40年代后，印度尼西亚独立，很多在印尼的荷兰人回国，他们习惯了印尼菜的风味，就有了中国—印尼餐馆。

猪颈肉放在炉里烧两个小时，烧好以后切成块，放在油里炸，再淋上辣豉——这就是荷兰中餐馆有名的Babi pangang，我们中国人叫"火肉"。还有Foe Yong Hai，就是炒鸡蛋。

华人在荷兰的生活是很艰苦的。在我们之前的一辈华侨，多数是山上烧煤的苦工，或是街上叫卖的小贩。早年的温州人靠卖领带、花生糖为生，受人欺侮。至今荷兰还流传着"Penda likker"，意思是花生糖好吃。荷兰人一般每天工作8小时，一星期工作五天，而华人一天工作12至14个小时，一星期工作6天。我在岳父的餐馆工作了8年，吃住方面，我自己很省、很苦，一餐饭只吃三片火腿肠，一片火腿肠和一截指节差不多大。我女儿至今都会拿这件事说我。温州人吃苦耐劳的精神使我得以坚持下去。

就这样，我攒了13万荷兰盾。1986年，在岳父母和其他亲友帮助下，我在哈勒姆（Haarlem，位于荷兰西部的北荷兰省的首府，欧洲人口最多的城市之一）开了自己的餐馆——孔夫子酒楼，一家总面积350平方米、有着250个桌位的大餐馆。之所以取"孔夫子"这个名字，是因为我自己学历史出身，对孔圣人有特别的感情。这家餐馆从印尼人手里买过来，重新装修用了三个月，花了大概50万荷兰盾。50万荷兰盾，一部分是自己的积蓄，一部分是岳父的资助，剩下的都是向同乡借的钱。我们中国人在荷兰有一个规矩，有人创办事业时大家都会互相帮助、互相扶持，借钱时不打条子，不谈利息。

在荷兰开餐馆，一要把卫生做好；二要和警察搞好关系。我说句实话，我们餐馆雇的大多都是没有居留证的黑工。有一回，餐馆的工人们下班后，在深夜的街上大声吵闹，当地居民报了警，被查到是黑工。我只好去葡萄牙替他们办签证，又送他们去西班牙暂时居留。

在荷兰做餐馆老板，不分早晚，也没有休息日，比做工人更辛苦。我的孩子七八岁时，就要站在板凳上去后厨洗盘子。我的孩子们会讲家乡话，但不会普通话。在荷兰的文成老乡，互相沟通也是讲玉壶话。我也曾经让孩子们去过中文学校，但他们没有坚持下来。

荀兰的幼儿园、小学、初中、高中实行义务教育，大学时若家庭经济条件差，学费也会免去。孩子们上学读书，我们没有操心过，连接送都很少，都是大孩子领着小孩子去学校。我的大女儿现在在卢森堡做律师，二女儿在读经济心理学，三女儿在华为的荷兰办事处，两个儿子在做外贸。

1993 年，我卖掉孔夫子酒楼，一部分钱拿回国内投资，在山东创办了葡萄酒厂、钾矿石厂；那时候，大部分侨胞还在传统的餐饮、制皮、服装这些老本行里，缺少商贸知识和实践经验，因此在国内投资出现了很多困难。另一部分钱我放在荷兰，又开了两家餐馆。一家是我主营的"王朝酒楼"，开在诺德韦克（Noordwijk，位于荷兰南荷兰省西部），一家是 Merburcht 快餐馆，中文写作"美堡"。快餐店总面积有 150 平方米，由我太太管。因为不像中餐馆那样有固定的饭点，一直都有往来的客人，所以快餐馆会更辛苦，从早到晚不能休息，一天能卖掉几百斤薯条。

被推选为旅荷华侨总会会长

我来荷兰的第一年，就加入了旅荷华侨总会。旅荷华侨总会的前身是一批温州籍侨胞自发成立的"瓯海同乡会"。每年的春节、国庆节，都要举办联欢会，为大家准备有家乡味道的便餐，也搞乒乓球赛、羽毛球赛、象棋比赛等，还在音乐厅举行文艺表演，在电影厅放映影片。从 1983 年开始，定期邀请国内的艺术团来荷兰演出。1985 年，应旅荷华侨总会的邀请，李谷一女士在访问法国后，来到阿姆斯特丹和鹿特丹为荷兰的侨胞举行了两场独唱音乐会。在每首歌后的掌声中，她都用普通话、广东话、温州话表示感谢。

1990 年，我任总会哈勒姆分会会长；1993 年，任第九届旅荷华侨总会副会长兼秘书长。那时，大家都看到了我的能力。1996 年 3 月 11 日举行第十届常务理事会的选举活动。投票工作原先是定在中午 12 点开始，但很多人一早就聚在会所门口，于是投票箱的启封时间提前了一小时。投票的会员里，有很多白发苍苍的老人，他们都是老一辈的华侨了，还有不少兴致勃勃的年轻人、抱着孩子的妇女。投票经历了四个多小时，投出来的候选人近 200 个。唱票历经五个多小时，晚上 8 点，结果才出来。我得知自己被推选为总会会长的消息时，没有特别惊讶，只是清楚地认识到自己的责任更重了。

1996 年 5 月 23 日，在"海上皇宫"举行了第十届理事会的就职典礼，出席这场就职典礼的有中国驻荷兰大使馆的大使，还有荷兰政要，经济界、侨界的友好人士，一共 200 多人。我作为第十届理事会会长，发表了就职演说："旅荷华侨总会领导班子目前已由第二代发展至第三代，而新的一代领导人正面临着重要的考验。第十届理事会将继续高举爱国爱乡的旗帜，维护国家统一，团结广大侨胞，促进华人事业的发展及其文化素质的提高。办好《华侨通讯》和中文母语教育，做好老人、妇女、青年工作，增强会员福利。与此同时，旅荷华侨总会还将本着激发华裔青少年爱国爱乡的热忱，提高华人文化素质，促进荷兰华人文化中心的建成。"

上任后，我碰到的第一件大事是活动资金问题，总会每年的日常开支，加上《华侨通讯》的出版费，在 30 万荷盾左右。往年荷兰政府会给一部分资助，后来取消了。面对这个难题，我一方面自己带头出钱；另一方面通过登门拜访、电话联系等方法，发动在荷的侨胞们筹集资金，支持总会活动。

《华侨通讯》由旅荷华侨总会在 1977 年创办，也是欧洲的第一份华文报纸。当时的条件非常艰苦，可以用一穷二白来形容。大家除了有一腔热情，其他什么都没有——甚至是办报纸所必需的中文打字机也没有，全靠剪刀、糨糊和双手。

《华侨通讯》在荷兰华侨中颇有影响力，几乎每个华人都要看。当时，胡志光先生任总会的第四届常务理事，负责《华侨通讯》的编排工作。编辑团队也经常开会讨论如何改进报纸，如何改变眼下拮据的局面。一直以来，《华侨通讯》都是赠送给侨胞们的，为他们认识荷兰文化、了解荷兰法律提供帮助。

要知道，办一份这样的报纸，花销很大，几乎占了总会开支的一大半。我长期参与编辑部的工作，与报纸诸位一起对《华侨通讯》进行改革，在内容可读性上狠下功夫。我两次回国，拜访国务院侨办，想办法充实报纸内容。

虽然条件艰苦，但大家始终保持着高昂的工作热情，功夫不负有心人，一年多来的改革工作有了成效。1981年，国侨办给旅荷华侨总会送来两台中文打字机，邱玲珍女士负责打字、编辑等工作，常常为赶稿辛苦到半夜。《华侨通讯》从此不再是手写版，发行量也由原来的1800份发展到3000份，内容不仅包括荷兰要闻、国际、国内消息，还发展出读者文摘、医药卫生、文学副刊等多个栏目。侨胞普遍反映良好，每天都有人写信或者打电话到总会，要求得到赠阅。报纸的广告合作也不断增加，解决了办报的经费问题。

后来，《华侨通讯》的编辑部搬到了总会第五届宣传部部长朱良杰先生的餐馆处，专门聘请一位文成同乡，负责《华侨通讯》的打字、排版、发行工作。在总会的不断努力下，《华侨通讯》终于得到了荷兰政府的重视和支持，自1987年起，荷兰政府每年给报纸拨款2万荷兰盾。

在欧洲长大的下一代，他们接受西方文化教育，基本的观念发生了变化。不光是普通话，有些青年甚至连家乡话也不会讲，跟父母的沟通都有问题。中华民族的优良传统，他们更是不明了。还有一些华人子弟被称为"竹升仔"，意思是中西文化两头都不通。针对这种情况，许多欧洲华人社团都会大兴中文母语教育。荷兰最早的中文学校于1979年成立，在这之前，荷兰还有过大大小小的"中文识字班""华侨子弟识字班"，但都因为经济困难，时断时续。

1981年，旅荷华侨总会在《华侨通讯》刊登招生通告，决定每逢星期三下午，都在阿姆斯特丹总会会所内举办中青年的中文补习班。我们的中文学校没有固定的校舍，老师们都是志愿教学，唯一的报酬是有限的"车马补贴费"。经济问题、师资问题、教材问题，可以说，旅荷华侨总会属下的中文学校，是在很艰难的环境中成长发展起来的。

1991年，我在莱顿创办中文学校。担任总会会长后，我回到国内拜访国务院侨办，汇报欧洲华文教育的发展状况，又在阿姆斯特丹、多列特克两地办学。在阿姆斯特丹中文学校的开学典礼上，我跟孩子们讲话，希望孩子们能够用功读书，要明白每一个方块字的特殊意义。我成立校董会，带头解决经费问题。一方面，我们需要和荷兰政府交涉，希望荷兰政府能够拿出资金支持我们办学；另一方面，我们与国内政府保持联系，请求国内政府向我们提供大陆出版的课本。

在我手里，一共发展了17所中文学校，受教育的华侨子弟有2000多名。办学的时间大多在当地学校不上课的空隙，比如星期三下午，或是星期六、星期日。1996年底，我们还举办了"师资培训班"，所有在职的中文学校教师都有资格进修短期课程，接受师范训练，学习教学法、汉语语法。在课余时间，孩子们来到租借的校舍，学中文、写毛笔字，还有武术班、民族舞蹈班。最早的课本大多数来自香港、台湾，都是繁体字课本，后来国务院侨办免费送来了简体字课本。

每年，我们都会组织回国访问的青年夏令营，对祖国文化有强烈兴趣的华裔青年大学生都可以报名，他们到北京、上海、杭州、广州和深圳等地，学习中国的书画艺术、武术和汉语。后来，温州市教委也为荷兰的温州籍青少年组织夏令营。

1996年10月8日，我担任筹委会主任，联合荷兰的其他社团，举办了欧洲华文教育研讨会，参加会议的有国务院侨办文宣司丘进司长和欧洲九个国家125名社团负责人、校董会成员和教师。这次会议把荷兰的经验推广到欧洲，解决了中文学校发展过程中共同遇到的困难。这次的会议影响很大，是欧洲华人开创华文教育新的里程碑。2006年，我又争取联系上全国各地的侨领，在荷兰举办了第二次欧洲华文教育研讨会。中国侨联李本钧副主席率团出席了这次研讨会，欧洲15个国家的200多名华文教育工作者也参加了这次会议。2007年，在全体荷兰华人社团的共同努力下，荷兰教育部终于把中文作为外语选修课之一，让中文成为了荷兰正规教育的一部分。

老一代华侨绝对不会忘记自己是中华儿女，虽然身在国外，但脑子里记着的都是中国的传统文化，很深刻、忘不掉；而在欧洲长大的华裔子弟，他们受西方文化教育影响，观念上发生了很大变化。不过现在大家都认识到，21 世纪是中国的世纪，不会讲中国话就吃不开。在欧洲长大的下一代，他们学中文的积极性也提高了。

荷兰女王授予皇家绅士勋章

旅荷华侨总会平时组织侨胞学习荷兰的法律，举办文化讲座和厨师培训。当地华人社会出现摩擦，需要我们出面调解；华侨在国内遇到困难，总会也帮助解决。特别是当华侨和荷兰人、荷兰政府之间产生矛盾时，我们华侨总会要出面维护华人政治、经济方面的利益。

我任会长时，有一位老华侨受诬告，被警察带走了。分会上报这件事后，我放下手头的生意，和总会里精荷兰语、通法律的人出面，同当地的人坐下来，把这件事从头到尾地分析好，证明这件事是莫须有的。1997 年开始，总会还会为侨胞出具结婚证明、孩子的出生证明等。比如，有位侨胞因为过去农村的风俗，没有与妻子办理结婚证，在国外为家人申请居留证时，碰到没有结婚证的困难，总会在了解情况后，会为他出具结婚证明。

除了在荷华侨的事务，总会每年还要接待 40 多个从中央到地方的访问团和考察团。一年有 52 周，而我在 1996 年这一年就接待了 60 多个中国访问荷兰的代表团，要准备欢迎酒会、项目洽谈、侨务座谈等。

特别是 1997 年 9 月旅荷华侨总会成立 50 周年的庆典活动，国内代表有 100 多人，欧洲侨团有 200 多人，共有 500 多人参加庆典，而参加文艺晚会的侨胞有近 1500 人。庆典期间，我每天只休息三四个小时，经常熬夜，有时一干就到天亮。胡锦涛、温家宝等国家领导人为旅荷华侨总会成立 50 周年题词。我记得，胡锦涛的题词是"爱我中华，兴我中华"，温家宝的题词是"海外赤子，心系中华"，钱其琛的题词是"爱国爱乡，造福乡梓"，王蒙的题词是"月是故乡明"。

荷兰侨界庆祝中华人民共和国成立 50 周年的活动非常盛大，我担任总指

2004 年 4 月，胡允革获荷兰皇家绅士勋章

挥。1999 年 9 月 22 日上午，荷兰各社团的游行队伍就在海牙火车站集合，有的队伍拿着花扇，有的队伍举着国旗，还有小朋友穿着陕北腰鼓队的服装。腰鼓队的孩子们最小只有 4 岁，最大也不过 8 岁。为了步调一致，他们从三个月前就开始排练。游行队伍有很多个方队，旅荷华侨总会方队、温州同乡会方队、中厨协会香港新界旅荷华人协会方队、鹿特丹妇女方队等。走在游行队伍最前面的是四位留学生，他们手拉着五星红旗，紧接着的是国徽、"1949—1999"的红色立体字。40 米长的彩龙队伍后面是武术队，小小少年边走边高喊着"扬我国威、爱我中华"，1500 人参加游行，场面让人心情激动。场内、场外的中外电视台记者们都争先恐后地抢位置，记录下这一幕。

荷兰各地的华侨华人、留学生们从不同的城市赶到海牙，一部分留学生还专门为这次庆祝活动，集体自费定制了国庆 T 恤衫，T 恤衫上印着五星红旗和"祖国万岁""欢庆国庆"的字样。9 月 22 日是星期三，不少人都是请了假，调整了学习和工作安排专程来的。游行队伍里年龄最长的老人有 93 岁，他说："我希望我们祖国强大，人生没有几个 50 年，这么大的节日我能不来吗？"记者说老人家您如果实在走不动可以坐在后面马车上，他说我行，没问题。60多位旅荷华侨总会老年联谊会的老人们都来参加那天的庆祝活动，在活动举行的头一天晚上，这些花甲之年的老人们仍在为每一位游行的人准备着旗杆、旗子，一直忙到深夜。

晚上 7 点，在海牙议会大厦举行了大型宴会和焰火文艺晚会。议会大厦的大厅悬挂了 12 盏红灯笼，大厦前的广场上飘扬着五星红旗。荷兰皇室、政界要员等中荷友好人士都参加了这次宴会。

2003 年，为了促进中荷两国的文化交流，把中国传统文化融入荷兰社会，荷兰侨界与海牙市政府联合举办了首届春节活动，由我担任大会主席。在这之后，春节活动年年都不间断地举行，成了世界华人春节活动的品牌，每年都有多名国会议员、各国驻荷使节参加。2004 年，我参与创办了"荷兰中国文化交流"基金会，任总会会长期间，我每年还在《华侨通讯》上发表新年贺词，回顾一年来侨团的工作，展望未来的进步。

旅荷华侨总会有着爱国爱乡的光荣传统，每当祖国有难，侨胞们总是挺身相助。从抗美援朝到唐山地震，从大兴安岭火灾到越南排华。基本上，每个参加华侨总会的人，每年都有捐钱。我自己不仅带头捐，还发动大家一起捐。1998 年，长江流域、嫩江、松花江发生百年不遇的大水灾，旅荷华侨总会发起紧急救助行动，大家推举我做救灾委员会主任，当场认捐十万荷盾，我四处奔走号召大家踊跃捐款，后来为灾区捐了 60 多万荷兰盾。向灾情最严重的湖北省嘉鱼县簰洲湾捐款 43 万人民币，重建庆丰小学。我记忆最深刻的是一个小男孩，当时大概七八岁，在北边的中文学校上课。募捐的时候，他抱着箱子，挨家挨户地敲门。这件事在《华侨通讯》上也有报道。歌罗宁根（Groningen）中文学校在 1998 年开学当日，校董会就发动全体师生为水灾进行募捐。我们不仅号召学生们向侨胞、商号募捐，也希望学生积极向荷兰朋友、邻居、商号以及就读学校宣传募捐。他们中间年龄最小的只有五岁，最大的也不过十五六岁。孩子们走街串巷，不怕挫折，向人们讲述洪灾给中国带来的重大损失，讲述灾区儿童所处的困难。在他们的宣传感召下，不少荷兰友人、商号纷纷解囊相助。经过不懈地努力，同学们几乎把捐款表填写得满满的。虽然有的捐款数额有限，但都是拳拳爱心。1999年，歌罗宁根中文学校创办15周年，我代表总会写的贺词是"弘扬中华优秀文化，培养廿一世纪人才"。

2004年4月27日，荷兰女王授予我皇家绅士勋章，这个勋章相等于是荷兰社会对我所做出的贡献的认可。当时，能够得到这个勋章的华侨不多，我算是十名以内了。

参加十五次国庆典礼

20世纪初出国的华侨华人，他们的正当利益得不到保障，生活艰苦，成为"海外孤儿"。1947年，在荷兰的华侨拿的还是国民政府发的护照，1949年中华人民共和国一成立，旅荷华侨总会的华侨就把毛泽东和朱德的肖像挂在了总会。1952年10月1日，旅荷华侨总会的老一辈华侨在阿姆斯特丹升起了欧洲的第一面五星红旗。可以说，旅荷华侨总会在欧洲是一面旗帜，是一个爱国团体。

1984年10月9日，《华侨通讯》第92期刊登了庆贺中英草签香港主权归还中国协议的文章，在荷的华侨华人反应都非常热烈。香港回归，对我们中国人来说是一件大事，是我们中国人扬眉吐气的时刻。从1996年开始，旅荷华侨总会在荷兰就已经举办了香港回归的座谈会，成立了庆祝香港回归大游行的筹委会。1997年，中英两个国家的政府，邀请世界各地100多名侨领参加香港回归的活动，我也是其中一员，受邀出席香港回归交接仪式和香港特别行政区成立大会及宴会。地址在香港会议展览中心的新翼五楼大会堂。那个大会堂是新落成的，展览中心灯火辉煌，通往大会堂的路上还都是泥巴。7月1日零点，当我看到中国国旗升起来的那一刻，中国人民解放军军乐队奏起国歌，我的眼泪哗哗地流，心里特别高兴。

我参加了15次国庆典礼，第一次也是在1997年。大庆时参加阅兵，小庆时是国宴、侨宴，十多年来没有一次"戒"掉。

作为侨界代表，胡允革先后出席香港回归、国庆 50 周年、澳门回归
等庆典活动

香港回归了，祖国统一大业又向前迈了一大步，然而这些年来，西方图谋分裂中国的行动很多。每当发生"台独""藏独"和"疆独"事件，还有其他重大的国际事件时，欧洲侨胞们都会在第一时间做出应对，我们荷兰的华人社团也不例外。

先说说台湾吧。早在 20 世纪 80 年代，旅荷华侨总会就两次给蒋经国先生写公开信，敦促台湾当局开放"三通"。每当台湾岛内发生事件，荷兰侨胞都立即做出反应，举行各种形式的集会、座谈会。

2000 年 5 月，陈水扁上台，民进党加快"台独"步伐，大搞"金钱外交""秘密外交"。在这种情况下，荷兰中国和平统一促进会在这年的 9 月成立。那时，我作为旅荷华侨总会会长的四年任期刚好已满，又被推选为和平统一促进会的会长团召集人。

2001 年 4 月 12 日，我主持了欧洲侨界"中国和平统一"座谈会，参加这次会议的有中华海外联谊会常务副会长刘延东、中国驻荷兰使馆朱祖寿大使，还有来自欧洲 9 个国家的 400 多位侨胞。荷兰、英国、德国、法国等九个国家的侨领在会上发言。

2002 年，陈水扁用"一边一国"论为自己造势。8 月 7 日，我们在阿姆斯特丹集会、游行，谴责陈水扁"一边一国"的谬论。全荷 50 多个华侨华人社团都参加了这次集会，代表们纷纷发言，呼吁海内外的中华儿女认清"台独"真面目。

2007 年夏天，台湾又发起了"以台湾名义申请加入联合国的公民投票"，也就是所谓的"入联公投"。这件事在欧洲侨界震动很大，旅荷华侨总会立即组织起来，举行了"荷兰侨界反对台湾'入联公投'"座谈会，并给荷兰政要、国会议员和新闻界的知名人士发公开信，明确表明我们的态度和看法，指出"入联公投"的实质是图谋改变台湾地位。公开信发出后，荷兰政界的反响很大，荷兰国会、外交部亚洲司很快给和平统一促进会回信，重申荷兰政府的一个中国原则，表明荷兰政府不会支持台湾成为联合国成员国。

2009 年 6 月 4 日，达赖喇嘛在结束了对冰岛、丹麦的访问后，以宗教领袖的名义访问荷兰。第二天，荷兰国会议长和外长在国会接见达赖喇嘛。其实，早在 6 月 2 日，荷兰的华侨华人代表就已经向荷兰国会递交请愿书以示反对。在这种情况下，我组织全荷华人社团多次召开会议，布置抗议达赖喇嘛访问荷兰的各项工作，另外又领导荷兰爱国社团给荷兰政要、国会议员和新闻界写信，用事实向他们证明西藏解放五十年来的成就，揭穿达赖喇嘛的谎言。

6 月 4 日，我们在达赖喇嘛三场演讲场地的门口发放宣传小册子。6 月 5 日，300 多位华侨华人留学生在荷兰议会正门口举行抗议集会，大家打出汉语和荷兰语的横幅，高唱国歌，高喊"荷兰华侨留学生反对达赖喇嘛来荷兰撒谎""西藏是中国神圣不可分割的一部分"。分布在荷兰各个城市的爱国侨胞们，不顾长途奔波的劳累，纷纷涌入海牙市。"达赖是骗子，我们爱中国""我爱祖国、反对分裂"的口号在爱国歌曲中声震天地。这次活动的社会影响很大，荷兰的官媒都对此进行了报道。

侨胞们对国际上关于自己祖国的大小新闻，时时都留心。面对影响力很大的事件，也都立刻做出行动，表明海外华人的立场，捍卫祖国。

1996 年夏天，日本青年社在钓鱼岛设置了灯塔，9 月 18 日，荷兰侨胞在海牙日本大使馆前进行了示威活动，抗议日本侵占钓鱼岛。到场的中国留学生代表、侨胞代表分别用英语、普通话和广东话宣读抗议书，向日本驻荷兰大使馆交递抗议信。80 多岁的老华侨也带着儿孙从外地风尘仆仆地赶到现场。2012 年 9 月 10 日，日本政府宣布"购买"钓鱼岛及其部分附属岛屿，执意对中国领土钓鱼岛及部分附属岛屿实施所谓的"国有化"，荷兰中国和平统一促进会立刻在 9 月 12 日召开会议，组织荷兰华人社团、留学生和中资机构在海牙举行集会抗议游行。9 月 19 日，500 多人前往日本驻荷兰使馆前抗议，我代表荷兰侨界向日本使馆递交抗议书，表达荷兰华侨的强烈愤慨和严厉谴责。

1999 年，北约轰炸中国驻南斯拉夫使馆，当时我任旅荷华侨总会会长，组织了全荷华侨华人社团约 500 多人的游行。我记得是在下午两点左右，游行队伍高举五星红旗来到海牙市的美国驻荷兰使馆前抗议，打着"抗议北约侵犯人权""中国人民不可辱""要和平，不要战争"的标语，大家都十分愤慨，一遍遍高呼"反对美国霸权主义""严惩北约杀人凶手"的口号。在向遇难者默哀三分钟后，华侨代表和留学生代表分别宣读了《全荷各界华侨华人给美国政府的抗议书》《全体留荷中国学生学者就北约袭击中国驻南大使馆事件的声明》。我与留荷中国同学会主席一同向大使馆递交了抗议信，还向荷兰国会、海牙国际法院递交了请愿书。

我们身处海外的华侨，能做的便是积极地发声。游行是很严肃的活动，游行之前，起码要开三次到五次会议。首先要发动每个分会的领导人，把事情的性质说清楚，再确定游行的标语、旗帜，发动我们的侨胞参加，还要和荷兰政府交涉，申请我们的游行路线，最后要组织纠察队，防止意外事故发生。

我们荷兰侨胞支持奥运的故事也值得一提。记得那是在2008年初，荷兰，还有西方的一些人士宣传抵制北京奥运会。4月22日，"龙行天下耀中华"车队到达荷兰，我作为会长，前往荷兰与比利时的交界处迎接车队，并在阿姆斯特丹奥林匹克运动馆举办欢迎宴会。5月10日，荷兰中国和平统一促进会、荷兰华人社团以及在荷的中国留学生联合组织了"迎接奥运、聚焦中国"的集会，向人们讲述真实的中国故事。

那一天的阿姆斯特丹阳光明媚，用琵琶曲演奏的《茉莉花》拉开了集会的帷幕，在首都市中心最繁华地段的达姆广场上，扬起了数千面中荷国旗、奥运五环旗和标语横幅。大家脸上画了五星红旗和五环标志，高举"欢迎来北京，欢迎来中国""支持奥运，让政治走开"的中文、英文、荷兰文标语。

许多荷兰人也参加了活动，与中国留学生扮演的奥运吉祥物"福娃"合影。在广场的另一侧，有五位中荷人士依次登上临时搭建起的舞台发表演说，陈述对中国历史、中国文化的看法，呼吁大家以平和的心态走进中国、了解中国，呼吁西方媒体停止带着偏见报道中国。在演说的间隙，大家齐唱《红旗飘飘》《我是中国人》等歌曲，分发介绍中国的手册、传单，还有北京奥运会的明信片和徽章等纪念品。在征集支持奥运签名的展台前，不断有经过的人拿起笔，白色的奥运五环横幅上密密麻麻地写满了各种文字的签名。水立方游泳馆的荷兰募捐名单，大部分都是华侨总会向侨胞们一个个动员、亲自宣传捐来的。

我主持了荷兰侨界数十次促进祖国统一大业的座谈会、研讨会、讲座、声讨会和集会。可以说，从我当上总会会长开始，这 14 年间荷兰大大小小的活动，都是我牵头组织的。香港回归，澳门回归，北京奥运会闭幕式，国庆 50 周年、60 周年、70 周年，全国政协第十届四次会议和中国人民抗日战争暨世界反法西斯战争胜利 70 周年阅兵等活动，我都作为海外侨胞应邀出席。

我得说一句，国外的侨胞比国内人爱国。我们旅居国外的侨胞，清楚地看到只有祖国强大，我们侨胞在国外才有立身之地。如果祖国不强大，你就会被别人看不起。最开始我们出国的时候，外国人都认为我们是日本人，因为那时候日本人有钱。改革开放以后，中国发达了、中国人站起来了，现在外国的旅游点，也有中文的小册子、中文的标志和中文翻译。祖国是我们海外侨胞的靠山，这是我们感受最深刻的一点。

旅荷华侨总会的负责人和工作人员都是不收取任何报酬，为侨胞们做志愿服务。尽管我自己的餐饮事业很忙，但就算是赔钱赔时间，在我看来，也是非常有意义的。

筹备侨乡文化陈列馆

我回到国内，不能说是"回国发展"。我觉得自己年纪大了，把国外事业交到孩子们手里，我也该退休了，但回来闲着什么事情都不做也不行，应该找公益事业做，再为社会做一点事情。

1995 年，我在"中国希望工程"的项目里包下 50 个文成小学生六年的学费，一年级到六年级都有。玉壶中学的图书馆、玉壶医院，玉壶这一带的公共设施，基本上都是我们华侨捐建的。1998 年还成立了玉壶中小学基金会，我当董事长。钱存在银行里，每年把利息拿出来，资助我们的老师、学生。56 省道改建一事，我给省政府领导写封信，最终促使北线改建成功，缩短了文成到温州的距离，既促进了文成的经济发展，也让侨胞们回家探亲更加方便。

我们玉壶是一个比较有影响力的百年侨乡。在浙江乃至全国都比较有知名度的侨乡，一个是青田，一个是文成，而文成最突出的就是玉壶。怎么样把玉壶的历史传承下来，让我们的后生记得老一辈人艰苦创业的精神，这是我一直在思考的问题。所以我这几年回来就是在忙玉壶侨乡文化陈列馆的事情，土地呀、规划呀，设计的事情搞了四年，今年刚刚动土，地下室的混凝土已经浇筑了。我们计划是投资 3500 万元，政府没有投钱，都是我们侨胞自己捐、自己筹。大家对这件事情都很积极。目前，需要的文字资料基本上都有了，实物资料的问题比较大。文化陈列馆将来就落在玉壶镇政府的旧址上，起码还要三四年时间。

胡氏在玉壶是一个大姓，在文成也是一个大姓。第一代始祖迁移到玉壶这里，已经有 1000 多年的历史了。就我所知道的，胡氏有六七万同族，起码有三四万人在国外，分布在 60 多个国家，意大利米兰最多。还出现了胡志光、胡允迪这些有名的侨领。对这样一个大家族来说，最重要的就是团结互助。

过去，在欧洲有人说"有海水的地方便是大不列颠帝国的属土"，大家觉得夸张，而现在有人说"有太阳晒到的国家都有温州人"，大家觉得不那么夸张。当兵、读书、做老师，出国后开餐馆，从洗碗、跑堂做起，后来成为侨领。这一路走来，我对我所做的决定都没有后悔过。

我现在虽然年纪大了，但如果就躺在家里每天睡觉，看看电视、报纸，一天也照样过去了，但这没有意义。我觉得，只要我有一点能力，就要为社会做一些事情。

李汝龙：我的人生是从『负』开始的

李 汝龙

1953 年生于今瑞安市穗丰村。12 岁进入莘塍农机厂做学徒，后成为机械技术领域专家。1980 年，离开集体企业，创办线带配件厂，次年创办环球电机厂。1990 年出国，先后在法国、西班牙创业。1994 年创立箱包品牌"龙"，并在马德里创办了第一个"中国城"。2000 年任西班牙华商会首届会长。2003 年任上海市侨商会常务副会长。2005 年任中国华文教育基金会名誉理事，多次捐款资助华文教育事业。2007 年作为海外华侨华人代表列席第十届全国政协五次全会。2008 年担任中国侨商会副会长。2010 年担任上海虹口区侨商会会长，为推进中欧民间贸易发展做出重要贡献。

访谈时间：2021 年 8 月 2 日
访谈地点：温州市鹿城区李汝龙先生家中
受 访 者：李汝龙
采 访 者：王红霞、何路铮、郭垚
录音、摄影：何路铮
文字整理：王红霞

绰号"拉的板"

1953 年 12 月 27 日，我出生在温州瑞安县仙岩公社穗丰村。家里 6 个兄弟姐妹，我排行老三，上面一个姐姐、一个哥哥，下面一个妹妹、两个弟弟。严格意义上讲，我还有一个大哥，一个大姐，不过他们都早夭了。

小时候小伙伴给我起了个绰号，叫"拉的板"（温州方言发音），指这边踩下来那边翘起来的两头跷板。意思是说我没个安静的时候，很活跃。我在学校很调皮，但是脑瓜灵活，不管平时有没有学习，考试肯定能及格。有时候也会"欺负"人，不过我那种"欺负"，不是去霸凌别人。比如说，班里有个小同学也很皮，老师说话不听的，我就教训他一下，手指头在他脑袋上敲一下，说"你这么坏呀"，让他静下来听话，相当于维持班级秩序。

上课的时候，老师会拿一个小铃，同学们听到铃响了，就开始跑进教室。我力气很大，有一次故意把门口堵住了。教室门口很窄，我伸开双臂挡在门口，其他小朋友都进不来了，所有人挤在门口乱作一团。等老师过来了，我突然一撒手——"哄"！所有小朋友一个压一个都倒在了地上。老师知道这是我干的，就用标尺狠狠地打我，打个"半死"！但是我也不长记性。老师打我，是希

望我妈，能把聪明劲儿用在学习上，直到现在，我都感激他的良苦用心。

我父亲原来是温州专区的农业机械指导员，非常有名气，学生很多。我小时候那么调皮，父亲就担心，万一我学坏了怎么办？于是他严格约束我，采用最传统的教育方式"棒头下面出孝子"，希望我能学好。我对父亲的教育方式印象深刻，也非常感恩。我觉得教育子女，像老师和父亲这种严格的方式是有好处的。我后来教育自己的子女，也会严格一些。

小学毕业以后，正好遇到"文革"。从三年级开始，我们这些同学就开始说老师教得不好或者怎么样，还骂老师是"臭老九"，受大环境的影响太深了，我几乎没有认真学习。小学毕业的时候，父亲问我："你是去上学，还是去做点别的什么？"我当时虽然只有十一二岁，但却非常清楚，我这么皮的人，是静不下心来学习的，不如去工作，还是学技术比较适合我。父亲是本地农业机械领域的权威，那个年代非常缺乏机械技术人员，他就把我安排到莘塍的一个农机厂去当学徒了。

父亲是最早的一批工程师，是经过认定，有证书的。机械厂请他去仙岩的一个商业机构做技术指导，在20世纪60年代，他一个月的工资大概是67块钱，收入算高了，足以养活一家人。

前途茫茫，不知道目标在哪儿

父亲带我去了联大农机厂（联大当时由大典下7个村组成，归莘塍区管），那里接收了我。我当时只有12岁，第一个月工资30块钱。这其实是沾了父亲的光。我在农机厂工作没多久，大概一年多一点。虽然年纪小，时间短，但是学到了不少东西，我从小就接触机械、发动机这类东西，又有父亲的遗传，所以学得很快。

我母亲是一个非常传统的贤妻良母。记忆中，父亲曾经介绍她去糖厂做临时工，一段时间后她就不做了，毕竟那时候家里还有6个孩子要照看，她是根本没有办法出去工作的。母亲一辈子非常辛苦，她去世后，我在马德里写过一篇周年祭，里面非常真实地谈到我小时候妈妈的日子是怎么过来的。

1966 年，父亲过世，家里一下子失去了收入来源，我也失去了父亲介绍的工作。哥哥顶替父亲到他工作单位下面的一个商店去干活，一个月赚 28 块钱，要供家里那么多口人吃饭，平均下来，一个人只有几块钱。我现在想到那一段经历，还是很伤感。父亲过世，妈妈那么辛苦，我这个小孩子也没有了靠山，前途茫茫，不知道目标在哪里。一个十四五岁的孩子，怎么去独当一面闯江湖呢？简直是不可能的。

我开始务农，跟着生产队种水稻，赚工分。但我不会种田，同龄人每天能拿九分五，而我只能拿四分二。那时候分农业户和非农业户，农业户的人家可以种田积工分，非农业户就不能种。我们不是农业户口，当地农民认为我们是多余的，把原本属于他们的工分和钱赚走了。因为只有这么大一点土地，种出来的粮食或者农作物只值这么多钱，多一个劳动力，就会多一个人来分他们的利益。

父亲在世时，人在人情在，人去了就什么都没有了。当时我们真的是受尽欺负、歧视和排斥，没有经历过这些的人，体验不到那种看不到未来，又被人欺负的绝望感受，我甚至想到了自杀。使我坚强地活下去的唯一理由就是我妈妈。妈妈是一个弱小的妇女，失去了丈夫，家庭又这么困难。如果因为我再给妈妈增添伤痛的话，就太不应该了。

机械不是吹出来的，是做出来的

所幸，我的很多人生选择现在看来都是正确的。仙岩那时有个排灌站，排灌站里边有很多发动机，也有车床和修理用的工具，偶尔也会制造车床。1970 年左右，排灌站有个知青想离开农村，当时最好的途径就是去当兵，正好仙岩在征兵，他体检合格了，就非常高兴地走了。他走了之后，整个仙岩排灌站里边，就没有真正做过机械的人了。当时排灌站的站长正是我父亲的学生，他看到我家的这个情况，就把我安排进了仙岩排灌站。

我自己本来就有学机械的基础，又非常喜欢看书，所以进步很快。我看书的种类比较广，信奉"拿来主义"，需要用什么我就马上看什么。找书也不容易，要去新华书店找，甚至托人从上海找来。当时我都是点着柴油灯看书的，如果夜里没有看书的话，就睡不着，还经常一读就读到天亮，这就是一个人意志力的体现。

我在排灌站从17岁干到24岁，技术逐渐成熟，算是一个专业技术人员了。我还给农业机械杂志投过稿，对那个年代发动机的技术以及革新发表自己的意见。有些刚刚办起来的工厂，没有技术人员，就向排灌站借用我几个月或者一年，去做技术指导。

大概是在我二十四五岁的时候，我跳槽去了平阳的一个工厂。因为我的技术好，名气传到平阳了。我当时非常自信地和弟弟说过一句话："在机械制造技术领域，我当下的技术是数一数二的。"我就是这么狂妄！像金庸小说里面讲的，功夫已经出神入化、炉火纯青了。这不是自我感觉良好，是我确确实实有真的东西可以拿出来说服大家，机械不是吹出来的，是做出来的。

这家工厂是一家集体企业，我除了负责技术之外，还要管理财务、行政等多项事务。政府派来的一位副书记，是没有企业管理经验的人，但是性格比较好，他叫我"老李"。他那时对我说过一句话："你们工厂是一块好肉，我就是边上搭配的骨头啊。"这话什么意思呢？小时候去菜市场买肉的话，一刀切下来，旁边要剁一块骨头搭配这个肉凑分量，只买肉的话是不行的。他的意思就是，工厂管理以我为主，他是辅助我的。

但是在大概1981年、1982年的时候，我彻底地离开了这家工厂，其中有种种原因。那时"四人帮"已经被打倒了，但是之前的那种工作方式依然还在，特别是1979年前后，每天都需要去开会、学习。我对政治不敏感，也不想当官从政，开会的时候我不去，总让别人去。别人就觉得不舒服，因为在他的管辖范围内，我不服从他，他觉得我太傲慢了。但我认为我们需要的是利用技术努力让工厂的经济变好，其他方面我不管。要知道像我们这些集体企业只有靠自食其力，才能给大家发工资。当时的我显得格格不入，最后就选择离开了工厂。没过多久，工厂也关门了。

钱是大家一起赚的，不能太贪

1980 年，我创办了线带配件厂。办线带配件厂的时候，国家刚刚出台了一些有关私营企业发展的相关政策。我这个厂是股份制的，是和我岳父、我太太的姐夫一起办的。线带配件其实和"线带"本身没有什么关系。我们现在穿的鞋子的鞋带头是塑料的；原来的鞋带头是铁皮的，我就是做金属鞋带头的。之所以做这个，是因为岳父原来在织带厂当厂长，了解到这个东西（金属鞋带头）很畅销，全国各地供货紧张，甚至会买不到。我就去浙江宁海一家制造这种鞋带头的工厂学习，那家工厂也有卖做这种鞋带头的机器。

我过去是一个技术人员嘛，这种机器构造很简单，我过去一看，大概就有数了。把关键的技术掌握后，回来就自己画图纸制造。我一共造了五台机器，可以 24 个小时不停工作，当时我们还非常土，用盛米的桶子放在机器下面，去接生产出来的鞋带头，声音"噔噔噔噔"的。外边的人听到了，形容这个机器掉下来的不是鞋带头，是钱。

当时有色金属全部是计划供应的，鞋带头的原材料供应很紧张。我们工厂买的是西安电缆厂剥下来的废料，很便宜的，几百块钱一吨。加工好后，卖出去 6 块 5 毛钱一斤。温州当时有很多鞋厂兴起，鞋带头需求量很大，每天生产出来的鞋带头供不应求，需要抢购。很多过来买鞋带头的人，我会给他们一张小条子，盖有后面几天的日期，给他们排个号。即使销路这么火爆，我们也有一个原则：不提价。6 块 5 毛钱一斤的价格，一直维持到这个工厂关闭了为止。这就是我的美德。

我始终坚持这种观念：钱是大家一起赚的，不能太贪。君子爱财，取之有道，不能哄抬物价，多赚了点钱，但留下的是骂名，有什么意义呢？虽然我的线带配件厂少赚了一点，但是"不涨价"这件事，我想起来就特别自豪。

1981 年的时候我办了环球电器厂，还申请了商标。我妹夫是塘下镇韩田村人，韩田当时专门生产汽车配件，他觉得汽车配件市场很好，就过来跟我商量，说："二哥，你技术这么好，你的线带配件厂也很稳定，不需要你操太多心了，你为什么不用你的技术去办一个电器厂呢？"我想想也对，我的妹夫、姐夫都在务农，生活很辛苦，大家一起做还可以相互帮衬。于是，我就创办了这家电器厂。我的抱负有多大，从"环球"这个名字就可以看出来。

我们的厂主要做机油感应塞、点火开关、闪光器这些东西。我的技术非常不错，不光在电器、机械方面可以，设计方面也都可以，甚至连汽车配件的检验台都是我自己做的。当时湖北安阳和河北邯郸，都有汽车配件会议交流中心，我们都去的。湖南长沙的汽车配件在全国比较有名气，大家都会去那里进货。改革开放的时候，汽车需求量非常大，很多配件经常需要更换。我们当时就在长沙租了一个店铺，作为经销点，年销售额是 80 万元。

我这个人身上有股匪气

我是 1976 年结婚的，当时 24 岁，还在平阳的工厂里边。我太太算是我的学生。她很能干，也很要强，刚开始她是一名车工，但她也想学一门技术，每个月三十几块钱的工资不要，去做工资 12 块钱的学徒，在单位里和我学车床技术。我太太特别优秀，一直以来都是我的贤内助，特别是在财务管理方面。我感谢她，也对她非常尊重。

从 14 岁父亲过世，到 24 岁结婚那一年，我生活的环境都极度恶劣，上无片瓦，下无寸土，左边没有墙，右边没有隔窗，前面没有门，后面是透的。在我母亲的周年祭里面，我写道，当时我们连饭都吃不饱，我妈妈就拿着一个米桶挨家挨户地去借米，回来做的米汤里面几乎看不到米，只能勉强维持一下生命。直到我太太和我订婚，我还一无所有。当时岳父极力反对，甚至对我太太下了一道死命令，他说，如果她真嫁给我了，他们就断绝父女关系。我能理解，这是父母为了爱护子女，迫不得已说出的一些气话，天下能有几个父母会真跟子女断绝关系呢？我太太最后还是嫁给了我，他的家人也都接纳了这个事实，我很感激我太太的选择。

打算跟太太结婚的时候，我连房子都没有，但是我这个人身上有一股旁人少有的匪气，于是我就指着村里的一块土地说："这就是我的了，我要在这里盖房子。"结婚时候造的房子很简陋的，就像瓜棚一样。当时也很辛苦，东拼西凑借了很多钱，还有人说我造不起房子。我心里想的是，能造多少算多少，里面能放一张床就算是有地方住了，其他人的意见我一概不睬。一般房子上面都有椽子用来铺瓦片，我没钱买，就买那种细细的竹子，劈开一半后放上去，再放上瓦片，一年不到就全部扁下来了。外面一下雨，里面就会漏水，我就在泥巴地上挖一个洞，把水引出去。

1976 年，我造好房子、摆好酒席，一共欠了 4800 元的债。岳父曾经在中国银行里工作过，他帮我算了一下，以我们当时的工资，扣除日常花销，需要 20 年才能还清债务。结果到 1980 年的时候，我就把所有的债都还掉了。岳父想不到我们不仅这么快就把债还掉，甚至还成了万元户。

但我也没有太高兴，那时开配件厂算是做私工，因为当时政策还没完全开放，就有种做贼的感觉。我当时留了一万多元把房子修好，留了一两千元在身边，以备做生意要用。剩下的 6000 元用尼龙纸包起来，放进罐子里面封好，像地雷战一样，在谷仓里面挖了一个洞，把罐子埋进去。

我还有能力，我还要去拼搏

20 世纪 80 年代末，国内的经商环境不太稳定，当时很多人担心中国不会继续实行改革开放政策，私营企业会受到影响。我被这种思想干扰，也有了担忧。当时我的企业做得蛮大了，但是那时候各种制度都不那么健全，私营企业在政策、法律上很难受到保护，未来的前景看不清楚。

我有一个发小叫胡卫国，他已经去法国几年了。他回国的时候问我有没有出国的意愿，我说："没有，我在国内是个老板啊，真的太爽了！"想象一下，我从一个身无分文、一无所有的穷小子，到成为万元户，再到成为年产值有80 万元的老板，只用了不到十年的时间。当时我家里常常有人来拜访，日日门庭若市，我是真不想出国。但是卫国提醒我："如果你现在知足了，那你一辈子就停在这里了，再也没有往下走的动力。"他这句话给了我力量，让我觉得自己还有能力，还应该再去拼搏一番。于是在衡量了种种因素之后，我和妻子决定出国。

那是1991年，办签证的过程很顺利，我们去的是罗马尼亚，签证很快就盖好章了。从北京去卡拉奇，再到布加勒斯特，之后是布达佩斯，然后到德国柏林。当时签证都是落地签，非常方便。朋友开车到德国，又把我们送到位于法国巴黎的胡卫国家里。

我当时只带了600美元和一些简单的洗漱用品，而我那两位朋友已经在国外立住脚了。当时胡卫国就和我说："阿龙啊，你过来想做什么呢？"我说："能怎么样，打工呗！"就只能打工啊，我很直爽的，以后的事情都不敢幻想。我初到巴黎的时候，根本就没有想着去看看巴黎的街景和市容，我想的是要尽快找到工作。

当时最美好的想法就是，能够在法国站住脚，然后开一家小店，这种小店的概念就类似于我们中国农村的小卖部，能给自己的子女接班就好啦。不是流传温州人在外有三把刀嘛，"菜刀、剃刀、剪刀"，我是一刀也不会，一定要说的话我会的就是车刀——车床上的刀。因为在国外有很多限制，语言不通，也没有合法身份，就没法去机械工厂干我的老本行。我老家有一个人在仙岩开陶瓷厂，二厂里有几百人，年产值也很高的，算是一个很精明的创业者。他比我早一年出国，结果找不到工作，最后到一家屠宰鸭子的厂里面去人工拔鸭毛，因为当时法国不允许用机器拔毛。我在国内就听说过这事情，所以出国的时候有心理准备了，人家都去拔鸭毛了，那我当然也只能去打工。

胡卫国说："那你只能去洗碗了。"第二天，我跟他去了一个地方，坐在客厅里傻乎乎地等着，什么礼节也不知道，就老实坐着不说话。后来有一个人走进来。当时的场景是这样的，胡卫国和那个人一起进来，他拍拍我的肩膀和那个人介绍说："这就是我刚刚从中国过来的朋友。"那个人应该是一个餐馆老板，他说了这样一句话："我的厨房太小了。"说完就去打麻将了。

之后我就很耐心地坐了好几个小时，看他打完麻将，然后回家吃饭。我就问胡卫国："你说带我去找工作的，怎么打了麻将就回来了？"他就把刚刚在那里见面的过程回放了一次，说："那个老板不是说了一句'我的厨房太小了'吗？"我说："是啊，我听到了。"胡卫国说："你不懂这意思吗？"我说："我真的不懂。"胡卫国就恨恨地说："阿龙啊，你这么聪明的一个人，怎么到巴黎来就变笨了！老板的意思是他的厨房太小了，你这尊'大佛'它容不下！"估计是那个老板看我虽然很老实的样子，但皮肤却很好，手上没有茧，也很白，一看就不是干苦力的。其实他对我的印象是错误的，我做什么事都很称职，都会做好。当时我心里就很无语啊，深深地感受到巴黎社会的现实。胡卫国说："阿龙，你这个人不是打工的料。你还是自己去做生意吧！"他马上着手帮我去买车，还帮我们出谋划策。

人生不管在哪个阶段都有机会

因为当时有很多中国人都做皮包生意，比较容易入门，我们就选择做包。我太太舅舅的一个女儿，就在法国做包。我们去她那里学习了半个月，后来买来了缝皮的机器，租了房子，就开始做起了皮包。很多做皮衣的工厂，会把边上的碎皮打下来，我们就把这些碎皮买过来，根据我们的模板剪裁好，再缝制成一个包。在巴黎用碎皮做皮包，还是有市场的。我之前做过机械的好处也体现了，做模板、模具很容易。我一直感叹，人一辈子还是要学习的，不知道什么时候就会用到。

当时胡卫国和另一个朋友刘若申帮了我很多，做包需要的很多配件，比如里布、拉链、夹头、五金、线和带……我在那里语言不通，不知道该去哪里买，他们就会带我去。胡卫国的太太和我关系也很好，他太太是温州状元人，没有兄弟，出国之前，他太太把我当作她的兄弟。我们关系处得很好，甚至我们把包做出来之后，不知道该去哪里推销，她都会带我们去。这真的非常感人，这些都是我需要感恩的。几个月下来，在巴黎买配件、做包、推销这些事情，我们自己就都熟悉了。

1991 年到 1992 年，我们真的很辛苦。之前我头发是很茂密的，在那一年掉了大半。别人想象不到我的毅力有多么强大。一张碎皮，需要把模板放上去，然后拿小刀"嗞、嗞、嗞"这样割，我一天可以割 3000 张！我太太要把这 3000 张碎皮拼起来缝成包，然后装上里布、拉链和夹头，工作量非常大。就这样，一天我们能做 30 个包。我夜里几乎很少睡觉，实在是受不了的时候，我就和太太说："我受不了了，趴一下。"就在工作台上趴个一刻钟。

在出国之前我是技术人员，还是一个家庭条件不错的小老板，在巴黎一下把自己降到这样一个位置上，而且那时候我快 40 岁，不是那种大小伙子了，这么吃苦耐劳，是别人想象不到的。但我觉得人不管到哪一个阶段，都是有新的机会的，要好好去留意、了解周边的一切。

我赚到了 20 万法郎，大约是 30 万元人民币。但是在法国，我们没有合法身份，不懂语言，算什么人？当务之急，我们需要一个合法身份。没有合法身份，即便有 200 万法郎也没有用。

1992 年，正好西班牙"大赦"，我就想去西班牙试试。胡卫国很反对我去西班牙，他说："你在这里这么好，哪个人一年可以赚 20 万法郎？你站都还没有站稳，又想去西班牙了，何必那么折腾自己呢？"确实，我在 11 个月里赚了 20 万法郎，当时出去的人里面没有人能做到。但是我考虑得很长远，想要在欧洲继续发展，没有合法身份是不可能的。有人说在西班牙人生地不熟的，没有朋友。确实是这样，我去西班牙的时候，那里的华人只有 8000 来个。但我去西班牙不是糊里糊涂的，而是深思熟虑过的，我觉得西班牙能够施展我的想法。

我选择的路都是正能量的

1992 年，我去到西班牙，没想到，苦难也开始了。办居留证需别人担保，我在这件事上被骗了。当时有个北京来的留学生，叫刘捷，这个名字我永远不会忘记。他在当地的一家律师所兼职当翻译，刚好西班牙"大赦"，他就趁这个机会帮别人办居留证，赚点钱。他说可以为我担保，帮我去办手续，把居留证办出来，结果他把我在法国赚的 20 万法郎全部骗光了！我当时的身份不合法，也没有办法去报警。

这人是多坏啊！我本身是无依无靠的，用辛苦钱去求别人，他竟然还骗我，真的是没有人性！我曾经有两年时间，一直对人性产生怀疑，走不出来。我想，如果我接下来的人生，变成他这样，是很可怕的一件事。现在我很庆幸，我人生中选择的路都是正能量的。

两年以后，我做了一件事情测验自己，庆幸自己的人性没有受损。在我非常落魄的时候，巴黎所谓的黑社会想请我当老大，在那里有很多熟悉我的人，大家都知道我擅长策划、谋略，很有魄力和影响力。他们总是想把我拉过去，甚至有时会过来，给我二儿子一些小费。但经过一番考虑之后，我觉得这样不行。我和他们说："我这个人家庭观念很重，如果我做你们的老大，首先我要离婚，我要把太太和两个孩子送出去安排好，但我做不到。谢谢你们一直以来的邀请，从此以后给老二的小费就免掉吧。"我真的是做了一个非常英明的决定，这就是一念之差，坚守住自己的原则。我每做一件事情，都会把自己的良心拿出来拷问一下。

在我人生中的好几个阶段，我都是从"零"开始，甚至是从"负"开始的。比如小时候家里分家，小弟还小，哥哥结婚了。家里有几百块钱的债务，很难还。我就说，那我负担一点债务吧，170 块钱的债务就分给我了。

这次也是又回到了"零"点，在西班牙受骗之后，我变得一无所有。只能先回法国。

九平方米，两台缝纫机，七个人

市场变化是很快的，再次回到法国后，就买不到碎皮了，原来能买碎皮做包的环境也没有了。那时两个孩子已经过来了，我们需要生存。当时很多做丝

李汝龙初到异国他乡，对于很多事物都很好奇

绸的工厂会把边角料丢出来，我就带着两个小孩子去垃圾桶里捡。有一次，一个当地认识我的人正好看到我，转身就跑。他觉得我可能会没面子，会很尴尬。我看他要走了，就冲过去叫他回来。虽然那是我人生中最低潮的时候，但我还是有底气叫他回来。

我很直接地说："你看到我怕了。"接着，他说要请我喝咖啡。我说："可以啊，我现在连买一杯咖啡的钱都没有了。"我们坐下开始喝咖啡，我就说："你看见我不要怕，不要感到难为情。如果我今天是一个小偷，去抢东西被别人抓住了，或者是做什么败坏道德的事情，那你可以转身就走，当不认识我。但我是为了两个孩子，必须要生存，只能一步一个脚印走出来，没什么可耻的。"

我这人个性非常强，如果问朋友借钱是去投资创业的，这可以；如果借钱是为了给家人买菜的，我做不到。必须要自己想办法生存，这就是我的底线，不然就会永远想着去借。后来我写过一篇随笔，题目就是"巴黎街上的一杯咖啡"。

那时，我想问别人借3000欧元去买个车，有人就有想法了。他们想的是：

"叫你不要去西班牙的，结果你搞成这个样子。"确实，大家在国外赚钱都是非常不容易，对钱会很计较。像我回国后去菜市场买菜，和店家说："这个菜很贵啊！"店家说："你是外国过来的！"人家马上就知道我是国外回来的。因为在国外赚钱太难了，就会特别计较。所以当时我把自己折腾成这样，问别人借 3000 欧元，他们也不知道我能不能东山再起，就会犹豫借不借给我，我觉得也有点道理。

我们的住处只有 9 平方米，还要放两台缝纫机。房子里住着 7 个人——我太太和她的两个姐妹睡在床上，我和两个儿子，还有一个外甥睡在地上。我的头都在缝纫机底下了。那段时间我情绪非常低落，整日以泪洗面。毕竟那时候已经不是二十几岁娶老婆的时候了，去借钱也不一定有能力还。

再次碰到朋友刘若申的时候，我就只是流泪，甚至想放弃，回国。刘若申就和我说："你不要回去了，国内现在送一个人出国，需要花 15 万元人民币，现在你一家四口在这里，意味着你的财富是 60 万元。如果回去了，就什么也不是了。况且国内发展那么快，还会不会有你发展的位置和空间呢？还不如硬扛下来，总会有出头之日的！"当时国内的人如果要到法国，一个人的担保费就要 15 万元。刘若申请我喝了咖啡，说了这些话，给了我非常大的启发，让我就决定一心一意地待下去了。

屋漏偏逢连夜雨，当时我们接了帮别人缝衣服的活，因为我们没有合法身份，没有办法去工厂里做工，只能等料裁好之后拿回家来缝。谁知在家缝了一个多月，衣服交给老板之后，他竟然跑路了。

当时有件事情令我无法忘记。我的两个孩子其实不太知道大人有多苦，二儿子就在那边闹。我很生气地说："烦死了！你出去吧！"他就出去了。本来，没有给孩子一个好的环境，这应该全部是家长的责任。他这个年龄闹一下也是很正常的。几分钟之后，我跑出去看他，他坐在外面的一个栏杆上面，静静坐着看，我内心觉得太难过了！

过了几天之后，连饭也没得吃了，我就带着两个小孩没有目标地走在街头。路过一些卖中国货的地方，我们一点钱也没有，就低着头走，抬不起头来。当时发生了一件非常奇怪的事情，我们走到共和国广场那里时，突然一阵风刮过来，一张 200 欧元的纸币落在了我们家老二的脚前，老二抬起脚踩住了，那么大一张钱，他的脚没有完全覆盖住，钱还是露出来的。我不是贪财的人，我们在那里站了很久，没有人来认领这张钱。那时候就想着，算了，那就拿着吧。晚饭都没有着落，不知道吃什么，我们就拿着钱去超市里买了一点菜回家。晚上我太太问我："这个钱是哪里来的？"我就把过程说了一下，她有点不相信。我觉得也许真的是冥冥之中有神灵保护。捡到钱的那个地方，我现在也经常会去站一会儿。

肩膀扛出马德里批发市场

后来我们的西班牙居留证办下来了。我想着既然已经有身份了，那就要再去西班牙。

为什么还是选择在西班牙做包，不是做服装或者机械呢，因为在法国巴黎的第一年，我和包结下了缘，对包也熟悉。去了西班牙之后，我进行了市场调查，发现西班牙的华侨华人做包的不多。在西班牙做包，也是从"碎皮"开始的。当时打开市场非常辛苦，我一句当地语言也不会说，就拿着一张 16 开大小的纸，分成四份，请一位朋友在上面用西班牙语写：我家里有包，有哪些款式，地点在哪里。然后坐地铁出门，看到有包店，或者街边卖包的，就把写好的纸条发给他们。

同时我也去推销自己的包。我们在家里把包做好之后，就去海盗市场卖。每逢星期天或者是节假日，都会有海盗市场。西班牙海盗比较盛行，一些在海上抢来的东西都会在那里交易，一直延续到现在，所以称它为"海盗市场"。

我当时拿着一个书桌这么大的旅行包，把一个星期做好的包放在里面。一天做一百个腰包，五六百个包放进去，有几百斤重。我也没有车，都是用两条肩带背着，死扛过去的。从家里扛到地铁站，上上下下，再到"海盗市场"，去批发给那里摆摊的人。不是零卖，要做就做大一点的生意，零卖有些看不上眼。

和很多华侨一样，李汝龙创业之初也是做皮革加工

我每个星期天从集市回来，肩膀上都是血。有人说，马德里的批发市场，是我用肩膀扛出来的。西班牙的华人批发事业，我至少可以说是开拓者之一。每一任中国驻西班牙的大使，了解到 20 世纪 90 年代我们华侨的生意是这样做出来的后，都会对我们充满敬意。

1993 年，我找了一个店铺，不是在平地上，而是需要从马路边下来三个台阶。我们付了两个月的租金，不用电费。装修、安电器、泥水工，全部都是自己做的。申请店铺的营业执照需要一份图纸，我连图纸都是自己画好的。批下来后我们都很开心，开始的时候以为会很难申请，现在有自己的店了，那就慢慢做。

但是好景不长！有段时间，我们攒了一万美元，存在西班牙银行。本来是这样计划的：如果这个店开不成，就用这一万美元当路费回中国。后来去法国进货的时候是赊过来的，没有付现金。看到货卖得很好，我就觉得这里生意确实可以做，于是就把一万美金从银行里拿出来，兑换成法郎，准备带到法国，再去进货。

刚好碰上店里有笔很大的生意，我们很开心，我就留在店里做生意，我太

2003 年，李汝龙在马德里中心区组织了中西儿
童马拉松比赛

太就拿着兑换好的法郎回家。谁知道，就在快到家门口的时候，钱却被一个摩洛哥人给抢走了。我赶紧去报案，在警察局门口，我感到如果地上有个裂缝，我真的会跳下去。经过前面的被骗事件，生活好不容易好一点了，没想到又遭遇抢劫！最后那个人也没抓到，这件事情就不了了之了。

我再去法国赊账进货时，很多人都不相信我钱被抢了，就算我把报案记录单带过去给他们看，有些人还是不相信。但还好，有熟悉我为人的人，还是把货赊给我了。

要不断学习才不会落后

所以从那时候起，包括 2003 年以后回中国投资，都一帆风顺了。有人说过这样一句话，从 1993 年到 2003 年，这十年是温州华侨华人在欧洲创造奇迹的十年。

我做出来的第一个马德里市场在丰拉夫拉达（Fuenlabrada），建设时我主要考虑的是，能不能带动那些在市中心做生意的人过去。市场选址在一个工业区，我原来想把地址定在飞机场边上，但是工业区流动的人多，交通方便，房子很密，有发展的空间，最后就定在了那里。市场不是一个人独自做起来的，是很多人一起做起来的。很多人会想，你过来了会不会把我的生意抢走？这种担忧不无道理。但你为什么不想想，你也许会比后来者做得更好呢？就像我们的手机要更新，应该把需要淘汰的东西删掉，把新的东西吸纳进来。

我以前当技术人员，也是对所有学生一点保留都没有，把知道的东西全部传授出去。当时我岳父就和我说："老师还是要留一手，万一学生对你不利呢？"我没有向他解释什么，但是心里想，我得找到一种更好更先进的技术，才不会让别人超过，自己才有进步。如果死死捏着祖上传下来的一点东西，有什么用呢？会被淘汰的。我不断地学习，所以技术永远在别人前面。我做生意的方式也是一样。只要你自己心态、思维方式跟别人不一样，你就不会落后。

当时我们的供应商是香港的洋行，他们只有一个办公室，没有工厂，内地的货物通过香港出口给我们。我就用我的名字"龙"申请了一个商标品牌，当时销售量非常大，客户遍布美洲、欧洲、非洲。我去各地旅游，葡萄牙、法国、非洲，看到一些摆地摊的摊位上放着盒子，盒子上面的标志就是我们公司的。可以说有市场的地方就有我的包。

货物供不应求了，我就开始自己办工厂。回国投资工厂，我把工业园放在了广州。当时广州已经是一个成熟的箱包生产基地了，做一个箱包需要的配件，那里都有。我在广州花都还做了一个欧洲工业园，500亩地，全都是做包的。花都区的区长说："李先生在这里把世界'包'起来了。"我们在惠东有一个采购中心，有一个开发团队负责样板，放出去加工之后，再转到欧洲售卖。我每一步都有计划，眼光独到，生意可以和谁做，在事前都会做一个评估。我们是西班牙、英国一些公司的供应商，什么时候可以跟他们做生意，有没有这个实力，我都要评估。

花都的工业园现在还在，但是已经全都卖掉了。我们公司现在转做鞋。我也有做房产，但是开发出来不卖的，给家里留着传下去。房子、仓库、店铺都租出去，有几个团队管收租金。这两年疫情，店铺和住家都受到影响，有些租店铺的是中国人，我们就会给他们减一点租金。

我不适合再做劳动密集型的企业，我的下一代更不适合。他们不像我，从工厂出来的，会管理，在财务上精打细算，也不会去追求奢侈的东西。他们根本做不了这些事情，年轻一代更会享受。

有一次，我穿了一件很好的衣服，在我的大孙女面前炫耀，我说："爷爷这件衣服怎么样？""爷爷我不要看,我都知道的！""你知道什么东西？""你穿的衣服是假的！"在家人心目中，我穿的东西都是假名牌。其实我对名牌没什么概念，也觉得根本没必要去买香奈儿、路易威登这些。关于包的品质，我闭着眼睛一抓，这个包是真皮还是假皮，是一层皮还是二层皮，就都知道了。当然我家人要买我不反对，但是我会和他们说，年轻人只要内心强大，穿的、用的得体合适就好。名牌对我来说不重要，我自己强大，就是最大的"名牌"，我为什么要用其他名牌来包装自己？

关于下一代，我希望他们不要满足现状，要不断地去追求，提升自身水平，尽可能地发挥自我的能量。要敢闯、敢拼、敢去抓住机会。成功不是偶然的，是需要付出、需要拼搏的。

我们华侨一直心系祖国

生意做大了之后影响力也大了，中国侨商会里的人我基本都结识了，大家都有共同的目标——维护华侨的利益。

1999 年，在西班牙的摩洛哥人经常抢劫中国人，最猖狂的时候有一天抢了 14 次的，他们甚至还会动手扇没钱老人的耳光，警察也无可奈何。大使馆和警察局很关注这个情况。有一次，摩洛哥人在抢劫的时候，和中国人发生冲突打架了。大使馆和警察局就和我们提出，华人华商需要在当地建设一个协会，

2016 年，李汝龙夫妇在台湾

以便沟通。当时警察局抓了六个中国人，我们都很紧张，被抢了钱财，人还被抓了。我们就觉得一定要成立一个协会，和政府部门对接。差不多有两三百家店的老板，集合起来，就这样，西班牙华商协会在特定的环境下诞生了。

我当时在中国，生意很忙。大使馆给我打电话，说我最早在那个区域做生意，也很擅长处理事情，虽然我在中国，但可以用电话沟通，要推举我做会长。我也觉得自己有责任为了华商的生命财产安全做点什么，就接受了。

2004 年，西班牙发生了烧鞋事件，西班牙的竞争对手雇佣人把我们的货烧掉了。我当时在国内，就在后面指挥，我的大儿子李铁出面和西班牙一方沟通辩论。西班牙说我们偷税漏税，我说："那是你们的责任，不是我们的责任，货物是通过你们海关进来的，我们怎么偷啊？"我坚持市场上的竞争是公平的，你们不能因为没有能力制造低成本的鞋，或者是更加时尚的款式，就煽动仇恨，那肯定是不对的。如果永远守株待兔，早晚都会死，我们中国人不过来，别人也会过来。地球村，大家都是平等自由的。这样为维护我们华侨的利益据理力争。

另外，我在教育方面也做了不少公益，虽然我个人受到的正规教育不多，但我知道，知识非常重要。尤其是我们自己祖国的文化更不能丢。我在西班牙认识一个人，他把自己的子女寄养在外国人家里，这没关系。但是小朋友回家的时候，家长应该要和他说中文，哪怕是方言，他们却没有这么做，这太让人痛心了。我就觉得在西班牙，小朋友很需要一个中文学校。如果连自己国家的语言都不会说，这些小朋友就一点也不了解自己的祖国了。2020年，我出资开了第一所西班牙中文学校，连小朋友的椅子都是我们自己扛过去的。我还帮他们找到了一个非常好的校长，叫黄英。

祖国有什么困难，华侨都会尽力去帮。记得在"非典"期间，我去香港看到因为传染病，人跟人之间的关系一下子拉得这么远，觉得很恐怖。回去以后，我就在《人民日报》（海外版）的第一版上，向全球发了第一份倡议书，请大家有钱的出钱，有力的出力。

这次新冠疫情刚暴发的时候，同样如此。国内缺口罩，我大儿媳妇杨唤眉是第一批买口罩运回中国的人。大儿子李铁是西班牙温州同乡会的执行会长，他负责采购、托运，估计采购了100多万个口罩运到中国。二儿子李慧哲负责西班牙所有侨团的口罩采购工作，他也采购了100多万个口罩，以及其他医疗物资。我自己去抢购了四万多只口罩。包装好之后，我太太开车把这些口罩送到机场，请那些要飞回中国的人带回去，有给温州的，也有给上海、广东、江西的，其实具体给哪里不重要，重要的是这份心。2020年2月16日，在西班牙飞往国内的航班上，有人愿意帮忙把口罩带回国，我还跟他一起拍了照，他说我们这么有公益心，应该帮忙带。

华侨心系祖国，一直以来做了很多事。接下来，我打算在仙岩穗丰建一个华侨历史馆，建筑设计基本上已经定下来了，建成以后，大家可以去打卡。

新冠疫情期间，李汝龙积极参与到抗疫爱心活动中。2020年2月16日，马德里飞中国的最后一个航班，他请人帮忙带回一批抗疫物资

有什么可遗憾的，潇潇洒洒就好

2009年刚过完元旦，我和太太说，这次回国我要去检查下身体，估计有大毛病。那时我浑身无力、肌肉痛，有一种大病来临的感觉。当时我的企业扩张非常快，工作压力很大，有时候连轴转，十天都在飞机上。

果然，我在上海检查出了结肠癌。在医院排队等了很久，我有点失去耐心，说不想检查了。后来还是查了，中午12点检查完，别的人都回去了，就把我留下来。两点半的时候，再叫我去检查，拍CT，最后确诊是结肠癌。

当时医生还没告诉我，我就先问负责的护士："我（患癌）的部位在哪里？"她很惊讶："你知道了？"我说我知道了，我对自己身体状况的判断是正确的。她就问我："告诉你你受得了吗？"我说："受得了，我其实知道是癌症了，就是不知道部位在哪儿。"她就告诉我，是结肠癌，确诊了。

虽然我是心理蛮强大的一个人，也已经有所准备，但是当听到我被医生确诊为一个癌症患者时，我的脑子里还是"嘣"一声，和打雷一样，蒙了。我叫陪同的人全部离开，我需要冷静一下。

回到自己的住处，打开电脑，搜索结肠癌的信息，看这种病早期、中期、晚期都是什么样的，每个阶段采取的治疗方式是什么样的。了解了这些之后，我就去家楼下的公园走走，去思考。

该怎么形容当时脑子里在想什么呢，就像是一台每秒钟运算几亿次、运转速度很快的计算机。我想到小时候父亲过世之后，自己是怎么走过来的；回想了这一生做了哪些事情。就这样想了两个半小时。

我想到了几点：第一，我对得起自己的国家；我从来没有在任何场合说过自己的国家不好；第二，我对得起自己的民族和社会；第三，我对得起自己的家人和朋友。

我拼搏了、努力了，付出过、得到过，该做的做了，我有什么可遗憾的呢，潇潇洒洒就好。我为什么这么洒脱，因为我经历过风光，也经历过落魄，虽然被人骗过，但我自己一辈子没有骗过别人，心中十分坦荡。

就这样我回到了医院。医院组织了一个医疗小组对我进行治疗，最后治愈了。

金 剑平

1954 年 7 月出生，温州市区人。改革开放后，在温州创办汽车配件厂。1987 赴奥地利创业，相继开设两家餐馆，广受当地好评。1993 年起回国投资多个房地产项目，参与建设新温州。2001 年以唯一一名华裔企业家的身份加入奥地利总统随行访华团。热心体育事业，2002 年起在国内推广高尔夫运动。现为奥地利新世界集团董事局主席、温州新世界房地产开发有限公司董事长、奥地利新世界集团湖州温泉高尔夫俱乐部董事长、奥地利中国工商联合会主席等。

金剑平：
赶上每一趟『末班车』

访谈时间：2021 年 8 月 23 日
访谈地点：温州万和豪生大酒店
受 访 者：金剑平
采 访 者：徐静、金康颖、李广旭
录音、摄影：金康颖
指导教师：李广旭

白手起家，经历摸爬滚打

过去的温州，被称为"七山二水一分田"。出门是山连着山，水接着水。没有那么多的耕地，人们的日子过得较为清贫。但也正是这样不易的地理环境，磨砺了温州人敢打敢拼的性格，为日后温州人走南闯北奔世界奠定了坚实的基础。

1954 年 7 月，我出生于温州一户普通职员家庭。我小时候很喜欢读书，读书不仅能增长知识，还能沉淀心性，在我看来，能有时间读会儿书是一件十分幸福的事情。除了读书，我对很多事情都饱含热情，非常喜欢学习，也善于钻研。后来等我渐渐长大，自己对于家庭和责任有了更深刻的理解，便想改善家里的条件，让家里人的生活好一些。于是，我在高中的时候便出去谋生了。

那时候的温州，一般家里面都有好多个兄弟姐妹，不少人为了生计，早早就在"江湖"上摸爬滚打了。1970 年，我正式步入社会。为了生活，我先是跟师傅学习泥匠活，后又跟着建筑队在外四处奔波，在工地上一做就是好几年。对我来说，早年的这些经历都是弥足珍贵的，它们让我得到了成长，懂得了生活的不易，为我日后创办自己的事业打下了良好的基础。

1978 年，十一届三中全会以后，改革开放成为时代的热潮。受此感染，20 世纪 80 年代初，我在温州创办了一家汽车配件厂——前进仪器厂，主要是生产通用汽车配件的，我出任厂长。刚开始我们厂是在计划经济的体制下做的，一段时间后才慢慢进入市场经济。相较于之前的小富即安，市场经济给予了我更大的机遇和挑战。当然，许多未知的困难也一个接一个地出现，但我并未退缩，一步一个脚印扎扎实实地经营着我的企业。

很多人觉得做厂长是一件幸福的事，既安稳又体面。但他们不知道的是，把一个厂经营好不仅需要勇气，还需要决心、耐心与恒心。其中的辛酸只有经历过的人才知道。办厂的起步阶段，我就遇到了一些障碍。那时候面临着没有场地的难题，我们便想办法从农民朋友那里租来仓库，在仓库里进行生产。一个汽车配件从生产到进入市场，需要经过重重的关卡，在经过无数次打磨和改进后，才能成为优质产品流通到市场中去。为了提高产品的市场流通率，我向专业人士学习先进技术，然后钻研如何优化。在历经草创阶段的摸索和原始积累后，我买下了土地，建起了厂房，有了员工宿舍，甚至还在当时拥有了一辆小汽车。可以说，我的汽车配件厂在不断探索和改进中逐渐步入了正轨。

关关难过关关过。困难一个个来，我一个个克服，慢慢地在汽车配件行业中站稳了脚跟，也获得了当时温州市委的肯定和称赞。

机缘巧合，前往奥地利

伴随改革开放一起到来的，还有到海外务工求学的"出国热"。出国，在那个时候已经不再是天方夜谭了。这股"出国热"也蔓延到了温州，我们国家当时与西方国家有着较大的汇率差，薪资待遇也有巨大差距，很多人都想着出去后没准能打一场"翻身仗"。虽然出国的手续复杂，但依然有大批人为了出国东奔西走花尽积蓄，甚至不惜冒险穿越国境，也要去海外"碰一碰运气"。眼见着身边的许多亲戚朋友一个个出了国，我也萌生了出去碰碰运气的念头。

出国并不一定就能赚到钱，而且需要面临很多未知的危险，一旦出国就很

金剑平弓住的奥地利哈尔施塔特镇是著名的风景区

难轻易回来。放下原本安逸的生活，选择在异乡迎接挑战，这就是一种破釜沉舟的行为，夹杂了太多的不确定性。家里人知道我有出国的念头后，对我的想法持保留意见，也曾劝过我。我理解家人们对我的担心，但是对我来说，我憧憬着外面的世界，想去看看，我得去干。出国，就好比一座桥梁，这座桥梁可以打通国内、国外。家里人明白我的性格，最后也尊重我的决定。我把国内的事业交给了弟弟打理，在准备了一段时间以后，毅然决然地踏上了出国的旅程。

我之所以去奥地利，也是因为机缘巧合，说来可谓一波三折。20 世纪 80 年代中后期，经常能够看到青年人在美国驻上海总领事馆的门口排起的长队——办理赴美签证，前往美国在当时是很多人的选择。我的表兄弟那时曾邀请我去美国，我在下定决心出国之后，也做了很多前往那里的准备。然而，美国的签证非常难办，始终签不下来。经过反复思考后，我把目光转向了意大利。

彼时的意大利正处于从非移民国家向移民国家转型的时期。为了安置国内数量庞大的非法移民，意大利曾多次实施"大赦"政策，即给境内的非法移民提供合法居留身份，以缓解治安管理压力。

1987 年，意大利的"大赦"给滞留在意大利的众多没有签证的人打开了"希望之门"，像我这种办不下签证的人也可以通过第三方签证达到出国移民的目的。得知这个消息后，我和几个有意出国的人决定立即动身去办手续。但没想到的是，在办理的过程，我的护照被人偷掉了。

这样一来，行程又耽搁了下来。我没办法，只能一直等护照的消息。没想到事情出现了转机——小偷把我钱包里的钱拿走后，把护照还给了我的签证经办人。我拿着失而复得的护照再去浙江省公安厅申请签证，我需要的签证却又在那个时候停办了。我在那时的确有过一丝焦急，谁都没想到还没出国呢，就已经经历了这么多烦心事。

这个小小的插曲让我在国内兜兜转转了很久。幸运的是，事情竟然又迎来了新的转机——我听说在奥地利可以办工作居留证。于是，我委托一位华侨帮我把飞机票和相关手续办好，改道改好，飞往了对我而言一个陌生的国度——奥地利。

从零开始，打造"金碧园"

1987 年 9 月，我飞抵奥地利。

虽然我人已经到了奥地利，但是刚来到异国，后面具体要做什么，我还没有很清晰的方向。我听不懂奥地利的语言，语言不通就很难跟外国人交流。大多数时候，我只能暂时待在当地的华人圈里面。

当时，奥地利的华人圈里有很多的青田人。青田是浙江省东南部的一个小县城，那里出国的人一直都很多。据统计，在 2021 年，57.5 万青田人里头就有 33 万去国外的华侨华人，全球 120 多个国家和地区都能看到青田人的影子，所以青田县也被称为"大山里的小欧洲"。青田人来得比我们早，我们当时跟他们的沟通要更多一些。但如果想要在这个人生地不熟的地方尽快立足，不能只和中国人沟通，还是需要迈出第一步，如果一直维持这个停步不前的状态，日子肯定是要过不下去的。

当时没有太多行业好谋生，我就去做了服务行业，这一行业对像我这样的外国人来讲相对好做一些。我看到当地的华人不多，开餐馆的也比较少，我便打定主意，打算去开餐馆。

1988年，我在维也纳开了一家中餐馆"金碧园酒家"。当时奥地利的市场主要是由台湾人占据的，这个名字也是一位来自台湾的老翻译帮我取的。

维也纳有24个区，我在五区租房子住，"金碧园酒家"开在12区。我在国外建立了自己的朋友圈，还找来越南难民给我们装修。他们不仅会讲中文，还懂外语，比较会搞关系，沟通起来很容易。装修需要的木工、水泥工，很多都是他们帮忙一起联系的。越南人为我办了很多事，而且工钱还不用很高。

但是装修到一半，我发现钱不够用了，只能回国借钱，但是借来的钱也还是不够。当时处境一下子变困难了，我只好去向当地的华人教会寻求帮助。他们就告诉我，你为什么不去贷款呢？在国外开餐馆或酒店都是可以贷款的。这里很多事情都可以分期付款，甚至连买个冰箱都可以分期。后来我从奥地利国家银行贷了一笔款，就这样一步一个脚印，终于把餐馆装修好，虽然规模不大，请的工人也不算多，但总算是开起来了。

在国外做什么事都要精打细算，拼尽全力，这样才能扎稳脚跟，赚到钱。在国内如果开一家饭店，老板不需要亲力亲为，只要负责管理员工就行了，员工也会非常地尊重你。但在国外，尽管你是老板，但大部分事情你都需要亲力亲为。

每到饭点，餐厅来了生意，后厨便忙碌起来。但是不管有多忙，只要休息时间一到，国外的厨师哪怕正在炒一盘菜，他都会脱下衣服立马下班去休息。对外匪人来说，下班就是下班，下班的时间还要他们额外劳动，这是不现实的。而中匪人不同，自古以来就讲的是吃苦耐劳，多辛苦一点就能收获多一些。

在后厨，我们常常碰到客人来点餐，厨师却要下班的情况，这个时候怎么办呢？我只能自己去后厨炒菜。不会炒就自己学、自己炒、自己上，不管怎样都要上菜，把每一道菜炒好，这样才能留住顾客。一天 24 个小时，我当时的工作时间往往都是 18 个小时以上。睡觉是真的很想睡的，但是没有人可以顶替你，必须自己挺住。

在我们的努力之下，"金碧园酒家"在当地收获信誉，生意越来越好。后来，我还把一家很老的、当地人不用的咖啡馆当作仓库。

我去奥地利仅仅 8 个月，就把自己的公司成立起来了。别人很诧异，问我是怎么用这么短的时间就把生意做起来了？其实就像我之前说的，我在中国混过工地、当过厂长，把大半个中国都跑遍了，这些经历是我能迅速立足国外的底气。面对不清楚的问题或突发的情况，即使是在陌生的环境里，我都能够以平和的心态去处理各式困难。

我在奥地利的事业逐渐平顺了起来，也因为乐善好施，在圈子里小有名气。不少刚来奥地利的温州人，一落地，圈子里就会有人推介说，遇到事情就去找金剑平，你没吃的就去金碧园酒家。像圣诞节，我就会给当地的中国人行方便。因为国外在平安夜通常是不开店的，但我的餐馆就开着，只要有人没地方吃饭，就可以来金碧园酒家吃饭。可以说，我的第一家店开成功了。

"乐园酒家"更上一层楼

1988 年，我申请把夫人和儿女接过来。那时候女儿还小，儿子也才刚出生。我把一家人都带出了国。出来以后，我一边开店，一边照顾家里。家里人对这儿也不熟悉，我夫人还要去念书，小孩要上学，日子真的是很难过的。所以，我还要继续去赚更多的钱。

半年以后，我把这家餐馆托给家里人先打理，我再出去到东欧匈牙利这一带做贸易，当时也赚了一些钱。但 20 世纪 80 年代、90 年代交替之际，有大批中国人涌到匈牙利，太多人一起竞争，就赚不到什么钱，我看情况不对，于是就撤了回来。

1990 年，我在下奥地利州上格拉芬多夫市开了一间更大的餐馆，叫作"乐园酒家"。这是一家融中国古典艺术与西欧建筑风格于一体的豪华酒家。这家酒店的房子其实是租过来的，一开始这个房子很破，都是灰尘。但我稍微考察了下，没过多久就把它租了过来。之所以会选择这个房子，其实要感谢外国人教会我的方法。他们说让我去看看房子周围的车流量，学习一下麦当劳计算客流量的方法。

我就学麦当劳做起了调研。麦当劳是怎么做的呢？他们是看门口的汽车有多少，人流量有多少，计算整个小镇有多少人。这样算了以后，麦当劳才选择合适的店址来做生意。我通过麦当劳的方法，仔细计算了一下当地镇子的人口，发现这个镇子有 5000 多人。我又去看了选定的店址，观察店附近的路口一天的车流量有多少，一小时有多少人经过。经过反复计算，才终于确定了开店地址。

一开始，我只知道那片房子原来是一些大使、伯爵、皇亲国戚的地盘。等我把这家店盘下来以后，才知道这家店原来的房东是奥地利国家银行的总经理、行长。他把这个房子交给自己的表兄弟打理，他的表兄弟是一个伯爵，也是当地颇有名望的一个人。

我租下店以后，在装修上很费心。装修用的木头、桌椅等都是从台湾进口的，并找了很多专业人士来进行设计和施工。乐园酒家的花园很大，景色漂亮宜人，一到夏天，花园里就会坐满人。那时候国外其他餐馆用工人数很少，但是乐园酒家不一样，我雇了十几个员工。

原来的金碧园酒家只是中等规模，不大不小，在维也纳 12 区虽能盈利，但是赚得不多。我通过在匈牙利做生意积累了一些钱，但真正让我赚到更多的钱主要还是第二家酒店。如果说，之前的金碧园酒家的生意还不错的话，那么，这第二家酒店的生意就是非常好了，几乎是天天爆满的。

一个难忘的开业典礼

乐园酒家刚开张时，经过 15 天的试营业后，我特地举办了一个宴会式的开业典礼。我特意邀请了奥地利华人总会的二十几位嘉宾，后面把大使馆里的十几位大使也请了过来，还邀约了周边的很多朋友和华侨华人，包括当地的议员、市长等。

开业典礼那天是11月，维也纳的冬天雨雪交加，一会儿下大雨，一会儿下大雪，没有停过，风刮到脸上很疼，不戴手套保暖的话，手都要冻僵掉。路面湿滑，脚踩在上面要特别当心，一不留神就会摔倒。那天的天气其实很恶劣，能见度非常低，开车过来都要格外留心。而且从维也纳到我店里，路上需要一个小时，所以刚开始我以为，应该不会来很多人了。天气实在太差了，过来一趟确实很不方便，再加上一个多小时的车程，嫌麻烦的人肯定就退缩了，毕竟，这种天气在家里暖烘烘地待着多舒服。可是最后那天，200多人全都来到了现场。

我虽然没想到能来那么多人，但是还是符合之前的预期的。因为我之前请经理帮忙写了邀请书。外国人在这一点上很好，我把邀请书发出去，他们来就是来，不来也会通过邀请书回复你。一般答应了来的就一定会来。所以根据邀请书，我能够确定大概的人数，做到合理安排。

典礼当天声势浩大，奥地利各界名流齐聚在我的酒店，中国驻奥大使王延义、领事唐奇康、参赞卢永华，奥华总会会长胡元绍，下奥地利州参议员、市长、政府要员，国家银行总经理等都到场庆贺。鲜艳的花篮铺满了酒店四周，汽车来来回回、进进出出，不少人还主动帮忙维持现场秩序，管理进来出去的车子。我也没有搭建什么舞台，为了可以容纳更多的人，我还把桌子安排成了自助餐的形式。

当地外国人、中国华侨，还有我的一些朋友，都是盛装出席。由于当时是试营业，酒店的走廊还没有完全布置好，所以不少大衣都没地方放。店里放衣服的地方全都挂满了，而且很多衣服都是貂皮大衣，很贵重，弄不好容易出问题。我就想，走廊虽然没有装修好，但也可以把这些衣服一件件摆弄好，用纸片写好名字，这样就显得比较有序，不会出现衣服和人无法对应的局面。这也是我考虑周到的地方。

那是一个难忘的夜晚，我的房东奥地利国家银行总经理出来主持，他特意说了中文祝贺我们，尽管说得不怎么流利。他先是说"你好"，后面还是用拼音拼起来讲的。随后，上格拉芬多夫市市长在致辞中感叹地说："你为奥地利的经济发展做了贡献，你的餐馆为我们增光添彩，我们很荣幸能在本市品尝到如此美食佳肴。"中国驻奥地利大使王延义也激动地说："金剑平先生在奥地利所做的一切，为中国人争了光。"这些朋友的祝福让我倍感幸福和温暖。

那天，有位大使夫人问我，晚上的宴会一共花了多少钱？我说我们今晚只花了六七万先令。大使夫人很惊奇地说，他们在欧洲这么多年，就没见过哪个中国人搞过如此隆重的宴会。她在瑞士等几个国家都待过，都没见过别人这样搞过。大使夫人还说："您知道吗？金先生，您就是活的广告。"我在国内的时候还不太知道什么是广告。听了她的话之后，我才知道有一种东西叫广告，原来今天这样的宴会也可以是广告。我选择不在客流量最大的星期六做生意，而是选择在这天举行开业典礼，把大家都请过来。宴会以后很多人都觉得我们做得好，就会帮我们宣传。

口碑就这样慢慢打出来了。酒店试营业第二天，很多人都闻声而来，包括有一些记者采访我们，报纸上大使相片、我的相片等都被刊登了出去。酒店经过这么一宣传，生意越来越红火。通过这件事，我才知道什么是广告，活的广告比什么都好。广告做得好，酒店的生意自然就会越来越好。后来，想来酒店就餐都需要提前打电话来订座，不然就预约不上。

就像是我从大使夫人那里知道了什么是活的广告一样，这些年在外面，我从外国人身上学到了很多以前不懂的知识，结交了奥地利餐饮娱乐业中的好多友人，也认识了欧洲各国商界的人士。你真心对待他们，热情地与他们交朋友，他们也会很热情、真心地与你成为朋友。有很多事物我都是从国外学过来的，他们给了我一个新的视角。

毅然回国，参与温州建设

我的姐夫在温州报社担任广告部主任，对温州的形势比较了解，我们之间平时一直会写信、打电话。1993 年，他突然打电话过来，问我有没有 50 万到 100 万美元。我告诉他，这些年做餐馆积累下来是有的。姐夫告诉我，我可以回中国来看看，做做投资，国家的形势已经很好了。其实那个时候我对国内的情况不太了解，但是我很愿意相信国家的发展，加上那几年打拼有了一点积蓄，就这样，我回国了。

有外商朋友劝我说，中国很多产业发展得很快，但是太快了就会像疯长的竹子，风一吹就倒，到头来我可能会血本无归。其实大家那时候心里都没有底，我当时正在担任香港加通贸易公司董事长兼总经理，后面就亲自到深圳、珠海、广州、上海及温州等地去考察了解。我考察以后觉得，确实值得回来。

温州模式，是中国改革开放和民营经济的一个典范，是一个时代的鲜活样本。本来温州也邀请了我参与旧城开发，但是我当时觉得我回到温州已经有些迟了。因为 1992 年温州举行三方联谊会，旧城开发都已经安排好了。我有点遗憾，觉得自己错过了好机会。

后面我就一直等候排队，结果一等就到了 1993 年，温州政府在澳门开了招商会议，温州政府也邀请了我去参加。我去澳门参加招商会的时候，到现场参加会议的华侨华人几乎没有几个，我是第一批回来参加招商会议的华侨。

1993 年 6 月 28 日至 7 月 3 日，温州市首次单独出现在澳门举办的出口商品暨经贸合作项目洽谈会（温州面向国际的第一次招商会）上。为积极响应市政府"改造旧城区，建设新温州"的号召，我与温州市政府签订了在温州投资灯光球场建筑综合商住楼的协议，先后接下了建设灯光球场、广场路"新世界广场"、马鞍池西路"新世界庄园"和"新世界大厦"等四个项目。那时候我的总投资额就有 2 亿多元，开发建筑总面积达 10 万多平方米。

其实，1993 年我在温州开发房产的时候，房地产市场是很冷的。像在珠海和深圳的楼盘，都已经停摆好些年了，整个房地产都是一片萧条的景象。之前还形势大好的房地产价格，在下半年基本上回落到 1991 年的水平，跌幅达八成五。这直接导致了中国地产的首个调控政策出台，进而导致了很有名的海南房产泡沫现象，当时有人戏称海南的三大景观是"天涯、海角、烂尾楼"。

这个时期房价也是一直阴跌，在无人购房的情况下，全国空置建筑面积高达5000多万平方米。房地产行业已然出现了全面巨额亏损。

在这个大背景下，怎么搞好房地产就需要好好思考了。我在温州做的第一个项目就是灯光球场。其实温州的广场路原来就是一个灯光球场，但这里已经容纳不下很多体育建设的东西了，完全跟不上温州体育的发展。建体育场要有大量的资金，这就需要一个比较好的规划。温州是七山二水一分田，发展资源有限，很多事情都要靠自己。所以我后面对灯光球场进行了第一次开发，建了一座体育场。我觉得体育场建起来，我们温州人就能有一个运动和休闲的去处，城市发展的进程中需要这样一个体育场。就这样经过不懈努力，1994年我成立了温州新世界房地产开发有限公司，首期开发的"新世界广场"商住大楼在温州一炮打响，工程取得了圆满成功，收到了很好的经济效益和社会效益。

我在温州做的第二个项目是在马鞍池，就是新世界庄园。因为外商如果要投资的话，要求是一定要和中方合资，政府部门才会同意批项目。外资占25%，我们占剩下的75%，我想想也不错，就和他们合资，在马鞍池开发建了楼盘和空中别墅。那个年代的楼盘建得都比较中规中矩，别墅也不多。但是因为当时我也是抱着学习新知识的想法出国的，受到在维也纳出国经历的影响，我的很多想法和建设理念都是欧式的，所以开发的这些楼盘和别墅也全都是欧式风格的。十八套楼房都拥有室内泳池，有开放式阳台，有空中别墅，这种风格在当时是属于品位比较高的，对建筑质量的要求也比较高。像在空中建游泳池的建筑，哪怕是到了现在，这样的建筑也是不多的。这些理念在当时很超前，因此在温州造成了不小的轰动。这个建筑还获得了1999年"温州十大景观最佳外形设计奖"和"温州人最喜爱的住房户型评选翡翠奖"，房子一经推出很快就销售一空了。

我在温州做的第三个项目，也是在马鞍池，建设了新世界大厦。新世界大厦分别为17层和30层的高楼，是集智能化于一体的现代化大楼。虽然新世界大厦建在温州比较繁华的路段，但是这里缺乏绿地，看上去就总觉得少了些什么。我觉得建筑总要有些绿地才好看，于是我就让设计师将三层放空，弄成了一个繁华区段的"空中花园"。一方面为了美观，一方面我也想"升级温州模式"，让更多人看到国外的一些新鲜东西，慢慢去提高大家文化方面的审美水平。

我在温州做的第四个项目，是在黄龙，我们建了新世界新庄园。

以上就是我在温州开发的四个项目。我的酒店、庄园名字都叫"新世界"，这个名字还是当时的市长帮忙取的。他跟我吃饭的时候说，你不如就取一个"新世界"的名字吧。我觉得挺好的，于是就把这个名字用了起来。

我在温州开了家五星级宾馆，还开设了一家400多平方米、真正具有维也纳风格的高档咖啡酒吧。我邀请奥地利咖啡大使到这里举办"咖啡文化"活动，邀请奥地利金色大厅乐队来开音乐会。后面这里还成了汇聚当地欧洲外商的重要活动场所。

进入21世纪，我把目光转向了湖州的长兴县，投资规模进一步扩大。我在长兴县也注册成立了一个新世界房地产开发有限公司，征地100亩，投资一亿多元，在当地金陵路的繁华地段开发兴建了商住小区。我还在湖州申报成立了湖州新世界旅游发展有限公司，准备投资4000万元，在美丽的太湖边上建设"维也纳乐园"。温州人杰地灵，旅游资源丰富，我也想在温州江心屿开发一个旅游区，为发展温州的旅游事业做点贡献。

2001年5月14日至18日，为庆祝中奥建交30周年，奥地利总统托马斯·克莱斯蒂尔和他的夫人率领奥地利政府和经济代表团一起，乘坐总统专机，到中国进行了为期五天的考察访问。当时访华经济代表团里只有2个中国人，有一位是北京人，另一个就是我。

我们在北京待了一天，在上海待了一天，其间跟随参加了庆祝中奥建交30周年的一系列重大庆典活动。之后在中奥经济合同签字仪式上，我的新世界公司作为外资企业，与我们国家签订了两个环保节能项目的合作协议书。这是我们这些旅奥华商首次将奥地利的高新环保节能项目带进国内，也进一步推动了中奥两国的经济合作。

我是中国人，我很自豪

我的后代都是有学习中国文化的，根在中国，这个是不能忘掉的。奥地利有两家中文学校，侨二代、侨三代基本上会在这两家中文学校就读。

我回国投资时，就把我的儿子带回国了，他在中国念中文，小学上的是温州市广场路小学，后来在杭州外国语学校读初中。许多人不能理解我把孩子带回国的行为，我认为把孩子带回来学习是有好处的。不谙世事的小孩子最容易西化，回到家乡学学老祖宗的东西非常有必要，我是华侨华人，国家对我们都很照顾，我就更加要让我的子女学习我们中国优秀的传统文化。

女儿这边就更不用担心了，我带女儿出国的时候，她正在读四五年级，长大了以后就读于维也纳大学。她一边当翻译，一边学习。许多外国人看到我这些年的发展，便以为我是日本人或韩国人，这个时候，我都会很郑重很自豪地告诉对方："我是中国人！"在我家里，还有一条不成文的规定：在家要多说普通话和温州话。

目前，据我了解，在国外生活的侨二代、侨三代们已经成长起来了，他们的汉语水平是没有问题的，奥地利那边的话也会说，有的都进入上流社会了。我们这些人都可以为中国企业到国外去做一些引导和帮助。我也参与了奥地利中文学校的建设，我希望能努力让我们的后代，或者说我们这些侨民，成为中国和奥地利之间的一座桥梁。彼此之间能互相帮助，哪里需要我们，我们就去哪里，把我们身上的价值发挥出来。

在奥地利，我成立了一家中文学校，叫维也纳中文学校，总统还专门来学校访问过。这所学校成立到现在已经有 20 多年了，当时的总统来的时候，他对我们学校的建设都很支持。总统来之前，我们就打算把大使馆里的红旗、中国灯笼等摆放出来，营造一个氛围。

然而，在迎接总统来临的前几天，还发生了一些插曲。我们学校的管理人员之间因为一些问题闹了矛盾，我作为中间人调解了很久，耽搁了一些时间。

等他们的矛盾解决了，一直到总统来的前一天晚上，才连夜把红旗等具有中国元素的东西摆了起来。我觉得，奥地利总统过来，我们必须得让他看到我们的中国红，让他感受到我们中国文化，感受到我们迎接他们的热情和心意。

为了使奥地利人民心中装有"中国"，我还出资赞助了当地的足球队，在球员的球衣上特地印上"中国餐馆"的字样。我希望通过这一件件事，为宣传和弘扬我们的国家形象贡献我个人微薄的力量。

2015 年 11 月 14 日，维也纳中文学校图书馆开馆典礼我也去了。我们希望这个中文学校的图书馆可以作为华侨，以及对中华文化感兴趣的外国人学习知识的重要场所，能够成为传播中华文化的重要窗口。我希望多做一些推动中外交流的、有意义的事情，让中文学校可以在国外发挥出更大的作用。

我的梦想是建一个"中国城"

我现在担任的是奥地利中华工商联合会主席。因为当时有几个留学生觉得奥地利缺少商会、同乡会、工商联合会等这些组织，便建议创立一个。一些企业家认为我的企业做得比较好，就推选我担任了工商联合会的主席。

我参加了一些侨代会，那时候最大的感受就是荣幸和振奋，我也深深地体会到党中央对归侨、侨眷的重视。我觉得，多年在国外的生活让我更能体会到祖国强大对华侨华人的意义和影响。我们这些华侨在实现中华民族伟大复兴的过程中，也可以做出一些独特的贡献。

打个比方，我们可以帮助中国企业引进更先进的技术。中国企业到奥地利基本上都是买机器和设备，没有把奥地利真正的技术和有价值的产品引入国内，华侨在这方面可起到沟通和桥梁作用。

当然更重要的是，华侨也可以把中国的文化和中国的事业"带出去"。比如，我一直以来的梦想就是建设一个"中国城"。

2003 年，我在奥地利做零售，一开始开了一两家店，主要销售中国的丝绸、皮鞋、皮箱等，后面又把温州的商品运到国外，最多开过 20 多家店。这些东西是中国的产品，里面融入了中国文化，也代表着中国文化。慢慢地，我就想在维也纳 22 区开个"中国城"，把中国的商人、中国的产品带到奥地利去，把中国的文化带到奥地利去，带到国际上去，展现我们中国的形象。

为此，我也为这件事向很多领导申请过。2003 年，我们华侨一起努力，搭建了一个国际展览馆，可以把温州所有的商品都带到奥地利展览。我们邀请了 100 多家中国企业，希望把他们的商品都带到奥地利去。我还把外国人带去温州的著名景点江心屿去开会，让他们亲身感受温州的美、中国的美。

但是很可惜，这个"中国城"的项目一直没能批下来，后期就停滞了。我为这件事在国内、国外来回奔波，花了很多工夫最终没有做下来，对我来说是比较遗憾的。

但我始终坚信，中国文化产业在"世界文化之都"奥地利是大有可为的。我想，奥地利的华侨可以在中国文化"走出去"上做出很多很具体的工作。奥地利是一个音乐和文化之都，如果我们把中国的文化带到奥地利，无论是对于中国，对于奥地利，还是对于全世界都是件很好的事情。我还在为此继续努力。

投资高尔夫，助力体育事业发展

2002 年到 2003 年，我开始在国内投资和推广高尔夫运动。那我为什么会去投资高尔夫呢？

我从小在瓯江边上长大，经常在江边游泳，我的兄弟和妹妹都是游泳队的。我年轻的时候最爱的运动就是游泳，游得都非常好，还救过 3 个溺水的人。但是我到奥地利后就没有怎么游泳了，因为比较忙，这几十年都没有再接触，还是很可惜的。其他的体育运动我也没有很喜爱的了，但是没想到多年以后，我会再次与体育结缘。

其实，高尔夫这项运动一开始我是真的不懂的，这三个字对于当时的中国人来说很陌生。虽然国外的高尔夫已经有百年历史了，如今在奥运会赛场上也可以见到，但是在当时中国很少有人知道。

我是在奥地利第一次认识到这项运动的。记得有一次，几个朋友约我去打球。我其实那时候颈椎很不舒服，实在是有些不愿意去活动。但是人家既然邀请你了，盛情难却，我就想着和朋友一起去球场看看，呼吸下新鲜空气也好。如果他们要我打球，那还是算了吧。结果，到了球场之后，一起来的几个朋友兴致都很高，看他们特别高兴，我也忍不住挥了几杆。但是没想到，原来我颈椎的疼痛，不但没有影响到我后面打球的发挥，甚至在几杆之后我感觉身体没有那么不舒服了，就好像忘记了自己颈椎的疼痛一样，反而越打越起劲。结束的时候，我发现颈椎的痛感已经完全消失了。这个绝对是意外的收获，我之前完全不知道打高尔夫还有治疗颈椎病的功效。

所以从那以后，我变得越来越喜欢打高尔夫球了，一有空就会自己或者和朋友一起去绿茵场上挥杆。其实打高尔夫，并不存在技巧之说，最重要的是心静。这么接触过几次后，我就暗暗下决心，有机会一定要在中国建立自己的高尔夫球场，让国人知道高尔夫，参与高尔夫，感受到高尔夫的美。

我去过东北黑龙江大庆、浙江湖州长兴等各地考察，最终招商引资，在湖州建设了一片高尔夫球场。之所以选择在湖州建设，主要因为那里有 600 多亩地给我们开发，足够我在城市的周边建立高尔夫球场。当时的球场都是从外国引进的，中国还没有，我希望这个地方能够作为一个专有的高尔夫设施使用，也可以用来接待和观光。

我主要投资建设的是湖州的温泉高尔夫俱乐部。这里群山环抱，球道起伏，变化很多，拥有得天独厚的高落差的地形优势。作为长江三角区域为数不多的挑战型山地球场，综合了欧亚著名球场设计专家的智慧和著名高尔夫球手的经验，兼具欧美球场的自然和亚洲球场的细腻。球场在 2007 年 10 月已经开了 9 洞，2009 年初又开了 9 洞，最后的规划是开到 27 洞。这里还设有天然温泉，整块地方依山傍水，将山、林、泉等自然生态资源有机融合。

2009 年 10 月，国际奥林匹克委员会在哥本哈根投票通过高尔夫运动进入2016 年奥运会，这对于中国来说既是机会，也是挑战。我有一个设想，就是计划和湖州中小学及体育学校联合，开设高尔夫球基础课程，把湖州温泉高尔夫俱乐部作为教学实践基地。作为中国人，我始终觉得有一份历史使命感。现在做的体育产业，也是我觉得理所应当要做些事情。我希望我的球场能提供一个这样的平台，可以供人打球，更希望高尔夫以后可以发展起来，让更多青少年参与进来，并助力奥运会。

投身慈善事业，不求回报

这些年，我在慈善方面的捐助，粗略估计至少有 1500 多万元。我作为奥地利中华工商联合会主席，又是第七届、第八届的浙江政协委员，始终觉得我有责任、有义务去做一些我认为正确的事情。

记得 1997 年，第 11 号台风"温妮"登陆温州，给温州造成了严重的损失，我那时候就开始捐款了。后面 2008 年四川汶川地震，虽然我人在奥地利，但是我一直心系着灾情，作为中国人，我是一定要做点什么的，于是就在奥地利动员大家进行援助捐款。

还有去年新冠疫情时，物资紧缺，当时国内很缺口罩和防护服，我也捐赠了一系列救援物资。我联系了很多人，到处去收集物资，能用的资源、能联系的朋友都用上了，把东西打包装箱，弄上车、弄上飞机，然后特地找人把物资从奥地利带回国内。那段时间真的很累，但是我还是坚持在做。后来国内疫情有所好转，我又把奥地利需要的物资在上海和杭州集结装箱运过去。虽然我的力量有限，但是只要能帮助到别人，那么我就会做，也会一直做下去。

我的女儿是第一任中国侨联青年委员，她也赞助了 12 名孤儿上大学。我们捐款都是默默做了就好，不需要别人记住我们的名字。后来我才知道，这 12 名孤儿也有写信给侨联。当侨联告诉我们信件内容的时候，我们心里还是很暖的。

体育事业上我一直在支持着。早期在奥地利的时候，曾为拳击活动捐过十万元，也给当地的足球队赞助过十几万元。后来湖州温泉高尔夫俱乐部成立之后，还举办过"中奥·美泉宫杯"全明星高尔夫公益赛，在湖州慈善总会设立"中奥美泉宫"洁净太湖水公益专项基金，并且向湖州慈善总会捐赠了50万元。

我觉得公益慈善活动不是作秀，最重要的是，能够真真切切地帮助到那些需要帮助的人。未来我计划成立一个高尔夫基金会，为贫困地区的儿童和残疾人士提供帮助。

我的"末班车理论"

做生意也不都是一帆风顺的。2008年时全球遭遇金融危机，幸好时间比较短，我的房地产行业没有受到太大影响。但是最近受到疫情的冲击，又处于婚庆淡季，对于酒店行业的冲击就比较大了。不过我还是坚信，肯定会慢慢好转的。

一路走来，我的家人确确实实帮了我很多。我感到这些年我最亏欠的是我的夫人和子女，特别是我的夫人。我女儿在国外时，十七八岁就掌管企业了，一直很辛苦。我夫人聪明贤惠，在理财方面很有一套，帮了我很多。平时我因为工作忙，经常让她们担心，但是只要是我决定下来的事情，她都会全力支持。

我家人大部分是信仰基督教的，我夫人常说，你放心出去好了，我会替你祷告的。这些年，是夫人的意念一直支撑着我。记得刚到国外的时候，人地生疏，语言不通，资金不足，我只能以打工为生。为了省点钱，我睡过地窖，洗过碗碟，那时候的生活很是艰辛。但每当夜深人静时，一想到在国内的妻儿，我便充满了力量，重新有了希望，遇到任何事我都不怕。我只管往前，不管是风险也好，其他东西也好，有家人支持就有力量。我现在的产业主要在湖州，但是最近我又想从湖州回到温州了，很想叶落归根。

我做很多事情，其实都是赶上了一个"末班车"。比如刚到奥地利的时候，人家说这里的生意很好做，如果开餐馆，开一家成一家。我没赶上好时候，只是抓住了一个尾巴，赶上了末班车。1992年，温州举行的三方联谊会我没赶上，只能在1993年参与招商会议，参加旧城开发，又给我赶上了末班车。最后搞房地产也是，1993年那时候，海南、深圳的房子建好了都没人买，到温州找人合作都找不到人,而我在1994年成立了房地产公司,去找国有企业承包建筑,保证不管项目盈利也好,亏损也好,我都给人家一定的钱,后面才开始有合作的。

我夫人开玩笑,说我不懂酒店还去开发酒店,不懂房地产还去开发房地产,不懂高尔夫又去开发高尔夫。有人说我是"望远镜",能看得很远。但我说,我不是第一个吃螃蟹的人,相反地,我其实一直是赶着"末班车",人家都要关门了才赶上去,但最终都被我赶上了。所以,我都可以写一本《末班车理论》了。

如果一定要我给现在温州正在创业的年轻企业家们提什么建议的话,大概有三点。首先,我觉得一个人想要干出点事业,一定要能吃苦,敢闯,肯学习;一个企业如果要想成功,一定要讲求诚信,这样才能赢得别人的尊重。其次,这么多年,温州人以实干、敢拼、敢闯起家,虽然我也有受大环境影响,但是身为企业家,我觉得我们还是应该要重视、专心做好实体经济。最后,不管走到哪里,我们心里永远都系着我们的故乡——中国,要爱国,要加倍努力,为我们美丽的故乡做出更大的贡献。

蔡 玉弟

1954 年 10 月出生，瓯海区仙岩街道凤池村人。1990 年移居意大利并于 1996 年创办意大利长江贸易公司。多年来他热心为旅意侨胞服务，先后担任意大利南部瑞安同乡会理事长、会长，欧洲华侨华人社团联合会常务理事，罗马华侨华人贸易总会常务副会长，中国侨联第八届海外委员，温州市侨联常委，瓯海区侨联副主席等职务，并连续担任仙岩街道第六届、第七届侨联主席。

蔡玉弟：罗马很美，但我更爱仙岩

访谈时间：2021 年 9 月 3 日、10 月 12 日
访谈地点：温州市瓯海区仙岩街道华美商厦蔡玉弟先生办公室
受 访 者：蔡玉弟
采 访 者：易永谊、罗甜甜
录音、摄影：张利
文字整理：罗甜甜

我学会了算盘架加工

我是 1954 年出生，老家在仙岩凤池村，家庭成员很多，爸妈总共生了 11 个孩子，我排行第七，上面有三个姐姐、三个哥哥，下面还有一个弟弟，三个妹妹。现在我的十个兄弟姐妹中，有四个在意大利，他们的孩子也都在国外发展。

童年时我的家庭条件不太好，父母都是农民，在农村种地。像 20 世纪六七十年代的大部分农村家庭一样，仙岩的人家也是忙着劳动、赚工分，一年到头也就能挣下几百斤稻谷。那是一个大家都吃不饱的年代。

因为那时候家境不好，家人都忙着种地、劳动，没钱也没时间供孩子去读书。我没有读过幼儿园，只在新光村那边读了五年小学。不久"文革"开始了，从此之后，我就没有再读过书了。我一直很遗憾自己没有继续读书，如果当时有条件的话，自己一定会抓住机会多学点知识。

在一次很偶然的机会，我接触到了算盘架加工这门手艺，没想到这门手艺会成为我未来近十年的谋生手段。

大家对算盘这个工具可能很陌生了，现在科技这么发达，年轻人可能更熟悉计算机。但在当时那个年代，这可是一种绝门的技术，很少有人会做算盘。1969 年，我们村里办了一个算盘厂，我刚好被招进厂里当学徒，那时我才 15 岁。

蔡玉弟在仙岩侨联文化活动中心为采访团队讲解仙岩侨史

厂里的师傅都是从温州、永嘉等江北地方请过来的。

算盘架这个东西看着简单，但其实它的技术要求很高，即使是很熟练的木工也不一定会做。也不知道怎么回事，我在这方面原本一点基础都没有，可一上手我就学会了，而且做得不比那些熟练的师傅差。我在厂里学了一年多后，差不多可以算"出师"了。但由于种种原因，后来这个工厂关闭了，我只能回家，在家待了一段时间。

过了一阵子，有个朋友告诉我一个好消息，江西省共产主义劳动大学贵溪分校准备开办工厂，他们想要借生产算盘的销售来补贴学校经费，就到仙岩这边来招加工算盘架的技术师傅。我本身技术不错，加上人也老实，就被他们选中了。

这样，我就在江西共产主义劳动大学贵溪分校当了三年老师，专门负责教学生制作算盘架。那时，我才19岁，一个月工资80块钱，相当于一个人在农村种一年地的收入。可想而知，这样的收入在同村人里算很不错了。可我那时候年纪轻，不懂得存钱，每个星期都要花很多钱去下馆子。三年合同期满后，我从江西回到自己村里，身上并没有多少积蓄。但我学会了一口流畅的普通话，这为我以后四处跑业务打下了基础。

从江西回来后，我先后到瑞安、丽岙、永嘉这几个地方的工厂做了快6年的算盘架。所以，在跟别人合伙办厂之前，一直都是靠做算盘架谋生。这期间我还碰过一次壁，那次在永嘉，我差不多能赚1000多块钱，但是运气不好，那个厂突然倒闭了，最后我一分工资都没拿到。在这一回教训后，我做什么事都会前后思量，避免再次吃亏上当。

直到我成家，我们家依然没有改变贫穷的局面。我们几个兄弟结婚时，家里四处借钱，建了一栋房子，每个兄弟分到一间房间，还有平摊下来的建房款债务，每个人是1080元，在当时是很大一笔数目了。这就等于说我刚结婚就背上了这么大一笔外债，工作了快四年才把它还清，而在这之前家里日子一直过得是紧巴巴的。还债的这四年，我都是自己在家独立制作算盘，把算盘框架都做好后请师傅油漆，然后再自己出门打广告、跑业务。

为推销业务跑遍全国

1982年，村里有几个很要好的兄弟跟我说，丽岙有个万元户是开沙发布厂起家的，他们也想要开一个这样的厂，就带着我一起去参观。考察一番后，我们觉得这个行业的利润还是很可观的，所以商量后立马拿定主意要开办工厂。

丽岙那个老板告诉我们，想要投资一个这样的厂，每个人要出3000元。于是，我和村里五个人合伙，凑齐了1.8万元，花1.2万元买了两个机台，剩下的6000元买棉纱、请师傅。就这样我们的沙发厂开张了，我也开始了第一次的创业之旅。

我们这些合伙人对办厂的事情都不懂，大家都是摸着石头过河。因为我会说普通话，就被安排去负责外勤、跑业务，具体的工作就是把厂里的样品拿到外面推销。我当时没有目的地，也没有方向，白天就到处跑，事业单位、纺织公司、木器厂、沙发厂，不断地向人家推销产品，也不断被别人拒绝。到了晚上，我为了省下旅馆的住宿费，随便买一张票上一辆大巴车，就在车上休息、睡觉。

跑业务是一件很辛苦的事情，每天的生活都是这样。这个过程持续了很长一段时间，我和同行的朋友一起从浙江跑到山东、江苏、河北、山西，然后跑到内蒙古、宁夏，这样转一圈下来要足足 40 天。

在跑业务的过程中，我们接到了几单大生意，印象最深刻的是在宁夏银川的一家百货商场。那时候我 30 多岁，认识了一个商场的女管理员，她年纪跟我差不多，在聊天过程中得知她的父亲刚好是商场的总经理，我就问她能不能去她家里拜访一下她父亲。

我知道这是一个很好的机会，如果在拜访这位总经理的时候表现不错，一定可以为我们赢得生意的，所以我当时也是下了"血本"，花了 100 多块钱买了水果糖、电子表、牛仔裤给她，后面又送给她从老家带过来的墨鱼干、虾干之类的。

见到她父亲后，我们聊得很投缘，他看我们几个年轻人在外面跑了近大半个月很辛苦、很可怜，又觉得样品质量很不错，就给了我们一笔大订单——2 万元的买卖合同。那时候的 2 万块真可以算是了不起的数目了，而且这个单子还是以托收承付的方式支付的，大大减轻了我们的负担。

有人可能对"托收承付"不太了解，意思就是我们把这个货订好、开好发票，顾客接到我们的票据就立马打款，我们立刻就能拿到资金，不存在资金周转不灵的风险。如果是货到付款的形式风险就会比较大，万一货物在路上耽误了，一个月甚至两个月都到不了的话，我们就可能面临资金无法周转的问题，接下来的很多订单都要受到影响。

那个时候大家真是一点都不怕吃苦，每个人都是铆足了劲在干。这个厂子开办了好几年，凭借这个厂子，我们几个合伙人也都成了仙岩的万元户。一直到 1990 年我决定出国，大家才慢慢决定卖掉设备、关厂，各自闯荡。

我有三点生意之道

其实，当时我是临时决定出国的，之后就开始了近十年在意大利的创业路。

蔡玉弟与时任浙江省委书记赵洪祝在罗马合影

话说在 1990 年，我到内蒙古跑业务时认识了一个公安局的干部，几次交往后我们就成了朋友。有一次谈到出国的事情，我告诉他浙江省的出国人员指标很少，如果可以在内蒙古办理到护照的话，以后出去旅游或者做其他事都会更方便。他当时就非常支持我的想法，后来就帮忙为我办理了四本护照。拿到护照以后，我才决定要出去创业，再加上当时也比较向往国外的生活，我就带着我太太、儿子和外甥，一起出国了。

那时，很多的仙岩老乡都已经在意大利了，所以我们也决定去那里发展。我的整个出国历程还是很顺利的。那个时候一个人想通过关系从国内出发到意大利平均要花 10 万元，有时候就算有钱也不一定顺利，会因为办理证件等各种原因遇到困难。我当时是以旅游为由办理的护照，所以四个人都是通过合法合规的途径办理的出国手续，这省了不少钱。

从内蒙古没有直飞意大利的航班，我们只能把签证办理到罗马尼亚，中间经过了很多周转，先从北京坐火车到莫斯科，然后转机到匈牙利。当时匈牙利跟中国是友好国家，所以两国公民往返不需要签证。在匈牙利待了一段时间后，我们才再转机到达罗马尼亚，最后进入意大利罗马。到达罗马后，当地的朋友开车来接我们，就这样，我们一家人开始了在意大利的定居生活。

按理说，那时候我们在国内已经是万元户，很了不起了，为什么还要选择出国呢？因为我当时觉得农村生活实在是太艰苦了，如果留在村里，按部就班地生活，那点钱早晚会花光的，还不如自己找一条创业的路，为后代创造更好的生活环境。

我在国内曾做过一笔业务，那是我在意大利摆摊赚到一点钱以后，回国内接到一单业务：帮南京、金华、衢州地区一些女子监狱的女囚犯做囚服。本来我们以为监狱生活一定是很苦很脏的，没想到去到那里一看，那些女囚犯们穿得干干净净，服装、头发全都整整齐齐，这跟我想象中的监狱真是相差十万八千里。记得我问她们辛苦不辛苦，她们都说自己不辛苦，只是不自由罢了。

我当时就想，这些女囚犯一天只工作 8 个小时，每个人还都养得白白胖胖的。可是那个年代的农民呢？他们在农村种地，8 月顶着酷暑在地里割稻子，炙热的日头照下来，农民汗流浃背，晚上吃过饭，还要去田里继续干活，把稻子割下来之后还要把上面的稻谷打下来，最起码要做到晚上 11 点才能休息，第二天早上 6 点继续起来。累趴下了，他们就直接躺在稻草里面睡觉，蚊子、蚂蚁一大堆也顾不上。就这样一天干到晚，可还是连饭都吃不饱，农忙的时候才能吃上白米饭，平时都是吃稀饭。穿的也都是缝缝补补的衣服，更不要提什么按时理发了。

有过这一次的经历之后，我更加同情农民兄弟了，所以这也促使我后来积极参与扶助贫困农民子弟上学的慈善事业。

刚到意大利的时候，我运气很好，朋友已经提前帮我们联系好，我们租到了一栋房子，一家人就有了安身之处。我出国的时候身边带了两万美元，到了罗马后还有剩余。相比之下，很多人出国到了目的地后就已经没钱了，只能在工厂里没日没夜地打工，而且因为技术不熟练，最开始那些老板也不会给工资，只是负责伙食。

我对意大利的第一印象还是很好的，这是一个很美的半岛国家。在了解了当地的经济情况后，感觉在意大利工作挣到的钱比在国内多得多，这也更坚定了我留在意大利发展的决心。我去了意大利的佛罗伦萨和罗马周边的小岛，那里的当地人都挺好的，对中国来的游客也很热情。我到达罗马时是 8 月份，当地人正在度假，所以我们也跟着休息了一段时间。本来我以为自己可能会不习惯当地人的饮食，结果我们发现当地的鸡肉非常好吃，而且非常便宜，我们就每天都去买鸡肉，整个 8 月，四个人都吃得胖胖的。

9 月份我和太太就各自开始上班了。我们在一个同乡那里打工，我熨衣服，我太太织衣服，小孩在当地一所学校读书，政府会给学生补贴伙食，这也减轻了我们的负担。

在意大利的第一桶金是摆地摊赚到的，这是受了我儿子的启发。我们在同乡的服装厂里打工，这样挣不了多少钱，就想在空闲时间做点别的事增加收入。我儿子非常机灵，读书时他每天都背着一个装满了温州打火机的腰包，每天下午三点多放学，他不直接回家而是到酒吧向人家推销打火机。

意大利人大部分的娱乐时间都在酒吧喝酒、喝咖啡、打牌，我儿子就经常去酒吧卖货。我和我太太一开始都没在意这回事，谁知一个月下来，他用零散时间卖打火机赚的钱，居然比我们夫妻在工厂里打工赚得还多！所以，我们就决定不到工厂打工了，直接到街边摆地摊，夫妻两个人摆摊摆了一年，赚了200 多万元。

赚到钱后，我回到瑞安买了人生中的第一套房子，这是瑞安首批有电梯的商品房。虽然只是偶尔回国住，但住在这套房子里总是感觉特别高兴。

我们回到意大利，继续卖货谋生。摆地摊是很辛苦的，每天要随身拎着大包、小包，起早摸黑地找地方。还好，当地人对我们还是比较友善的。最需要警惕的就是警察来检查。有时候被抓到了，我们就直接把东西都给警察，不跟他们发生冲突，下次再机灵点避开检查。我们卖的东西很杂，什么商品畅销，我就会去国内找货源。慢慢地，我们把这些货源渠道都摸清了，攒的钱也差不多了，我决定，自己开一家贸易公司。

1997 年左右，我们在罗马注册了一家公司"长江贸易公司"。这家公司是用我太太的名义注册的，当时想着如果以后遇到什么风险，至少能有一个人照顾孩子。刚开始我们没有多少启动资金，所以成立的公司规模不大，员工也不多。很幸运，公司的经营一直都很稳定，既没有积压货品的情况出现，也没有资金周转不灵的问题，一直都处于盈利状态。从 1997 年到 2003 年的 7 年间，我们赚到了一大笔钱。

公司从成立到慢慢成熟，一直都是以经营中国生产的服装为主，内衣、鞋子、帽子、围巾、牛仔裤、毛衣，我们什么都卖，而且都卖得很好。从进货到销售，我几乎都是亲力亲为，到国内进货时，顺便就会看看国内有什么货好卖，然后再找到生产厂家，跟他们直接对接，这样拿到货时能节省不少中间的成本。每天顾客都很多，从早上 8 点开门直到晚上 6 点关门，都有客人来进货，除了意大利的顾客外，还有德国、法国、西班牙等很多国家的都会来。

最开始几年服装批发的生意很好做，公司也在这几年内获得了不错的口碑。后面来意大利的华人越来越多，大家也都从事服装贸易，竞争一激烈，生意也就不好做了。庆幸的是，我们做这一行起步早，避开了竞争最激烈的时候，否则肯定赚不到那么多钱。

关于做生意的经验我的确积累了不少。就我自己的创业经历来看，以下几点很重要。

首先，生意人一定要诚信，要展现给客户最真实的情况。我们到国内进货一般要先给定金，有时候实在周转不过来时，也能凭借信用拿到货。记得有一次进货，我跟对方实话实说，自己资金短缺，但是我承诺他，货发走两个月后一定会把钱打给他。他看我很诚实，在瑞安也有房产，同意提前把发货给我。还有一次我跟藤桥的一个温州老板订合同，想进一批衬衣运到国外卖，我也是说两个月以后付，他非常信任我，还亲自帮忙联系厂家，带我到绍兴柯桥的一个布市。那个市场的老板刚好也是温州人，跟我交谈一番后，也大胆把货开给了我。最让我感动的是，那个藤桥的老板还帮我向柯桥人作保说："老蔡这种人不会跑掉，他很诚实的，他如果食言，我负责！"在广东的市场也是一样的情况。在跟厂家合作时，我从不会夸大自己的业务规模，都是实事求是地告诉对方实际情况。慢慢地，大家都愿意跟我合作，公司有了便宜又优质的货源。

其次，生意人要善于发现商机，一定要自己去观察市场，看最近的导向是怎么样的。我以前摆地摊的时候都是卖一些小商品，但也会去观察市面上正在流行什么。在我们住处附近的一个商场，我发现温州的打火机十分畅销，就向意大利老板推荐温州的自动打火机。那个老板看了觉得很不错，就向我们进了很多货，四块钱的进价，我们卖他们十多块钱，赚了很大一笔差价。还有，我们注意到外国人的胡须都很硬，一般的剃须刀根本就刮不下来，就向他们推荐电动的剃须刀，他们也都很感兴趣。在国内进货时也是如此，我一定会顺便去看看市场上大家都在卖什么款式的衣服，老外喜欢什么类型的衣服，只要找到热卖款的衣服，就会去溯源找到厂家。找厂家也是不容易的事情，有一次为了找到一款毛衣的厂家，我一路从福建找到了广东汕头。再后来，我们也不再满足于淘货，开始仿照知名品牌商品的款式，自己打版做衣服，生产自己的品牌，跟市场上的货相比，我们的货又便宜，质量又好。

最后，生意人一定不要相信有捷径可走，脚踏实地才是致富的最佳道路，世界上不存在天上掉馅饼的美事。这么多年来我的公司，包括三个孩子的公司都经营得很顺利，就是因为我们都是踏踏实实做生意的，从不做冒牌货。我目睹过有做冒牌货生意的老板，比如卖假的劳力士手表，起初他的生意很好，赚了很多钱，但是没多久就被警察抓起来了，仓库也被封了，之前赚的钱也都交了罚款，而且再也没法在意大利开公司了。短时间看他们赚钱确实很快，但是一被查到，这一辈子都毁了，简直就是作茧自缚。我们一家人从没有一夜暴富的妄想，都是老老实实地做正经生意，公司也一向合法经营、遵守当地的法律法规，从没有偷税漏税等违法行为，公司经营的每一步都很谨慎，所以从最开始准备资金到联系业务都没有遇到挫折。

总而言之，在意大利做这么多年生意，虽然我感觉到意大利人和中国人之间确实存在文化差异，但是中国人在海外就是专心赚钱，基本上不参与当地人的事务。意大利政府也是很好沟通的，只要华侨合法经营、按时缴税，他们就不会找我们麻烦。一直到 2003 年，我的三个孩子都相继成家独立，我决定退居二线，把生意上的事情交给孩子们去打理。

投身意大利华人会

创办意大利长江贸易公司 6 年后，我正式让孩子接管公司经营，自己开始负责意大利华人社团的事情。2007 年，我当选了意大利南部瑞安同乡会的会长，自此之后我就开始把重心放在华人社团的活动上。

其实，做华人会的工作是一件非常花费时间的事，一般的成员根本没有办法兼顾社团事务和自己的事业。我当同乡会会长的时候，只要大使馆打来一个电话，我们立马就要去参会，回来之后还要把会议内容转达给同乡会的其他成员。我这个人是比较务实的，因此也深得同乡会成员的信任，他们也愿意在我的带领之下参与到同乡会的建设中来。

我们社团的工作内容很多，比如关注当地华人社会、负责接待来访的国内政府官员等，最主要的还是"为侨服务"。在处理的很多侨务中，有几件事情让我印象深刻。

我是瑞安同乡会会长，瑞安同胞如果出了事，我肯定要第一个站出来协助解决的。当时有一个司机，是瑞安的华侨，一次酒后驾车他忘记把车门关好，被甩到车外当场死亡。这个瑞安老乡 30 多岁，因为跟太太关系不好才出的国，来到意大利后，没有一技之长，也找不到什么好工作，只能在仓库里面给人家搬货。他在高速公路上出车祸后他父母来到意大利，两个老人都已经 70 多岁了，我们看着非常揪心，想着这老两口以后的日子得多艰难。为了帮助他们，我们在同乡会里组织捐款，最后共筹集到 2.4 万多欧元给两位老人。这次捐款的过程中还发生了一件非常惊险的事，当时我们把捐来的钱交给一个老乡，让他去钱庄汇款，可谁知道在一个地下室里他被一个抢劫犯拿酒瓶砸了后脑，最后钱被抢走了，人也受了伤，最后是他自掏腰包弥补了这次损失。

另一件让我印象深刻的是一个女华侨的丢钱事件。在意大利，华侨很容易遇到小偷、抢劫犯。假如你在口袋里放了几百欧元，当地的扒手可以神不知鬼不觉地跑过来把你口袋里的钱夹走，等你反应过来他们早就不知道跑去哪里了。罗马当地人都知道中国人做贸易靠现金来往，所以他们总是认为中国人都非常富有。那次，瑞安的那位女华侨把300多万里拉的钱放在一个袋子里，打电话的时候她把袋子放在一边，等想起这件事的时候，袋子早就不见了！原来是不小心被人当作垃圾扔掉了，还被专门翻垃圾的人给捡到，于是当地人就传言说：中国人真有钱，连垃圾袋里都是钱！遇到这样的小偷算运气稍微好点的，毕竟他们不会伤害人。有些中国华侨白天在家，就有抢劫犯光天化日之下进来抢钱、抢东西，与抢劫犯正面相遇时，免不了要受些皮肉伤，这是更危险的情况。

我当会长期间，还给会里办了一件事，就是定了会址。我召集了很多会员开会，最后经大家同意，在意大利买了房子做会址。那时在罗马买会址的有两个华侨社团，一个是我们瑞安同乡会，还有一个是意大利罗马华侨华人贸易总会（其中我也有出资）。在担任会长期间，我就是尽心尽力管理好这个同乡会。

积极参与慈善和公益事业也是我们同乡会设立的初衷之一。作为家乡的一分子，同乡会的每个人都为家乡的建设出资出力，除此之外，我们也关注国内其他贫困地区的建设，例如2003年，同乡会成员共同出资两万欧元在湖南捐建了一座希望小学。

重回家乡建设侨联

从2003年开始，我就一直在罗马的瑞安同乡会服务。为什么后来我会从意大利回到中国担任仙岩的侨联主席，这中间有一段小插曲。

有一天，同乡会要负责接待从瓯海区来的几个领导，仙岩街道的书记陈人念也来了，接待宴会中我的位置刚好排在他旁边。那一天晚上，我跟他喝了好几杯酒，两个人相互聊天时才知道彼此是仙岩老乡。当时他就语重心长地告诉我，希望我能够回仙岩，因为当时仙岩侨联全都是快退休的老干部，亟须年轻的华侨回去改革侨联、服务家乡。但那个时候我因为没时间，就婉言谢绝了他的好意。

不久后我回国，陈书记又把我叫去谈话，再次劝说我能尽一己之力为家乡做点事，能留在仙岩侨联。这一次，我想了很久，最后决定，留下来服务家乡。从 2010 年 2 月开始至今，我一直担任仙岩侨联主席的职务。

仙岩镇是瓯海区的三大侨乡之一，有着将近百年华侨史。仙岩有一个著名的百岁华侨叫翁正存，民国二十一年就跟随他爸爸出国，他现在 102 岁，身体非常棒，住在法国巴黎。他的存在就证明了我们仙岩的百年侨乡历史。现如今的仙岩华侨分布在世界 28 个国家和地区。如何凝聚海外华人的心、力量和智慧，打造仙岩的"侨"品牌，是我们仙岩侨联成立 30 多年来一直追求的目标，也是我上任近十年来的主要任务。

其实刚来到仙岩侨联的时候，我和老一辈的侨联同志对侨联的建设问题产生了观念冲突。当时这个侨联是很没有生机的，之前的这批老同志年纪大了，只想要安安稳稳地守住侨联，不想再求变求发展。侨联的办公楼也被他们拿来打牌或者出租，侨联建设工作几乎停滞了。老同志说他们在这里已经守了 20 年了，只想在这里安度晚年，不想再折腾了。对此意见，我不敢认同。

我就告诉他们，侨联要是不发展，连接待考察团的资格都没有，还谈什么打造"侨"品牌？当时我心里是非常难受的，身为侨联一员，他们却为了自己的安逸而损害了侨联的发展。也就是从这以后，我就下定决心，一定要为侨联做点事，带领其他同志把仙岩侨联建设好。

我先发动大家集资，把侨联这栋办公楼装修好，到时候可以用来接待全国来的考察团，更好地宣传我们仙岩。一番革新之后，侨联的办公楼跟以前完全不一样了，一进去就有咖啡厅、办证大厅等。接着，大厅内的文化活动中心也建起来了，这也是宣传我们仙岩侨联的重要板块之一。我非常重视仙岩"侨"品牌的建设，想要吸引华侨往家乡投资。只有做好长久性的项目规划，引领更多的海外华侨为家乡建设添砖加瓦，侨联的作用才能发挥出来，家乡才会越来越好。

仙岩虽然地方不大，但是侨联的工作却很忙，工作内容很多很杂，最主要的就是为仙岩海内外的华侨服务。前几年，我们一直忙着帮华侨恢复户口。很多华侨回国后对国内很多业务流程都不熟悉，一些必不可少的证件都是我们帮忙办的。单是帮回国的华侨恢复户口这回事，就花费了我们侨联很多心血，要对接每个人的信息，然后去相应的单位办理，还有一些人没有身份或户口信息的，他们想要出国，都是侨联想办法给买的机票。

除了处理基本的侨务之外，侨联还会为归国华侨组织一些活动，比如集体旅游，他们每次都玩得特别开心。我们也会发动侨联的伙伴们积极参加到公益事业中去，2019年永嘉发生水灾，在没有正式通知的情况下，就有人在微信群里带头捐款，几个小时的时间就筹集到了49万元的救灾款。

仙岩侨联的建设并不光靠我一个人，团队的其他成员也都付出了很多的心血。大家都期待家乡能够变得更好，都愿意尽自己所能，为侨联工作投入时间和财力。

除了处理侨联的日常工作，我个人还积极参与了仙岩的建设。回到仙岩后，我和几个伙伴一起，总共投资了6.8亿元，建成仙岩第一家五星级酒店——华美达大酒店。酒店的建设还是比较顺利的，政府支持我们，资金周转也没问题。唯一遗憾的是，我们满心期待酒店开张大吉，但是开业没多久就碰到疫情，很

早期仙岩华侨出国谋生的工具

多华侨都没办法回国，酒店的生意也受到影响。厨房很多昂贵的进口海鲜，比如几百块钱一只的龙虾等，因为疫情的影响最后都被处理掉了，同时酒店还要给这么多员工付工资。不过我相信，等疫情结束，生意肯定会越来越好的。

除了华美达酒店之外，仙岩还有其他华侨投资的大项目，比如华庭公馆、十方源鞋业有限公司等，这些项目总值共有十几个亿。

希望总在下一代

担任侨联主席期间，经常要四处走访。其中，我印象很深刻的一次走访就是十年前在瑞安陶山。刚到这个地方时，我们走到一户非常贫穷的村民家里。听当地的村干部介绍才知道，这家男人因为生了重病，老婆跑了，留下两个女孩，一个6岁，一个8岁，都是又瘦又黑的。我想看看他们平时都吃些什么，走进他们的厨房，打开橱柜和锅盖，里面什么也没有，像是好几天没烧过饭了。我当即从钱包里掏出2000块钱，想要送给这户人家，可是被村干部阻止了。他告诉我，如果按照这样的做法，就算带了20万元的现金，在这个地方也是不够发的。

大家接着往村里走，果然每家每户基本上都是贫困户。走访的过程中，我一直很揪心，想着他们以后该怎么继续生活下去呢？最后临别时，仙岩侨联向当地村里捐了四万块钱，希望这笔钱能够帮到他们，但我知道，这只是杯水车薪。

对于这些非常贫困的人家，我一直在思考，到底有什么办法可以改善他们的生活？

有一年，仙岩这边的一个华侨在国外的服装厂打工时遭遇火灾去世了，但他还有两个孩子在国内，一个在上初中，一个在上小学。我们侨联一个在法国巴黎的成员就每年资助给这两个孩子每人5000元，一直到他们大学毕业。对于这位朋友的做法，我是非常赞同的，要帮助脱贫，一定是要让我们的下一代接受教育。现在我听说这两个小孩的家庭情况也有了好转，我为他们感到高兴。

在仙岩，像这样的华侨留守儿童是非常多的，大家知道，不是所有的华人出国都能有机会成为老板的，有些华人出国后依然是卖苦力的打工人，他们的子女就留在爷爷奶奶身边。我们仙岩侨联非常关注留守儿童的成长，为留守儿童举办夏令营活动，已经坚持 7 年了，我是这项活动的发起人。整个温州有十家举办留守儿童夏令营的，其中瓯海区就只我们仙岩这一家。夏令营活动内容很多，我们会为学生提供吃住，请大学老师来上课，整个夏令营对孩子几乎都是免费的。

就我个人而言，我还打算和侨联团队的几个朋友在退休之后去四川大凉山专门资助几个孩子。那里是被称为"中国最贫困的地方"，有一次我在新闻报道中看到生活在那里的孩子们，家里都很贫困，衣服穿得破破烂烂，一个个都面黄肌瘦的，看了之后让人非常心疼。我希望能一直供养他们到大学毕业为止。但个人的力量实在有限，所以我也希望有更多的人参与其中，能够多帮助身边的人，帮助我们的下一代，只有这样我们的社会未来才会越来越有希望。

说到我自己的下一代，我有三个孩子：一个儿子、两个女儿，现在都在做中意进出口贸易。他们的公司都经营得不错，孩子们也没有什么负担。平时他们就各自在公司里忙，家里雇了保姆，不用自己去操劳家务事。我的孩子们也都支持我回国服务家乡。我家族的第三代都是在国外出生、长大、受教育的，但是我还是会要求他们每年的假期回国来接触中国文化，希望他们能保持自己的家国情怀。

针对这些第三代华侨子女，我们侨联也一直在做工作。由中华全国归国华侨联合会与国家汉语国际推广领导小组办公室联合组织的"汉语桥"，在仙岩也开了三个班，每个班为期 45 天。我们带领这些华侨子女去温州博物馆、温州乐园，还带孩子们游览仙岩景区，教他们做包子、做饺子，教他们学炒菜、做点心，整个课程内容设计很丰富。所有这些活动都是为了让他们感受祖国文化，让海外华人及其子女找到家的感觉。

一直以来我都不算是一个严格的父亲，和子女都是像朋友一样在相处。这样的相处方式，做家长的比较轻松，做小孩的也感觉自由。对于第三代，我是希望他们能回国发展，但最终还是要看他们自己的意愿，不会强迫他们。他们这一代人和我们是不一样的，他们从小接受西方教育，更习惯在那个环境中生活。但我们中国现在发展这么好，也正是需要人才的时候，如果他们能够学有所成回国的话，我一定会大力支持。

现在新一代的华侨子女，基本上都出生在条件优渥的家庭，但我不希望他们变得不爱拼搏。我一直认为，只有靠自己的双手创造的财富才是值得骄傲的。平常也会经常告诉他们，不能只想着依靠家里，只有靠自己的方式挣钱才踏实。

当然现在这个时代，想要获得成功，必须凭专业技能、科学技术了，不像我们那个年代，大家教育水平都有限，刚好又碰上改革开放的时代，可以说，我们是凭着一股蛮干的力量，赚到了一点钱。当年在意大利的时候，我就经常感觉到缺少文化知识给事业发展带来的困难。现在我们家乡还是有很多农民、工人想要出国去赚钱的，但是现在传统行业已经不好做了，市场开始转型，需要的是高技术的人才，不再需要普通的劳动力了。所以现在想要出国的，一定要做好心理准备，国外创业的路是很难走的，一定要有特长、有实力才行。

我们也把希望寄托在下一代人身上，希望他们能够把自己的专业学精，希望他们有融入国际市场的专业水平。几十年前的华侨是赤手打天下，现在新一代的华侨是在国外深造，我非常希望他们都能利用在国外学到的东西帮助家乡发展。我也非常鼓励更多的华侨能够回到家乡，为家乡建设出力。

当了快十年的侨联主席，我深深知道一个人的能力是非常有限的，如果说能为家乡做点什么，大概就是尽自己所能把侨联的工作做好，为更多的侨民们服务。2021年底，仙岩侨联就要进行换届选举了，我期待有更多的年轻人加入到侨联建设中来，年轻人越来越多，侨联才会越来越有活力。长江后浪推前浪，我对新一代的华侨充满信心，坚信他们一定能够超越我们。我也相信政府，他们有专业的团队，有统一的规划和建设方案，我对家乡的发展充满信心。

心里最爱的还是家乡

算起来，从38岁到罗马，我在罗马总共待了30年。罗马是一个很宜居的地方，我非常喜欢这座城市，包括我在内的很多亲戚都买了罗马的房子，就

蔡玉弟获"最美瓯海人"称号

是方便以后能随时去居住。我最喜欢意大利的饮食文化，在意大利，我们很少会去光顾当地的中餐馆或者日本料理店，大家都非常喜欢吃意大利当地人做的菜。我以前没吃过生的肉制品，接触到意大利餐后，发现他们做的生鱼肉、生牛肉都挺好吃的，我觉得比中餐还好吃。十几年前，我曾经到一家意大利自助餐厅吃过一次饭，现在还记忆深刻，当时的费用是每个人 150 欧元，折合成人民币的话要 1500 元左右，但我觉得这个钱花得还是很值得。

不过，罗马再好，我心里最爱的还是家乡仙岩，这也让我放弃了罗马舒适的生活，最终选择回到家乡。

仙岩是一个好地方，整个镇面积大、空气好。我现在居住的小区就在风景区门口，小区后面又有公园又有小溪，真的很漂亮。再加上仙岩最近几年发展得非常快。记得我刚出国那会儿，国内路上连辆私家车都见不到，所以刚到国外时，我就被满街的小汽车震撼到了，想着什么时候家乡也能够这么繁华就好了。在意大利前十年的创业阶段，我虽然经常回国内，但都是在广东、福建那几个省进货，很少回到家乡。现在的家乡和以前差别太大了，几乎家家户户都有小汽车，生活条件也比以前好了很多。

我还想讲一个跟我父亲有关的故事。父亲去世前留下攒的十几万元，他在生前就一直想为家乡、为村里面做点什么。在我父亲那个年代，交通工具不发达，大家出行基本上都是靠步行。他有一回赶路经过一个村口，发现那个村口旁居然设有伏茶点，专门为来往的路人提供茶水和歇脚的地方。这个见闻让他感触很深，受了人家的恩惠后，也想回报社会。我父亲就提出想在我们家乡建一个路亭作为伏茶点，让来往的人能有个避风雨的地方。于是，我和当地政府说了父亲的心愿，也愿意出资建路亭，但是后来考虑到村庄建设的总体规划，父亲的这个愿望最终没能实现。但是父亲的这份心意我会传承下去。

自20世纪90年代到意大利之后，我中途每一次回国都是为了公司的生意。现在我是彻底打算在仙岩发展了。在侨务方面，我现在也没有做具体的规划，就是想要把仙岩侨联交给下一届的年轻人，希望他们能接上我们的班，把我们侨联建设得越来越好。

至于我接下来的打算，不敢说是梦想，但我个人的爱好，就是旅游。以前不管是跟着家人还是跟着社团，旅行这件事都会让我觉得很开心。我去过很多的景点，印象最深刻的是有一次随同中国其他地方的侨领们到沈阳，看到了一种用来钻山洞的机器，那个机器整个都是刀片。后来，我了解到这种机器是和德国合资的，一天能打钻20米，很快就能把整个隧道做好，当时我就想如果我们家乡以后也可以引进这样的设备那该多好。

趁现在还有体力，我想要去国内外各地再看看。到现在我还有一个遗憾，很久以前我去过一趟青藏高原，4000米的山都去爬过，可就是没有去过拉萨。所以从侨联退下来以后，我要去一次拉萨，完成自己的心愿。

其实，我是一个心态非常好的人，从最早出国到现在一直都没有变，结交的朋友、喜欢的东西都是年轻化的。我已经环游过半个地球了，以后还要坚持环游下去，把世界的好山、好水都走个遍，看更多不一样的美景！

温怀钦：报母恩，永远扎根故乡

温 怀钦

1955 年 7 月 3 日生于今瑞安市马屿镇，初中辍学到马屿食品厂做学徒，24 岁成为副厂长。改革开放后，于河南项城县成功创办啤酒厂。1988 年起出国赴奥地利创业，在萨尔茨堡州成功开设"阳光饭店"，有"最美餐厅"之誉，并创立温氏实业公司。2007 年创建奥地利浙南商会（现奥地利浙江商会），2015 年任创会名誉会长。2017 年出任 Ecclnvest 投资有限公司董事。现为欧洲华侨华人社团联合会副主席兼副监事长。

访谈时间：2021 年 8 月 11 日上午
访谈地点：瑞安市马屿镇故园街 24 号温怀钦家中
受 访 者：温怀钦
采 访 者：王红霞、何路铮、郭垚
录音、摄影、摄像：何路铮
文字整理：何路铮

六岁那年，我向母亲下跪发誓

1955 年 7 月 3 日，我出生在温州瑞安的马屿。我们家一共五个兄弟姐妹，我是老大，下面还有两个弟弟，两个妹妹。

我妈妈是文成玉壶人，她是富裕人家长大的女孩子，在家里很得宠。我外公 20 世纪 30 年代就出国了，先到新加坡，再去法国。他在法国种田、种菜，赚了钱以后就回到玉壶买田、买地，再也没出去过。但是解放后，我外公被划分为地主，所有的田地都被收走了。

我爸爸则是从小孤苦伶仃，不到三岁的时候，他妈妈就去世了。我爷爷要经商赚钱，顾不上他，是他姑姑把他拉扯到了十来岁。他在家放牛到 14 岁，然后去了马屿岩头（今属马屿镇马岩村）给人家当学徒，学做烟草。

我妈妈家里几房 10 个兄弟，只出了她一个女孩子，从小娇养，没吃过苦。她和我爸结婚，是下嫁。我爸爸上无片瓦，下无寸土，却有抽烟、打牌的坏习惯，多年来一直改不了。他后来去供销社工作，每个月工资 24 元，按理说是可以维持生活了，但因为没有自己的房子，房租钱加上烟钱、牌钱，月月捉襟见肘。爸爸、妈妈经常为了钱吵架，家庭不和睦。

我 6 岁的时候，有一次，家里欠了四块钱的房租，已经欠了两个月了，房东恶狠狠地向我们一家要钱："你们再不交房租，就马上给我搬出去！"家里已经穷到没钱吃饭了，妈妈没办法，就跟我说："孩子啊，这个家，妈妈实在是维持不下了！我也不会带你了，今后，我们就自己走自己的路。"我"扑通"一下跪在了她面前，说："妈妈你不要走，我长大了，不打牌，不抽烟，一定有房子给你住！"听完了我的话，妈妈轻轻摸着我的头。在那之后，妈妈就把这个家所有的希望都寄托在我身上，而我也牢牢记着小时候的诺言，让妈妈每时每刻都以我为荣。

我 11 岁的时候，经由马屿区政府安排，一家 7 口住进了马屿中学废弃的养猪场里。养猪场是村子最偏僻的地方，人迹罕至，山后面就是坟堆。晚上睡觉的时候，经常会有蛇从墙上爬过来。那时我家已经有五个孩子了，妈妈按照计划生育要求做了结扎，手术后我给她端茶倒水，照顾她的生活起居。手术做完一年后，妈妈又怀孕了，不得已再次动手术，也是我来照顾她。过了两年，妈妈由于输卵管意外发生破裂，情况非常危险，又必须马上做手术。

这次做完手术回家，她就偷偷地拿了一瓶敌敌畏，放在自己的床底下，结果被我发现了。我倒吸一口凉气，急忙过去握住妈妈的手："妈妈，你千万不要这样做！今后你就好好地住在家里，你就是不会走路了，躺在床上，我都愿意赡养尔、照顾你。"妈妈很感动，也很欣慰，从此再也没寻过死。

我是家里的老大，始终像我妈妈贴心的棉袄一样，无论我去再远的地方，一颗心总是在妈妈的身边。

冬天光脚上学，当上了班主席

那时我在马屿区中心小学念书，寒冬腊月，就光着脚去上学，袜子、鞋子什么都没得穿，寒风刺骨，冻得受不了。但我读书成绩很好，在学校里都是第一名。旦上起来我一边烧饭，一边看书；一会儿看语文，一会儿看数学。我遇到了一位叫杨凤霞的启蒙老师，她很关照我，二年级的时候，她让我当上了班

温怀钦的老家在瑞安马屿

主席。三年级四年级的时候，我成了大队长。我读小学时是班级里家庭最困难、条件最差的同学，但是仍然能够把书读好，保持自己的志气，最后成为一个非常有前途的人，这都要归功于杨凤霞老师。是她培养了我，让我心中攒着一股劲，在后面的人生道路中，把这股力量释放出来。她今年 80 岁了，还健在，我经常去拜访她。

小学毕业后，我去了马屿中学（今瑞安市第六中学）。读到第三学期，初二还没读几天，马屿区政府就安排我到马屿食品厂当学徒。因为我是居民，有户口在，考虑到我家庭困难，政府就先给我安排工作，让我用赚的钱维持生计。我的成绩很好，也很想继续读下去，但是家庭困难，还要供弟弟、妹妹读书，只好先去工作。何况妈妈的身体也不好，我又是家里的老大，家里的重担必须靠我挑起来。早早地失去了读书机会，一直是我心中的遗憾。

我去厂里工作后，家中情况稍微好转——妈妈带着病去纤维厂上班赚钱，爸爸从供销社调到了商店，自己也摆摊做点小生意。那个年代大家生活都困难，但是我们一家格外困难，还要靠外公、外婆，以及许多街坊邻里帮助。外公、外婆一旦知道我们一家又吃不饱饭了，就会从文成老家带些地瓜丝之类的粮食来接济我们。还有很多人帮助过我们一家：我同学的妈妈会把自己孩子穿过的衣服拿来送给我们家的孩子穿，我的班主任吴老师也曾把她孩子的衣服送给我们一家人。我永远记得这些帮助，也永远感恩帮助过我们的人。

后来，二弟当兵去了，家里需要开销的人一个个少了，日子才慢慢过得去了。

初中没毕业，却办成了一座啤酒厂

我在食品厂当学徒的时候非常辛苦，要完成老师傅布置的大量工作，包括计算今天用了多少原料、有多少成品送过去等。这样的努力也带来了回报，在食品厂的年轻人当中，我的工作成绩优异，评选上了优秀共青团员。工作到了第四年，我又被聘任为团支部的宣传委员，这些荣誉都是对我工作的鼓励。工作到第五年的时候，因为厂里的东西我都懂了，对生产所需的原材料了解得很清楚，技术水平也跟上去了，食品厂就安排我去当糕饼车间的主任，调度生产。工作到第 8 年，我被任命为马屿食品厂副厂长，那时候我大概是 24 岁，是整个马屿区最年轻的干部。

当副厂长的时候，厂里有了制冰机，我们就想到去做饮料、做啤酒。我前后一共去过好几个厂子学习，钱塘江啤酒厂、齐齐哈尔啤酒厂等。我去那边先学习理论知识，后观摩他们是怎样操作的。学回来以后，我们请了专业的师傅，加上自己厂里的工人，用土法把啤酒做出来了。做啤酒的工艺、流程其实都是一样的，一共四道工艺——麦芽的发芽、烘干、糖化、发酵。三十几年过去了，我对于怎么做啤酒还是有很深的印象，即使现在叫我去生产，我也能说出个大概。

改革开放后，我离开了马屿食品厂。河南省项城县想造一个啤酒厂，苦于没有人才，就把我聘请过去了。我在那里主要负责传授工艺流程。我是个连中

1981 年，温怀钦（一排左二）任马屿食品厂副厂长时与工友合影

学都没能读完的人，但是那时候，厂里 31 只发酵罐，全都是经我计算之后设计的。每一只罐容量是 1 吨，我要测它们的长度，再用公式计算容积。我和老婆说起这件事的时候，她都吓了一跳："这么大一个啤酒厂，国家投资了 70 万元，你要是没做好，是要去坐牢的！"

我最后把 31 只罐子做出来了，并且教给工人正确的使用方法、制作啤酒的四道工艺，在细节方面处处做到位——1983 年，啤酒厂办成功了。后来项城县啤酒厂和开封市啤酒厂进行联营，所有的技术都由开封市啤酒厂支持，我完成了任务，也就从厂里退掉了。

身揣两美元，孤闯奥地利

小时候，身边的亲戚曾告诉我，出国可以挣外汇，为自己的国家、家庭争光，在我的心里种下了出国的种子。

帮助项城县成功创办啤酒厂以后，在西班牙的表姐夫周克斋邀请我出国，我就向河南省公安厅提出申请。作为工艺流程技术指导员，我很受县市领导重视，于是顺利得到了出国批准。

1988年，我和我的两个表亲一起出发。我们三个一路上互相帮忙，两个表亲懂英语，对国外的情况很熟悉，路上的交流沟通他们帮我，经济上我帮他们。我们从内蒙古二连浩特出境，途经苏联、罗马尼亚、捷克，我们一路都是有签证的。因为我的目的地是西欧国家，我们先在罗马尼亚逗留了一个月，又在捷克等待了一个月，然后到了匈牙利。

在匈牙利，我在西班牙的亲戚给我买了飞机票，办了居留卡，让我去办签证。签证办完后，西班牙驻匈牙利的大使馆允许我在三天时间之内从奥地利过境，我的目的地正是奥地利。那是1988年12月中旬，快到圣诞节了。那天晚上我买了一张从匈牙利布达佩斯到奥地利维也纳的火车票。我的两个表亲打算去德国，我们就此分开。我出国的时候带了300美元，在布达佩斯买完车票，坐上车以后，只剩下两美元留在身边。直到今天，我还把这张两美元当作纪念品一直保留着。

我对维也纳的情况一无所知，心想："我到了这里，虽然没钱，但是只要有中国人在的地方，就肯定有中国人帮我的忙。"

来维也纳之前，我的一个亲戚写了个地址给我，说他的一个远亲在这个地方，让我到了奥地利先去投奔他。我一上来就把这个地址递给出租车司机，说你帮我开到这个地方。我本来以为这个地方在市郊，出租车开过去几分钟就到了——结果开了一个小时还不止，我都怕死了！我看司机旁边那个计价表啊，上面的数字"蹭蹭蹭"跳到1000多块钱，我哪里去拿这么多钱？我身边没钱啊！

开到地方，是一家饭店，老板的名字叫李文秀，是一个台湾人。出租车停在店门口，司机说就是这家。我就进去问老板，和他说我想找这个人。结果他说这个人不在他那里。原来我要找的人以前确实是在李文秀这里打工的，但是他前几天恰好返回维也纳了。我站在那就傻掉了，我哪有钱给出租车付账呢！

只好和李文秀说："李老板，你帮我和这个出租车司机打个招呼，把我送回维也纳20区，因为我找的人就在那里打工。"他说可以的。这个台湾人还是客气的，他和司机说："你把这个客人带回去，钱那里有人付给你。"出租车沿原路开回去不算在路程里，但是我坐的那辆车上，计价表上的费用已经高达1300先令了，在当时相当于600元人民币。我像个傻瓜一样坐在出租车上，返回维也纳去了。

万般困窘日，从头再来时

再从车上下来，就到了维也纳20区的长江饭店，老板叫严志柒，我要找的人就在他店里当大厨。找到那人之后，我拜托他先帮我垫付出租车费，他却说自己身上一分钱也没有——"你找我们老板要。"严老板摆摆手，拒绝了。出租车司机还在车上等，我只好对严老板说："这样吧，你借我1000先令，我先付给司机，还有300就不要了。"他很怀疑，问我："你这样出国的人，身上难道一分钱都没有吗？"他又催促说："你要是身上还有美元，就快点自己拿出来。"因为以前也有骗子出来骗钱，他怀疑我也是正常的。我说我真的没有，走投无路了，第一次碰到这样的情形。

我后来出了个点子，就问他："你能不能让我打两个电话，一个打给西班牙，一个打给意大利，找亲戚。"他一想，可以。他的饭店门口就有一个电话亭，他拿了两块硬币，第一个硬币放进去，打去了西班牙，在电话里说："你有个亲戚在我这里，你等下再打个电话回来。"他把自己的电话号码给了我的亲戚。又打了一个去意大利，也是这么说。不超过五分钟，电话就打回来了，亲戚说："我的表哥在你这里，你放心，要用多少钱，我之后给你。"

有这句话他就放心了。他替我拿出1000先令，付给开出租车的，出租车司机很生气："我给你开过去又开回来，你只给我1000块？"我只好双手合十连连道歉："对不起啦，只有这么多钱。"当时的情形就是这么辛酸。

出租车的费用总算解决以后，严志柒暂时收留了我。我在他那待了四天，我说我还要到西班牙、意大利去，他说："你就不要去了，我给你找一份工作。"

2003 年初，温怀钦在自己创办的阳光饭店

　　他在维也纳 19 区给我找到一家饭店——翠园饭店，老板叫鲁家贤，绍兴人。这是我在国外的第一份工作。上班的第一天是 1988 年 12 月 25 日，刚好是圣诞节，一年中最忙的节日。刚去的时候我什么都不懂，就在那里当徒弟：拖地、洗厕所、洗碗、打下手。做了三个月。我很上进，做熟了以后，位置慢慢地上去了。

　　翠园饭店很多厨师都是从四川的饭店请过来的，也有两个是从杭州的饭店请来的，都是有名的大厨师。我跟他们学，学他们的厨艺、摆盘等。我之前是不会烧菜的，三十几岁开始学，慢慢入门，学得也比较快。在翠园饭店干了七八个月后，我的两位文成老乡梅守取、胡克荣，把我介绍到一家庸记饭店去工作，在 900 千米以外的乡下一个叫布雷根茨（Bregenz）的地方，那里提供住处，我和一个叫吴黎明的杭州大厨住在一起，他也教了我不少烹饪技术。

　　庸记饭店的老板是台湾人，他主要是看手底下的员工能不能干、力气大不大、动作快不快、能不能帮他多干活。我带出来两个皮箱，背了个包。因为到庸记饭店去不知道有多远，我也不敢再打车，就提着两个箱子，大老远从火车站走到饭店去。老板一看到我就很高兴了："哇，这个人很有力气！"刚开始我在那里当三厨，就是给他们做沙拉啊包春卷啊，打下手。当了二厨才能去炸油锅，当了大厨才可以去炒菜。老板知道我是从有名的翠园饭店过来的，就开始培养我。我年轻的时候力气大，动作也快，厨房的人在这边炒菜，我在那边帮厨、洗碗，什么事情都干。工作很累的，你从这边跑到那边，跑一趟的同时还不能空手，把东西拿到这边还要把需要送到那边的东西带回去。

这样我就慢慢地从三厨做到了二厨。有一天我在炒菜，过油的时候勺子柄很烫，我刚把油倒进去，不小心就烫到了手——手上马上就冒起了一个很大的水泡。我在那里一边炒菜，一边咬牙忍着手上的烫伤，眼看着水泡越肿越大，最后在整个手背上肿成乒乓球大小，我还是坚持上班。被烫伤半个月后，伤口还是很疼，晚上睡觉疼得钻心，要挂着吊带才能睡。老板十分赞赏我的能力，后来也帮助过我许多。

凭十年真心，破流言蜚语

出国这么多年，感恩许多人，最要感谢的是我的老婆。她是过去食品厂里的老师傅介绍给我的，瑞安人，原来做烫发、理发的，有一些积蓄。结婚后，她全力支持我出国打拼。一路走过来，她是功臣，不仅一个人守住了我们的家，并且把两个女儿也培养得很好。她为了我，放弃了工作，在家照顾一家老小。每天省吃俭用，精打细算开支，用最小的成本为女儿们补充营养。婆媳之间本来很容易有矛盾，但她能体谅我的不易，对我的父母都很孝顺。人不能忘本，我们是一个家庭，在奥地利再苦再累，我也没有变过心，一心只想把我们这个家维持下去。我一个月最少要和她通两三封信，电话也经常打，问问她的近况如何，家里情况怎么样。

出国之后，我在外辛勤工作挣的钱足够支撑家里三代人的开销，然而在1989年，家里却意外欠债。妈妈为了让二弟也出国，向别人借了四万块钱高利贷。当时这些钱在我们瑞安东门可以买一套房子了，结果钱全部给人家骗走了——那个声称带弟弟出国的人，到了云南就把钱拿走了，人却没带出去。高利贷的利息很吓人，要还的钱加到了 4.5 万元，我妈妈就在家里天天抹眼泪。

我和老婆说："我把钱带回来，把妈妈欠的钱都还掉。"1990 年，我第一次回国，提着一篮子钱，挨家挨户地将妈妈欠下的债还掉了。在外面一年能赚十万先令，按当年的汇率刚好够换 4.5 万元人民币，全都用来给家里还债了。

自从来到奥地利，我只回过两次国，很多人在我老婆面前说我在国外这么长时间，有了新老婆，孩子都生下来了。她是半信不信，因为我把钱全部寄回家里去了。1998 年，我申请把老婆带出来，第二年又把两个女儿也带到了奥地利，她们才知道我在国外的情况。那时我已经在蒂罗尔州胡钧翰的饭店里工作了，当初介绍我去庸记饭店的梅守取就是他亲舅舅。

我把妻女都安顿在维也纳，让女儿们在维也纳读书。不少出国的中国人会去租房子，但我借钱在维也纳买了房子，这样老婆、孩子来了就有现成的房子住。我当时向胡三绍借了 7 万先令，向胡钧翰借了 10 万先令，又向银行贷款了 50 万先令。贷款是拿房子向银行抵押后借的，我把抵押放在律师那里。老婆、孩子来之前，我就已经把房子买下了，先租出去，用每个月的租金还一部分贷款。

慧眼识宝地，厚德养堪舆

老婆和孩子也来到国外后，我就打算自己开一家饭店。我在萨尔茨堡的饭店，堪称天时地利人和。

这家店在马路边，在我接手以前已经空了四年。奥地利有很多华侨都想过要盘下它，所以很多人来看过，但是都没谈成。我一个老乡告诉我说："老温啊，萨尔茨堡有一家店，我们都谈不成，你去看看。"我向老乡要了地址，给这家饭店的房东写了封信。一收到信，房东就马上给我打电话："温先生，请你过来吧。"他后来说，看到我的字写得很工整，觉得写字和做人一样，我这个人肯定也不差，因此对我印象不错。

当周的星期四我就过去了。房东是台湾人，饭店是他买下来的，用来出租。

人家说在这个地方开饭店是没有生意做的。因为附近就有一家餐馆，叫"莲花饭店"，是另外一个台湾人开的，垄断了这座城市的中餐市场。我盘下的这家店上海人和香港人都陆续来开过饭店，最后都倒闭了。

这家饭店是一栋三层楼的别墅，我进去一看，里头比较乱，很多地方需要重新打理，难怪之前很多人看不上。但是我又注意到了这家饭店后面靠山，3000 平方米的地面，600 多平方米的建筑占地面积，上下加起来有 1000 多平方米的实用面积，交通便利，四周都是旅游胜地，有很好的发展空间，于是立刻拍板："老板，价格我们可以谈，这个房子我要了。"他很惊讶："啊？你这么确定？"后来我就跟他谈价格，谈完价格以后，我说："我还有一个要求，你把前面朝西的、本来是留给老外开咖啡店的店面也租给我。"我又说："你再把楼上的房间也给我一些。"他都同意，那我就很痛快地租下了他一半的底层店面和楼上的 7 个房间。我们约定好时间，就签了合同。

我第二次去时，本来路上都在下大雨，还有十分钟路程的时候，天气突然就转晴了，一路上都是阳光。后来我在想饭店取什么名字好，想出来的名字都不满意，最后觉得还是阳光好——万物生长靠阳光，我就给饭店取名叫作"阳光饭店"。

2003 年初，阳光饭店开业了。刚开始饭店的生意并不理想，这一年又刚好遇上非典。我就和女儿们商量，我们要打广告，把我们当地的政府要员都请过来宣传。我是店里的主厨，负责炒菜。我的技术不错，以前不管去哪家饭店，只要是我帮他们炒菜，那些饭店都能赚钱。现在我开了自己的店，靠自己的手艺，慢慢地，生意越做越好。阳光饭店开业的头几年，每过一年，我就把饭店翻新一次——这样饭店看起来永远是新的，永远充满阳光。

2004 年 12 月，经过两年的努力经营，我攒了一笔钱，把整个别墅和地皮全部买了下来。又过了几年，我逐步把餐厅的花园改造成有中国特色的小桥流水长廊，还在里面建了八角凉亭，在屋顶上铺上琉璃瓦。甚至有客人推崇我们餐厅是全奥地利最美的餐厅，表示来我们餐厅吃饭，感觉好像到了中国一样——当然这些都是他们夸张的话。

于饭店能够成功，我觉得天时、地利、人和缺一不可。我在奥地利的中餐馆里十几年的工作经验，就是天时；而这家饭店的位置虽然稍微偏离市中心，但是四通八达，可以接待四方来客，这就是地利；至于"人和"二字，我们中国的孔孟之道教育我们，做人要善良一些，才会得到好报。我告诉两个女儿："你们一定要永永远远地把饭店开下去，应该像爸爸一样，多做些善事。'风水轮流转'，只有用自己的厚德去滋养，才能把风水保持下去。"

温州"菜刀"在海外

过去温州人在外面开餐馆，基本都能发财。少数人会拿着发财的钱去赌博，把赚来的钱都送到赌场里去了。当然，大部分人都是勤勤恳恳的。以前只要你这个人勤劳、肯吃苦，那肯定都有钱赚。但是现在你要是再去国外开饭店，就没那么好赚了——现在赚钱单单靠勤劳是不够的，还需要头脑。

中国菜在奥地利一直很受欢迎，我们的服务也很周到。客人一到你的餐馆里面，首先要看卫生条件。比如我们一起去一家餐馆吃饭，肯定先要看看环境干不干净，对不对？如果不满意，下次肯定也不会再来吃了。我们阳光饭店很注意卫生，讲究餐厅要整洁，这样从外面看进来饭店里是很清爽的，我们的客人也吃得放心。

在奥地利的华人不多，包括留学生在内大概有三万五千人到四万人。我在萨尔茨堡开的中餐厅里面，客人全是老外。我家中餐厅走的是中高端路线，到现在为止，我们推出的菜色，基本上客人都很喜欢，没有一道是不受客人欢迎的。

过去的老牌菜，比如说最出名的四川菜——八宝辣酱，在每个中餐馆里都很热门。八宝辣酱里面什么东西都有——猪肉、牛肉、鸡肉、香菇、木耳、笋干这些食物炒一道杂烩，口味以辣为主。川菜最受欢迎，像宫保鸡丁、麻婆豆腐等。国外的中餐馆里头都是以四川菜为主，口味清淡的代表菜比如江浙菜销量一般，因为老外就喜欢吃甜酸的、辣的，口味清淡一点的菜老外不爱吃。我们的菜到了国外，口味上也会稍微有变通。

开饭店不能故步自封，不然老外会慢慢觉得怎么吃来吃去老是这个味道？所以现在我们主要经营亚洲融合菜——以中国菜为主，混合日本料理、泰国菜、马来西亚菜等，这样生意才能越做越好。现在我们的饭店也经营自助餐，什么吃的都有，客人来了先自己点菜，都是新鲜的食材，铁板现炒。经营饭店必须要懂得与时俱进，要是现在还只做八宝辣酱这些菜给客人吃，他们下次就不来了。如果不去变通，不去继续发展，生意是做不起来的。

浙南商会总是走在前面

2007 年，我想在奥地利把永嘉、文成、瑞安等来自温州地区的侨胞们组织起来，搞一个温州同乡会。但是我女儿和我说："老爸，你不要建什么同乡会，现在我们中国搞经济建设，你建一个商会就好了。"于是我就组织建立了浙南商会。

为什么要叫"浙南"商会呢？很多人不明白。当时的中国侨联副主席李祖沛问过我："温会长，每个国家都是温州商会，你为什么要叫浙南商会？"我说："原来的温州地区就是浙南地区，《温州日报》原来就叫'浙南日报'，而且浙南商会里面有很多永嘉人，永嘉上塘历史上是浙南红军军部的旧址，有很多红军牺牲在那里，我们要发扬他们的光荣传统。"大家对我的表态很赞赏，纷纷说："温会长，原来你还能想到这一点。"

奥地利浙南商会在侨界享有盛誉。2008 年国内南方雪灾，我们带头参与整个奥地利的侨界捐助；5·12 汶川地震发生的时候，我们积极发文登报募捐。只要祖国需要帮助，我们总是快速响应，走在其他侨团的前面，浙南商会在全奥地利、全欧洲都打出了知名度。

商会成员来自温州各地，包括之前提到的梅守取、胡钧翰他们。大家相聚在一起，第一，凝聚了温州华侨的力量，遇到困难时大家可以互相帮助；第二，那个时候国内有商机，可以一起回国投资。我做会长期间多次带人回国，去到各个省，投资房地产、煤炭、水泥等行业。亏了的有，成功的当然也有很多。

温怀钦（一排左三）与浙南商会同仁

后来浙南商会改名叫作"浙江商会"，浙江贸促会也设在奥地利，很多其他机构也都设在我们浙江商会下面，许多投资项目都通过我们和国内政府部门对接、落地。在国内投资方面，浙江商会起着模范推动作用。

我现在（2021）是欧洲华侨华人社团联合会副主席兼副监事长。主要负责联络欧洲各侨团工作。目的就是凝聚整个欧洲所有侨团的力量，联络华侨感情，我们的工作很多也和"一带一路"这样的国家重大倡议相关。

小时候，外公给我讲了好多道理。他给我讲过遇到困难的时候，或者人家欺负我的时候，该怎么应对。他说："如果你在路上碰见了一块大石头，走不过去，你就绕过去——强中自有强中手，你搬不动这个东西，如果来了个力气比你大的人，他就会把这块石头搬掉。遇到这样的事情，不要硬碰硬。"他还教我做人要低调，树不要爬得太高，游泳不要游得太好——不要出这个风头。我听外公的话，做人严谨、低调，做事量力而行。

2004 年，我给甘肃那一带的贫困学生捐了好多钱，都是没有记名的。匿名捐款对我来说才是功德无量的。我不喜欢人家宣传我捐了多少钱、做了多少贡献。上善若水，厚德载物，要学会低调做人。

2014 年，奥地利维也纳第 9 区（维也纳政府所在地）和温州正式建立友好交流关系，这个是我参与推动的。我还在维也纳市政府旁边的公园种了四棵常青树，代表中奥两国的友谊。

我经常教育孩子们，鼓励他们刻苦学习、传承中国文化。有一次我给马屿镇小学捐了几万元，直接分给那里十来个有困难的学生。我和他们说："我过去读书很苦，这点钱是我的心意，希望你们能够珍惜现在的机会，更努力地读书，将来比我更上一层楼。"在场的人都很感动。

我做过的慈善还有很多，但是我不想多宣传这些，名利对我来说不重要。

再富有，也要回到祖国，回到家乡

我爸爸、妈妈曾在 2004 年出国，他们那个时候待不住，语言不通，什么都不如老家方便。我妈妈信佛，每天都要拜菩萨念经，她很想回来，于是他们在奥地利待了两年就回国了。

我们家以前从马屿中学搬到龟山，在那里盖了两间平房，妈妈给我提出一个要求，说能不能在龟山上盖一座佛堂给她。妈妈说的每一句话我都会非常重视——她为了养大我们，吃了这么多苦，我一定要满足她的心愿。于是我立刻答应，自己出了 100 多万元，在龟山上盖了一座寺庙，叫作"净心寺"。既为了报答母恩，圆了她的心愿，也是为了回报马屿的父老乡亲。

2020 年大年初九那晚上半夜，我叮嘱两个妹妹照看生病的妈妈。两点四十五分，妈妈醒过来，接过我大妹妹递来的开水喝下，横躺在我身上；大概躺了十分钟，我发现妈妈的脸色变了，模样不太对，叫妹妹再递一杯水给妈妈喝，这时她已经端不住水了；又过了三分钟，两点五十八分，妈妈最后发出两声长长的打嗝声，离开了我们。

温怀钦为母亲所建净心寺

我6岁的时候，曾跪在妈妈面前承诺，说我长大后不抽烟、不赌博，好好孝敬她，陪她到老，这些誓言我都做到了。我的根永远都扎在瑞安马屿。我宁可不住自己在瑞安市区的房子，也要一直留在马屿老家，陪伴我95岁的爸爸，给我的后辈们树立典范。

我在女儿们很小的时候就开始教育她们要孝敬长辈，她们从小看到了自己的父母是怎么尽孝的，就懂得自己该如何尽孝，现在她们也是这样教导她们的子女的。要懂得尽孝，更不能忘记自己是中国人，每天要读中文书，学习中文。在我家，这种爱国爱乡的传承是不会改变的。

我人为一个人在国外就是再富有，也要回到自己的祖国、自己的家乡来，回到生你养你的地方。

陈少敏：从鹿城大厨到中意之桥

陈 少敏

1960 年出生，温州鹿城人。8 岁开始跟着父亲学厨，17 岁开了第一家餐馆。从街口"小排档"到华侨"大排档"，陈少敏一步步成长为温州知名大厨，20 世纪 80 年代已成为"万元户"。1990 年前往意大利开拓自己的餐饮事业，先后在西西里岛和罗马开了"大中国""温州酒家""如意"三家餐馆，同时还经营着贸易公司、超市、酒吧、宾馆等生意。工作之余，陈少敏投入侨团工作，曾任罗马华侨华人联合总会会长、罗马华侨华人浙江联谊会会长、罗马温州工商会会长等职务，活跃侨界 20 余年。

访谈时间：2021 年 8 月 13 日
访谈地点：温州市鹿城区广信大厦 7 幢 2801
受 访 者：陈少敏
采 访 者：金丹霞 曹颜
录音、摄像、摄影：倪靓瑛
文字整理：曹颜

八岁跟着父亲学厨师

1960 年 5 月 31 日，我出生在温州鹿城百里西路的一户普通人家。我们家都是土生土长的温州人。家里有三兄弟，我排行第二，兄弟间年龄差三岁，大哥 1957 年生，我 1960 年，还有一个弟弟 1963 年生。一家人，还有奶奶、爷爷一共 7 口人都住在一起。我家在百里西路 227 号，两间房子三层楼，是我爸爸 1957 年自己盖的，那年我哥哥刚出生。

我爸爸当时是温州皮鞋厂的总务兼电工，我妈妈是开水果店的。父亲比较勤劳，母亲自己开水果店当经理也很辛苦。其实水果店老早是我爸爸开的，后来交给我妈妈，他自己进了温州皮鞋厂。皮鞋厂是国营单位，是从温州皮革厂分出来的。我爸爸以前是皮革厂的副教导员，后来被分配到皮鞋厂当总务兼电工。

当时他私下里还接厨师的业务，亲戚、朋友、邻居、工友办红白喜事摆酒席，他都要去帮忙的。那时温州没有什么酒家，就是民间的厨师团，谁摆酒席就叫这些名厨去。我爷爷也是一名厨师。

我 8 岁就跟爸爸去摆酒席。1968 年我读小学，温州和平小学，后来改成温州市第十一中学，在百里西路大桥头那边。那时候我白天上学，下午放学回家就给爸爸打下手，如果没厨师活做，还要帮妈妈看水果店。以前没冰箱，水果卖不掉要烂掉的嘛，必须当天晚上卖完，便宜点卖，卖完才可以睡觉。

那个年代其实不允许开这种私人的店，"打办"（打击投机倒把办公室）的人经常会来查，一来就把我们水果刀啊、门板啊都拿走了。我爸爸做酒席也都是暗地里搞的，当时政策是不允许的。可是不赚点外快，一大家子人没办法生活嘛。政府真正允许要到1980年以后了，国务院发文允许个体户存在的时候，个体经济才开始发展起来。

我后来大一点了，11岁左右就自己去进货了。早上五点钟起来，去大南门，进一点水果。五点钟我们兄弟三个都要起床，老大去排队买肉，老二去排队买豆腐，那时候用计划票，一个人去买菜的话，这里排队那里排队怎么来得及呀，我们三个就一起去进货，进了货放在家里，谁有空谁看店。我们三兄弟只有我学了厨师。大哥以前去雕刻厂去学习雕刻，在木头上刻动物啊什么的。

我8岁开始学厨大概学到12岁，那时候个子长得也可以了，砧板台够得着了，刀工也学得不错，就有机会自己动手了。我雕花比较好，能把这些萝卜啊大头菜啊雕得像花一样。那时候流行一种雕花，新年桌要雕龙、雕凤，老师傅们雕花摆冷盘没有我们年轻人手巧，都要找我们去帮忙。所以我经常去做这些，有空就去，也向他们多多学习。慢慢地开始认识一些社会上的名厨，当时温州各地的厨师，比如说以前的天津馆、温州酒家这些名厨都会出来办酒席，我就跟他们学炒菜，顺便帮他们摆冷盘。就这样我走上了厨师的道路。

1973年我小学毕业，到温州第四中学读书，读了不到两个月，就去温州皮鞋厂做工了，是家属工，都是家属的孩子。当时皮鞋厂招工，正好有这个机会，就去了。那个年代都是抢着进工厂，一般是没机会的。不过我虽然离开了四中，也还在继续读书，读夜校。市区广场路那里有学习班，我在那里学一些作文啊，数学啊。夜校每个星期要去三天，每次两个小时左右。

我在皮鞋厂只干了一年多，后来去了温州制钢厂。我现在退休工资就是从制钢厂拿的。记得我是1974年1月份去的制钢厂。因为我在皮鞋厂是家属工，

陈少敏到安吉考察学习

不是正式工，正好制钢厂招工，我就去了。制钢厂是轻工局下面的一家集体单位。在制钢厂我主要是做电焊。比如说有的钢做出来有气孔，我要用焊把它吹掉，再用电焊把它补起来，就是这样的工作。

1976 年左右我从制钢厂停薪留职，出去当厨师。那年我正好 16 岁。

1981 年成了万元户

最初我在温州永嘉桥头当厨师。桥头有个犁锅机械厂改建成了桥头酒家，我在那里干了一年，1977 年我回到温州自己开了家"如意酒店"。店面在市区信河街石坦巷口 1 号，那是我开的第一家店。我有一个老师，在水门头开饭店，主要是给码头上的人吃饭，生意很不错。我打算开个小酒店，相当于一个小排档吧。

那时候政策也不允许自己开店。直到1980年我才有了工商执照。菜场边上有一个工商办公室，税务局在那里有个小小的办公点。我就在那里申报，上了20块的税，算是有执照了，就可以公开挂牌子了。在没有交那个税之前，只能暗暗地做，桌椅也不敢摆得太多。

那时候吃的东西不多，市场上也没有东西卖。我们是一个小酒店，店面很窄的，不到50平方米。白天生意不多，因为大家都上班，店铺里倒有一半的地方都是桌子、凳子啊摆在那里。生意主要靠晚上，五点钟一到就把桌椅搬出来，摆在街边，炉灶也都是放在外面的，也没有抽风机什么的，街边现炒，露天营业。

店里只有一个洗碗工，一个账房，我自己买菜、炒菜，再加上有两个学徒。很多人要到我店里来做学徒，因为温州人有这个传统，很多人想学厨，学好了去国外当厨师。

店开起来，我也算是一个小老板了。开这样一家小店大概只要100多块就可以，店面是租过来的，租金只有十几块，很便宜。那时五块钱就能做一桌菜了，吃得好一点也不过十块钱。

我的小店生意挺好，桌椅沿着路边一溜排开，都摆到信河街邮电大楼那边去了。我还卖一些冷盘，熟食卤味什么的。客人不是都在这里吃，也有很多买了带回去的。比如说我卖炒鳝鱼，你想吃就要到我店门口排队。那时候没有打包盒，年轻人就自己拿个盘子来门口排队。以前温州就那么几个菜，比如炒鸡啊，炒鳝鱼啊，炒田鸡啊，烧鲫鱼啊，小黄鱼炸起来再卤一下，其他都是冷盘为主，温州的特色菜我们家都有。现在温州做瓯菜也还会邀请我去做顾问。

1979年，我开了第二家店，也开在信河街，在黄府巷对面，叫作"得意楼"，也是个小排档。得意楼的店面宽度大概有3.5米，深度大概有十来米，后面有座小楼。

1980年，我又开了第三个店，在石坦巷对面，广场路口，比较大一点的，有三层楼，店名取自我的名字，叫"少敏酒楼"，我经营的规模变得越来越大了。

到了 1982 年，我开的第一家如意酒店被改成水果店，给我老婆经营了。我在华侨饭店对面重新开了一家如意酒楼。得意楼和少敏酒楼在这一年都关门了，因为开在华侨酒店对面的这家如意酒楼生意很好，忙不过来。如意酒楼就是温州后来很有名的观松楼的前身。

如意酒楼是家大排档，营业额也比原先多多了，那时候一天 300、500 的营业额都有。酒楼有四层，一层大概 40 平方米，总共 160 平方米，我把后面那条衕，就是小高桥旁边弄堂里的房子也租过来几间，楼上房东自己住，楼下我们就用来摆酒席。店里总共有十来个员工，工资一个月五六十块。

那时候个体户多起来了，酒楼也正儿八经办了营业执照。大家生活条件都好起来了嘛。不光是我好起来，大家都好起来了。生意火啊，层层都坐满的。当时温州最有名的排档——"如意""快乐""滋味"，我的如意酒楼就是其中一家。那时候"阿外楼"规模还很小的，没有像现在这么出名哩。可惜如意酒楼开到 1985 年被房东收回去了，房东看生意好嘛就自己开了后来的观松楼。

如意酒楼的顾客大多都是单位的领导、企业的厂长。因为那时候很多重要的客人都住在华侨饭店，是属于市政府招待所一类的。华侨饭店的客人很多就来我们这里吃，他们换换口味，来尝尝我们地道的温州菜。

如意酒楼当初投资了大概几千块，也不算特别多，因为冰箱啊，盆碗啊都是自己的，有时候还拿去出租，其他成本也不多，总共不到 6000 元吧。那时候说万元户很稀奇，其实我 1981 年就是万元户了。

那时候我还是住家里的，结婚也是在百里西路的老房子里。我爱人以前也是做食品的，开大饼店。我们结婚后，最早的那家如意酒楼给她做水果店了。水果店的生意也还不错，不过开了没多久，1983 年有了孩子就没再开了。

这几家店都是我自己一个人干，既做老板也做厨师，顺便带带徒弟，每个店大概都有 20 个徒弟。那时候学艺的人很多，都是华侨子弟互相介绍来的，出了国就有门手艺。我带出来的徒弟很多，全欧洲就有 50 来个，我去欧洲哪里都有人接待。除了在店里做，我有时候还出去给人家办酒席。还有盆碗出租的生意，你家摆酒席需要盆碗，我就出租给你台布、蒸笼等，一条龙出租。

这中间我在西山西路又开了家如意酒味店，大概是 1984 年，我自己的精力主要在如意酒楼，两家店忙不过来，西山西路的这个店铺就先交给堂兄管理。如意酒楼不做了之后我就过来了。这家店一直开到 1989 年，是专门做酒席的，规模大概有十几桌，都是大桌，不像之前那样做小炒了。这边呢主要都是单位的人来吃，西山附近挺热闹的，有瓷砖厂、漂染厂、织染厂、蜡纸厂，工人很多，生意都还不错。

那时候也没有什么未来的规划，就走一步看一步。

在意大利当上餐馆老板

决定出国的一个契机是 1989 年下半年，国家文件规定禁止公款吃喝，餐饮业生意一路下滑。正好 8 月份有个徒弟回温州看我。他说现在生意不好，不如跟他一起出去。徒弟叫苏森林，大概是在"如意楼"的时候跟我学过厨，出国后在意大利维亚雷焦（Viareggio）开了一家餐馆。8 月份他提出来，10 月份就帮我在意大利申请了劳工。10 月 31 日申请下来了，我 11 月份就去上海签字。

那时候国内餐馆没生意，周围出去的人也很多，我想还是出去闯一下。家里人也都支持，那时候女儿已经 6 周岁了。第二年我申请了让老婆过来，女儿先留在国内上学。

出去也是想做厨师，一个月有一万元左右的收入，在外面一万元的工资在国内要干好几年呢。去意大利是我第一次出远门。日子记得很牢，是 1989 年 12 月 4 日，先从麻行码头坐轮船去上海，船名叫"民主轮"。然后坐火车到北京。机票是徒弟买的，大概七八千元。北京直飞意大利罗马。买的飞机票是往返的，因为单程的比较贵嘛，回来的票当然就没用上了。一下飞机去的就是距离罗马有 80 千米的城市维亚雷焦，徒弟的餐馆开在那里，我在他店里做大厨。当时就带了一个旅行袋出去，行李很简单的，装一些衣服之类的。

刚到罗马的时候，我觉得那里就跟乡下一样，因为下飞机就坐车去店里了嘛，一路上都是高速公路和田野。到了维亚雷焦，感觉那是一个又旧又古的地方。维亚雷焦是个很古老的城市，人口大概有八万多，算中小型城市。徒弟直接把我接到维亚雷焦的餐馆里，吃过饭就开始工作了。

在国外当厨师都是吃老板住老板的，我就住在老板家里，老板就是我的徒弟嘛。那时候徒弟已经都帮我规划好了，在他的店里先做了一年。

我去的时候这个餐馆已经开了五六年了，是当地唯一的一家中餐馆，生意算好的。徒弟以前在罗马打工，但在罗马开餐馆太贵，他就到维亚雷焦这个城市，看了觉得还可以，就买了个店铺，郊区店铺便宜嘛。这个餐馆的名字叫"大中国'。后来我自己也开了家"大中国"。我那个"大中国"大哎，有牌坊立在门口的。

徒弟这个店铺大概有 70 个位子，不大的。顾客都是意大利人，那里好像除了我们店里几个中国人外，没其他的中国人了。他一家人，加上他小舅子两夫妻，外面两个跑堂的，一个洗碗工，还有我，六七个人，都是温州老乡。在外面我们都是老乡带老乡，朋友带朋友。

我适应力还是蛮强的，刚到那里都很适应。那里气候和温州也差不多，冬天也没有下雪，夏天也不怎么热。吃的东西也都习惯，牛排啊，生鱼啊我都吃。不过日常饮食还是以中餐为主，中西结合，自己开中餐馆，却拿西方的食材来做。其实店里都不是正宗的中餐，是给老外吃的。

我们在厨房里干活很少接触到外人，语言都是自学的，这不太容易，不过我们一般的用语都会讲，打招呼啊，买菜啊，这些话都要用了以后才知道，去店里买些鸡、鸭、鱼啊，总还是要学会讲的啦。我们学意大利语还用温州话来记，意大利有些发音和温州话是很像很像的。意大利文也很好读，就是 16 个辅音，五个母音，21 个字母，拼起来 80 个音吧。这些一学就会读的，比如说我们买火车票要买什么时间点的，我们都看得懂。

我在徒弟的店里干了一年，第二年我老婆来了。我就想着去罗马，因为罗马是个大城市嘛。在罗马我找了一家大一点的生意好的店，也是温州人开的，叫"愉园中餐馆"。我做大厨，我老婆做跑堂。我们就住在餐馆楼上。工资跟

西西里岛是陈少敏奋斗过的地方

之前是一样的，就是小费高一点，小费有两三千元。那时候收入有一万元，算高了，一万元给家里都花不掉。

在愉园也干了一年，后来被朋友请去，一起开了一个叫"大首都"的店。这个店是和我一个徒弟的姐姐一起创办的。开在罗马，是很大的一家店。罗马当时有500多个中餐馆，现在只有300多个了。有200多个改成日本餐厅了，那些在罗马的日本餐厅其实都是中国人开的，因为日本菜赚钱。罗马的中餐馆大概有2/3是温州人开的，其实多数是青田人，不过原先青田也是温州的嘛。"大首都"那家店虽然说是一起创办的，但是我没有投资，徒弟的姐姐叫我去帮忙做大厨。我愿意去"大首都"主要还是想熟悉环境。

其实我自己开餐馆也是很方便的，我有这么多徒弟，借一点钱，可以马上开起来。那时候开店不用那么多钱。比方说一个店100万元转让，只要从朋友那里借来1/4就够了，其余的可以长期贷款，慢慢还，所以100万元我借来25万元就可以开店了。在外面你有合法的居留身份，去贷款25万元是很好贷的。而且店里原先的设备啊什么的都是现成的，牌子一挂，菜单一挂就可以开业了。

我在"大首都"只待了一年，后来就自己开店了。因为正好有一个机会。老板的弟弟在西西里开店，赚了钱之后，也打算在罗马开一家店。1992年冬天，这个店开始装修了。星期六他都要来罗马这边搞装修，有空的时候就到他哥哥店里帮忙，帮着洗洗锅、洗洗碗，星期六店里都是很忙的嘛。我们就这么认识了。1993年，他在罗马的这家店要开业了，就把西西里的那家店卖给我了。

那个店就是我自己开的"大中国"。当时是以200万元转给我的，店面很大。原来的店是1989年开的，开在海边，环境很好，前面有个欧洲广场，地段也很好。楼下大概有100多桌，楼上也有100多桌，是西西里最大的一家中餐馆。开店之后，我全家就搬到西西里，西西里离罗马有778千米。

我到西西里之后第二年就自己买车了，之前都是骑摩托车进货。女儿1996年过来，一家人才团聚。她在国内读完了小学。那时候还有一个朋友跟我一起做股东。我在西西里担心工人难找，再加上我是第一次开店，就找了朋友一起帮忙。当时在意大利开餐馆必须要意大利人当老板的。因为上一个老板，就是我原先老板的弟弟，他是意大利籍的，所以这个店还是他帮我兼着老板身份，将股份卖给了我，就比如我占48%的股份，朋友占48%的股份，给他2%股份当一个法人代表。如果我们邀请一个老外当老板的话，还要给好多钱。当时我们中国人是不能当老板的，因为普通的居留只有工人居留，没有老板居留。大概到了1996年，听大使馆领导说，意大利都灵有个华人自己当老板的官司打赢了，我就在西西里请了律师打官司，也打赢了，我自己就也做了老板。"大中国"开了五年，一直到1998年。员工当时有十几个人，周末会另外再请一些临时工，因为周末生意很好，那些临时工大多是华人，是周边大卖场的，晚上没生意就来做临时工赚点钱。营业额每个月大概有30万，还是可以的。

餐馆主要是我在管，因为我自己还当大厨嘛。营业时间每天大概从中午11点到下午3点，晚上6点到12点，周末都要营业到凌晨一两点，没有一天休息时间。过年就更忙了，老外过年要做意大利的年餐，早一个月菜单必须发出来。比如说平时吃50块钱的，年餐起码要吃200块钱的，还要早点订，都是正宗的温州菜，煎鱼、烧半只龙虾，这些很好的菜。平时的菜多是宫保鸡丁，杏仁鸡丁，鸡、鸭、牛肉做的菜。老外的餐都是一道道上的，不同的餐还要搭配不同的酒。比如人一坐下来，面包一上，先喝一杯开胃酒，之后是前餐，上啤酒。吃牛排的时候，他又要配红酒，吃鳝鱼、虾时，又是配不同的酒。老外有讲究，吃奶酪、牛排这些必须喝红酒，吃生蚝之类的海鲜一定要配柠檬和葡萄酒，这些吃完之后还要喝咖啡，有时候还要喝白酒，经常一张桌子上面有7个杯，很有意思，各种酒都有相应的杯子来配。

经营"大中国"期间，我还在1996年开了一家贸易公司，也在西西里，就是卖服装、打火机、工艺品这些。西西里摆摊的人很多，几乎都要从罗马进货，我就把东西从罗马运过来卖。说是贸易公司其实就是一个仓库，是我和一个工人合伙开的，我是法人代表，还有四个员工。以前我们没有华人托运公司，都是用火车托运，到站后我们去取过来。1996年我们的华人物流公司开始运营，就方便了，叫物流公司直接运到我店里。我这个贸易公司主要以批发为主，有时候也在店面零卖。

"温州"的招牌不能丢

1998年我又回到了罗马，开了"温州酒家"。为了给贸易公司进货，我经常去罗马，跑了一段时间觉得很不方便，"大中国"那边的生意就渐渐放下来了，干脆留在罗马开了这家"温州酒家"，很巧的是旁边有家店叫"如意"，正好是我以前在温州开的店名，太有缘了！那时候就想要不自己也在这里开一家"如意"酒店。

温州酒家做起来后，"大中国"那边我就退出来了。温州酒家之前是三个股东一起开的，卖给我之后，名字什么的都没变。而且这个前大厨他还没找到工，也在这里帮我。这家店面积大概180平方米，主要以小炒为主。

之后我真的又自己开了一家叫"如意"的酒店，是1999年，开在了西西里。这个店是我在去罗马开温州酒家之前就看上的，因为它在法院对面，地段很好，是位置很中心的一个店铺。

如意酒家一开始是之前店里的老板帮我一起做的，生意忙嘛，后来我就和"温州酒家"的那个大厨一起合伙干了。两地奔波挺不容易的，以前我都是从罗马进货，便宜的东西卖到西西里，比如从罗马买来鸡、牛肉，周五将其运到西西里，因为西西里周末生意好，周一又带着西西里便宜的蔬菜回罗马，因为罗马的生意是周一最好，就这样两边跑，自己开车。两边距离700多千米，开车最快要五个小时，有时候要十个多小时，一般我都是晚上开，晚上车少嘛。倒也不觉得辛苦，那时候还年轻，也习惯了，一天不睡觉都没问题。

温州酒家买过来的时候花了380万元，如意酒家便宜多了，只花了75万元。如意酒家的前身是一家比萨店，我改了当中餐馆。如意酒家开得蛮久，开到2014年才卖掉。

那时候中餐生意普遍不怎么好了，一直到现在中餐都不景气。我感觉是2000年以后吧，欧洲的经济整个都不太好了。

温州酒家开了不到十年，大概在2005年，生意还可以，不过那时候女儿、老婆有意见，不想做餐馆，做厌了，就改成温州超市了。因为我这家超市就在菜市场旁边，比较便利，主要卖一些中国食品。商品都是从法国进货的，国内运过来很不方便，也不及时，法国东西多，刚开始几次是自己坐飞机去订货，后来就变成远程订单了。超市都是卖零售的东西，主要是面条啊，冰冻的食品，还有笋干啊什么的，应有尽有。顾客也是世界各国的都有。我这个店铺在移民区，是罗马的中心区，这边75%的店铺都是华人开的，喜爱中餐的人都会来买东西。早上大概七八点我就开门了，一直营业到晚上9点。开超市的收入和开餐馆差不多，不过超市会省力一点，我不用下厨房干活了，主要就是进货。我这个超市名字叫"温州超市"，招牌上"温州"这两个字买过来就没有变过，之前是叫温州酒家嘛，后来改成温州超市，现在又改成了温州酒吧。

开超市有时会遇到卫生局来查，说你这个不合格那个不合格，要把你的店封掉。比如说咸蛋我们是泡在水里的，他就说这个不能泡在水里；我给鸭蛋取名叫"百年鸭蛋"，老外吓死了，一百年的鸭蛋还能吃啊？要拿去化验；还有皮蛋，他说这个黑黑的，也要拿去化验；还有海蜇头，说是有毒的，不能卖。有的直接就没收走了。所以我们经常要打官司，有时候虽然官司打赢了，但东西也过期不好卖了。

温州华人一般在意大利就是开餐馆或者开超市，开零售店的最多，卖衣服，卖玩具的都有。那时候我生活已经比较悠闲了，有时候在店里，有时候去参加活动，参与侨团工作。

超市开了两年不到，2007年就转给女儿做酒吧了。女儿、女婿那时候接手罗马的贸易公司，生意不太好做，之前是卖羊毛衫，后来她妈妈自己做牛仔裤卖，生意都不好，就算了，不做了，把店面租出去了。现在那个店面也在租，租金大概3万元人民币吧。

超市转给女儿做酒吧之后，我自己就去开了家比萨宾馆，也是2007年的事情，在罗马。一栋大楼有19个房间，有五个员工。客人都是在网络上下订单，因为开在华人区，游客比较多，基本都是住满的。

女儿的这个酒吧和老外的酒吧一样，不过就是中午加了西餐。温州点心也有，比如馄饨、鱼丸汤，还有一些卤味冷盘，就相当于是酒吧带温州点心店啦。"温州酒吧"这个名字一直沿用下来，换名字很麻烦，就不改了。大家看到"温州"两个字就知道是我家的。酒吧开到2020年，因为疫情，没办法就暂时关门了，可没想到一直开不起来，两个月前只好租给别人了。旅馆也不开了，现在就租给大学生。每个房间200来块钱一个月。以前都订满的，现在疫情了，客人都没有了。

我在海外的时候，一年回国大概三四趟，回国就看看父母亲看看朋友，回来一次住40来天，因为这样往返票比较便宜。这次我是2020年1月22日回来过年的，飞机票买的往返票，本来应该3月9日回程，结果直到现在也没能回去。我当时连正月年餐都订好了，也只能全部撤掉。意大利现在的情况是大部分的店面都能开业了，但是一张桌子规定只能坐两个人，工人也叫不到，我的店就一直关在那里。现在就想等疫情结束了，再把温州酒吧开起来，这块牌子不能丢。现在那边的事情就委托给女儿、女婿做。两个孙女也还在学校读书。

我在国外天天想回家，觉着还是温州好。其实像我们这批20世纪80年代出去的人，大部分都回国了，现在留在国外的大都是第二代。解放前出去的那批人早不在了，20世纪70年代出去的不多，没有几个，我是80年代末那一批 可以说比我老的温州人没有多少在意大利了，大部分都回来了。我家族里除了我一个小舅子，其他没有出国的。因为现在在外面和国内赚得差不多啊，现在在国外赚一万块钱就是一万块钱，国内最差也能赚5000元了，在国内我们还不用付房租，在国外要房租。但是以前不一样，以前国外一个月的工资，在中国要干好多年，工资的差距是多少倍哦。

目前对未来的规划就是还想在国外搞个大的生意吧。计划是开个大一点的宾馆，因为我现在的那家比萨宾馆总共只有19个房间，我想等疫情好起来把它卖掉，换个大的。有人也问我，现在国内发展那么快为什么不干脆留在国内？我呢，看中罗马旅游业这块，因为罗马旅游基本上一年到底都有生意，现在就等疫情过去，慢慢恢复过来。而且在罗马投资基本三年之内就赚回来了。比如我买个5000万元的宾馆，可以银行贷款，可以付长期，就是再冒一次险嘛。以前不敢搞大生意，其实生意越大越好做，越小反而越麻烦。你做得规范一点，警察来查也没事，反正都符合规范的嘛，又不偷税漏税，是吧？

出国了反而会更爱国

在意大利这几年的生活、工作都挺顺利的，得到大家很多帮助。老外对华侨华人也挺好的。1998年的时候自己店里稍微空下来了，我想着能发挥自己的作用，就去参加了侨团活动。

1998年夏天，我参与了罗马温州工商会的成立。当时是有人邀请我，我也邀请一批人，大家就一起组建了这个温州工商会。第一批大概有一千多人参与，主要都是温州籍的会员。在国外的时候，地方观念都比较强，所以成立一个温州会，大家有什么事可以一起商量，这里面有律师，有法律顾问，是会员邀请的外面的人。

当时只有一个罗马华侨华人联合总会（以下简称"总会"），是 1986 年大使馆和国侨办促成的，可以说是意大利龙头会。那时候在罗马的华人也不多，大概 200 多人，一开始很艰苦的，连会址都没有。后来陆续有了青田会、贸易会，1998 年又成立了温州工商会。因为没有这些平台你根本没办法跟政府部门打交道，你找谁说话？你自己找谁去？所以说大家成立大大小小的协会，也派代表加入总会，总得需要有人发言嘛。

总会比较轰动的一次活动是 1999 年 5 月，组织领导了抗议美国轰炸中国驻南斯拉夫大使馆的游行。在意大利历史上，这是华人社团第一次组织游行活动，引起了意大利各界的关注，也得到群众的响应和支持。

2011 年 2 月，我接替廖宗林，担任了总会会长。每年春节，意大利的各个侨团都会举办迎新春联欢晚会，2013 年，罗马 11 个侨团联合举办了一场盛大的迎新春联欢会。我们邀请了"文化中国·四海同春"艺术团到罗马演出，当时我作为主要承办人，各方联系，召集各侨团出资出力，让旅意华侨华人感受到了欢度春节的喜气。

浙江在外的商人很多，各个地方都成立了商会，所以 2001 年大家联合起来成立了一个罗马华侨华人浙江联谊会，也就是浙江会。成员来自浙江各个地方的商会，选出几位代表参与，温州会进 3 个，瑞安会进 3 个，这样，总共有 17 个人。成立的时候我是执行会第一常务副会长。2004 年当选会长。我们当时主要搞一些文化活动，办中文学校，还做一些接待工作。浙江经济发展得好，在国外做生意的人又多，接待活动就很多。国家领导人到意大利参观考察，往往会来看望华侨，我参与了多次接待。

文化方面的话，我们办了《欧华时报》。《欧华时报》是 1996 年我和廖宗林一起办的，我负责西西里那一块。刚开始的时候还只是周刊，1998 年正式发行报纸。因为我们当时温州工商会需要这么个窗口，可以说这个报纸最开始就是为温州人办的。虽然那时候还没成立会，但这个会刊先办起来了，我们有了这个平台，新华网那些报道才可以给我们转发。我们那时候都不知道从哪里了解国内的信息，电视没有，手机也没有，只能看报纸，所以我们一定要办报纸。《欧华时报》是大家集资办起来的，集了好几次，第一次大概一万元，第二次两万元，有专门请过来的编辑、记者，要给他们付工资。我们办报纸是没有收入的，报纸都是拿来送的。订户虽然也有，但是不多，订报纸的费用都不够邮费、包装费的。当时《欧华时报》主要报道的是中国的新闻，让意大利的侨民了解国内情况，还有一些是把国外的新闻翻译过来。我们有分版，第一版是最重要的新闻，国内的、国外的哪个要紧哪个放在第一版，其他还有文艺版块之类的，以前最多办到了16个版。报纸也有广告，是附进去的那种，正版中没有广告。发行的频率以前是一个星期出两次，星期二、星期五这两天，一期大概印4000份，我们西西里的发行量是最多的，好像能发行1000份，在那不勒斯能发行600份，还有威尼斯、米兰、罗马这些地方。总共的发行量有4000份。

我在报社以前是股东，后来职位是什么副总编啊，什么总编啊，随便让他们定，我也无所谓，有人当就给别人当，没人当就我当。

办报纸这个事情其实是很费劲的。组建编辑部，我们先出钱请一个老外来当顾问、当法人代表。起步很慢，先是一个月出一版，到后来一个星期出一版，再后来一个星期出两版。慢慢做大了，在意大利各个地方都有分社，都是当地的侨团负责，请专人来做。报纸发到欧洲各国，最多发行到12个国家，是当时最有影响力的华文报纸。做得最好的几年大概是2003年到2005年。2006年，《欧华时报》和《温州都市报》联合，改为《欧华联合时报》，到了2011年就归到温州日报报业集团了。报业集团收购了之后大家都很高兴，因为不用管了嘛。之前钱不够都要自己掏钱，现在不用担心掏不出钱发不出工资了。

华文学校也是在我手里创办起来的。2003年，我们浙江会领头向意大利教育部申请协商之后，教育部提供了学校给我们办华文学校。2005年，在罗马开办，就开在当地的学校里，放学之后，像补习班一样，上两个小时中文课。这样的学校现在很多，但当年就这一所，这也是第一所华文学校。这个学校等于是温州工商会办起来的，老师工资都是我们出的，我任副校长。当时请了4个老师，学生大概有好几百个。学生是不用交学费的，费用都是会里出钱。不

罗马政府与中国移民团体协议

过现在都收费了。教材也很波折，2001 年我趁回国的机会去了浙江侨办，说我们需要一些教材，侨办联系了教育部就寄一批教材给我。结果国内的教材太深了，老师反映说学生跟不上，最后还是通过国侨办，重新编了一批欧洲学生专用的教材寄过来，有 40 多箱，我们现在还在用。记得当年的国侨办主任到罗马，正好是我接待的，我提出了这个教材问题，他回去后就帮我们解决了。

孔子学院的开办我们也有参与，大概是 2006 年、2007 年的时候，我当时是浙江会会长，一起帮忙的还有学联、福建会的几个人。大家帮孔子学院对接，联系地点，顺利办成了，我们都很高兴。这里还有个插曲。孔子学院因为在罗马东方剧院那边，位于老城区，房子很古老，门又小，凑巧那边地下室还有文物，不能拆，结果 2 吨半重的孔子像根本运不进去，只好放在仓库里了。孔子像还是从中国运过来的，挺可惜。

我们还参与了意大利"中国文化年"的活动，也搞得不错。"中国文化年"是 2010 年 10 月 7 日在罗马开幕的，这是 2003 年法国中国文化年后，中国在欧洲举办的最大的文化交流活动。那年是中国和意大利建交 40 周年。所有和政府部门沟通、对接国家派来的演出团队、举行游行等相关工作都是我们做的。因为游行要制作花车，还要准备服装，我选了两套少数民族的服装，一共买了

100多件，花了十几万元，因为在欧洲买不到嘛，就从北京买，衣服比较贵，是给当地留学生穿，我们还请他们吃饭，都是侨团出的钱。

任浙江会会长的三年时间里，我们还出面解决了意大利政府和华人之间的一个大矛盾。那是2007年，意大利政府说我们华人街道脏乱，招牌广告乱打。我们中国人做生意早，7点就要装卸货物，罗马路窄，车停在路中间造成交通堵塞。意大利就采取措施，禁止供应批发。意大利宪兵来了，不管三七二十一就让你关门，一开始是关了十来家，之后发展到关了100多家，总共就五六百家店铺。这下大家都吓死了。那时候店铺多贵啊，所以必须采取行动了。大使馆出面去沟通也没用。后来我们浙江会出面，大家一起讨论出个协议去跟罗马政府谈。

我们中国移民这边呢，可以保证商店的招牌和装饰都按意大利的规范做，但意大利方面必须设计好拿出方案来。卫生问题，我说这个你们管不了，交给我们来管。第一，你们卫生局下午5点半之前来把我们这个区的纸板箱收掉；第二，我们会要求店家扫地，开门前门口扫干净再开门；装货的话，7点以前都可以，7点以后不行，因为菜场7点以后开门。罗马政府给我们的保证是尊重我们东方文化，同时加强对移民的商业和税务的保护。这样我们互相达成共识，协议制定起来就搞定了。该协议的副本我至今还留着。

去谈判那天是2007年5月11日，我和罗马市长还有几个副市长在市长办公室里谈，出来后就开了发布会，协议是在发布会上签的。这件事在当时非常受关注，外面有100多个记者，还有很多大使馆来找我，问我和市政府是怎么沟通的，想取经，因为大家都有各自的移民问题嘛。其实这个协议前期已经沟通了大概半个月。

2015年，浙江省有关部门在西班牙马德里召开"一带一路"沿线国家浙籍侨领座谈会，发布了《"一带一路"我们同行——浙江籍华侨华人参与"一带一路"建设倡议书》。我作为"一带一路"意大利侨领代表，也参加了座谈会。我们主要的作用就是牵线搭桥。当时有个中意合作项目想建地中海最大的码头，如果这个项目能搞定，对中国的发展会起到巨大的推动作用。老外也开心啊，我不花钱你帮我建码头肯定要的嘛。所以"一带一路"建设，意大利是第一个参与签约的国家。

意大利华人被伤害的事件在国外很常见，我们也会出面举行反暴游行。印象比较深的是 2012 年 1 月悼念遭劫杀同胞大游行。我们开酒吧的一个移民被两个贼抢劫，劫匪开枪，把华人和抱着的孩子打死了。后来罪犯落网，是摩洛哥人，不过抓到了之后他又自杀了。10 日下午，我们关闭各自的店铺，在罗马举行了一次规模空前的游行活动。队伍从罗马华人聚集区维托里奥广场出发，受害者家属走在最前面，他们举着受害人的巨幅照片，之后是大型横幅，上面用中文和意大利文写着标语"要安全！反暴力！"大家都穿着深色服装，拿着鲜花和蜡烛走向案发地点附近的佩雷斯特莱罗广场。这是很难得的罗马华人都聚在一起的大场面。参加当天游行活动的还有不少罗马当地居民和一些其他国家的侨民。游行近两个小时，晚上的时候广场周围摆满了蜡烛，还有一幅很长的参与者签名的卷轴放在广场中央。

以前我们在国内不知道什么叫爱国，出了国到外边都知道了，没有哪个华侨不爱国的。随着国家越来越强大，大家都很有荣誉感，祖国就是我们依靠的力量。国内有什么情况我们也都很关注，汶川大地震那年，我们都捐了款，当时正好中国大使到罗马上任，我们就开会欢迎大使上任，借这个机会，我找了意大利的几个商会，募集捐款，筹了八十几万欧元，直接交给新来的大使，捐到四川红十字会。后来我们也去了赈灾现场，2009 年去四川汶川的苍溪县，筹备盖一个学校给他们，大概需要 300 多万元，当时我们已经筹好了资金，结果国侨办不同意，因为国侨办有统一的规划，盖的学校要大一点，金额也要多一些，要 700 多万元。我又向几个企业家募捐，最后一共募集了 700 多万元。2010 年 10 月，国侨办和四川侨办给我颁发了一个证书，上面写着"陈少敏为四川 5·12 汶川大地震慷慨捐赠，兴建四川省苍溪县罗马侨爱学校，特发此证，以资纪念"，这个证书我一直保存着。

新冠疫情期间我虽然都在温州，但是也参与了华侨捐助抗疫物资的活动。2020 年 2 月初，那时候温州急需物资，我就让我的秘书包飞机到比利时，因为他是做物流的嘛，运送物资很方便。当时欧洲那边还没有疫情，比利时所有的东西都被我们买光了，先运到布鲁塞尔，再运到温州。钱不是问题，我们的资金都是大家众筹的。

我在侨界干了大概 20 年，如果要说有什么经验，总结下来大概有两点：第一是要积累人脉，大家同在一个会里，你单有本事没用，大家都有本事，但是有人脉就不一样了，现在全世界都有我的朋友，随便到哪个国家，我们有什么事朋友都可以搞得定，大家互相帮忙。第二就是要有领导力，会指挥，要让大家齐心协力一起做事情，把大家的优势都发挥出来。我现在虽然在国内，但是不管是国家交代的任务还是民间自发的事情，我都尽力一一办好。

我们就像是一座桥梁，把祖国和在外的侨胞联系在一起，把温州人联系在一起。就像我之前一直说的，虽然我现在已经不再是一个厨师，但是就如同自己做的菜品一样，地地道道来自中国，来自瓯越之地温州。我还是一个不土不洋的传统中国人，游遍四海梦不断，家乡情谊情更长。

吴 步双

男，1961 年 3 月出生于温州市文成县玉壶镇黄河村（今南河村）。1981 年进入文成法院玉壶法庭工作，曾任玉壶法庭副庭长。1992 年携一家三口远赴比利时，后搬至德国，1998 年与家人定居意大利。2000 年和弟弟开始经营米兰第一家中日连锁餐厅——太阳，后发展为米兰太阳餐饮集团。2003 年加入侨团工作，先后曾任温州市文成法院"海外调解联络员"、第五届米兰文成同乡会会长、第十届米兰华侨华人工商会第一常务副会长、第二届欧洲文成华侨华人（社团）联合总会会长。现为米兰太阳餐饮集团公司董事长、米兰华侨华人工商会理事长、温州为侨服务"全球通"米兰联络点主任。

吴步双：

我是一步一步走上来的

访谈时间： 2021 年 9 月 4 日
访谈地点： 温州市文成县归国华侨联合会
受 访 者： 吴步双
采 访 者： 何锦顶、蒋冰雁、方韶毅
录音、摄影、摄像： 蒋冰雁
文字整理： 蒋冰雁

我必须去学这个东西

我小学读了五年，初中读了两年，都在东头乡小学就读。这个学校是乡里的学校，小学和初中并在一起。那时候一个乡很小，玉壶一个区就有十个乡，乡下学校的师资比不上城里，就连高中也不是自由报考，而是要由高中分配推荐名额给我们。当时玉壶中学只分了一个名额给我们村，但我们村里有四个学生都想去读。怎么办？老师也发愁，他也没办法选。后来乡里就只好决定把我们四个人放在一个教室里面考试，谁考得好点谁就去读，这样也不会偏向谁。最后是我考得好一点，我就去读了。

我在玉壶中学读书时是住校的，那个时候处于"文革"后期，大家每天都按部就班，白天上课，晚上去教室做作业，都不敢有什么出格的行为。就这样读了两年，1978 年高中毕业的时候，那时已经恢复高考了，我就去参加了高考，结果没考上，好像那年我们班一个都没考上。第二年，我打算复习准备再去考的时候，正好碰上政府招工。

那时候工作包分配的情况有两种：一种是大学毕业，政府必须要给大学生工作，不像现在，大学毕业还要去自谋出路；另一种就是非农户口，如果一个人是非农户口的话，政府部门就有义务为他安排工作，因为村里是没有工作可

以分配给他的，等读完了书，政府就会给非农户口招工。那时非农户口招工的待遇非常好，如果这个人在工作中没有犯错误的话，这个铁饭碗基本上就敲定了。

刚好我就是非农户口，因为我父亲以前是公务员，在玉壶镇旁边的朱雅乡里当党委书记，我的户口是跟着父亲的。这样，我就顺势去参加招工了。1981年初，我被分到了文成法院下面的一个基层法庭——玉壶法庭工作。

1985年，我参加了华东政法学院的函授课程，学习法律科目。学校把资料寄过来，我就在家里自学。因为当时的情况是，无论做什么工作都需要文凭，同年我又被任命为副庭长，责任很大，我要扛起这个担子就必须去学习获得文凭。

在这之前，我也不是一点法律基础都没有。我这个人吧，对工作比较认真，再加上法院是一个业务单位，必须把法律的东西学过来才可以去办案，必须要精通业务才能把工作做好。我就一直靠自学提高业务能力，好在业务部门都是有书的，法律也是有条条框框的，我就自己看看书，消化书本上的知识，再结合工作实践，在办案当中逐渐积累经验。

我这个人比较静得下来，学得进去，加上高中毕业出来后，语文知识储备和学习能力都还可以，所以自学的压力也没有特别大。我们的工作除了下乡办案以外，其他时间都在办公室里面，能用来学习的时间也还是很多的。不过我觉得最主要的一点，还是因为我内心有这个信念：必须要学好做好。

我知道做我们这个工作需要非常严谨，不能办错案，如果你不懂这些东西就会办错案，你把话讲出来了，人家就会说你说错话了。业务单位都是要在法律的条条框框里去说话的，它不像行政部门，弄错了还可以再去找补，人家可能也不会把这个当什么大事。我们在法院工作，一旦办错案了，那人生当中就有一个污点。而我是不能接受我人生中有这么一个污点的。

"法官同志，你能不能让我父亲原谅我？"

我24岁当上副庭长，在我这个年纪已经算是比较好的一个发展了，和我同期被招进去的十来个人中，只有两个人被提升为副庭长。有人问我：你发展这么好的秘诀是什么？其实我也不知道，我也不去想。有些事不是你想就可以实现的，不是你想当大一点的官你就能当的，也不是你想提升一个阶级就能提升的，我们作为一个办案人，只能尽力去工作，凭着自己的能力和热情，把自己的事情干好。

我当上副庭长的过程不是一蹴而就的，也是一步一步慢慢走上来的。当时根据法院的体制，我进去的时候是书记员，专门负责做记录。那个时候交通也不方便，大多地方都没有通公路，到玉壶下面的乡去办案就要走路去，只有一两个乡的路可以骑车。我们下乡一般都是取证，民事案件一般还有调解过程，所以取证的时候，如果双方当事人愿意调解的话，我们就在当地就地调解。如果调解不了我们就会开庭，走法律程序。开庭调解不了我们最后还有判决，判决以后如果当事人不服，他还可以上诉，民事案件在法院是两审终审制。所以我们处理每个案件需要的时间都是不固定的。后来，我的法律知识丰富了，办案经验也多了，就当上了助理审判员，慢慢又变成了审判员，最后做了副庭长。

在我当助理审判员的时候，有一个刑事附带民事的案件让我印象特别深刻，就是儿子虐待父亲。那小孩是他们家里唯一的儿子，他父亲就当宝贝似的养，但这个儿子不听话，老是打父亲。我们就去给他做思想工作，不能打父亲，但这个儿子不信，觉得我们是来吓唬他的。后来法院就决定采取法律措施，将他逮捕，把他羁押起来。当时农村人的法律知识都比较浅薄，根本不懂法，他觉得大家都是一家人，跟父亲吵架没什么关系，他没有认识到打家人也是违法的，这是犯罪的行为。后来他被羁押到看守所里，在接受了看守所的法律教育后，跟我们说："我现在才知道我是错的，我所做的一切都是在犯罪。法官同志，你能不能跟我父亲说，让他原谅我？我出去以后肯定对我父亲是又孝顺又尊敬！"法律就是法律，不可能随便放他出去，但他有了这种悔改的行为，法院给他量刑的时候也会考虑。后来法院应了他父亲的要求，对他从轻处罚，最后判了个缓刑。其实这样对他们一家人都好，因为我们主要是以教育为目的，惩治与教育相结合。

这个案子之所以让我记忆深刻，就是因为通过法律教化了这些年轻人。那个时候人们的法律意识没有现在这么强，有些事情他们根本不会想到是触犯法律的。

我们家就我还留在国内

我本来是没有考虑出国的，在国内我的工作在事业单位，工资不低，生活也很轻松。记得我刚进玉壶法庭的时候有几个月的试用期，工资是 35 块钱一个月。后来转正，再慢慢升职，工资也逐渐提高了不少。

1984 年下半年我结婚了。我和我老婆是自由恋爱，她在电业部门上班。我们两家可以说是世交，我父亲跟她父亲在同一个大院子里上班。她父亲是区长，级别比我父亲大一点。结婚后我们在玉壶盖了个房子，那时候盖房子很便宜，大概 1 万多块钱就够了。1985 年，我们生了个儿子。

我们一家三口人过日子几乎没有什么压力，吃饭不成问题，每天鱼、肉都有的。以前猪肉是 6 毛 5 一斤，1987 年工资改革以后就变成了 1 块 1 一斤，也没怎么影响我们家伙食。1985 年，我的工资还变成了 89 块钱一个月，89块钱在那时已经是行政二十一级的待遇享受了。我那个时候一天还会抽半包烟，就是那种短的牡丹牌香烟，很贵的，买都买不到。父母也不用我们子女操心，我父亲退休后有自己的退休工资。

那国内生活这么好，我为什么还要出国呢？我家是一个大家庭，兄弟姐妹总共 7 个人，五个兄弟和两个姐妹，我排行第二，是家里的大哥。我们小时候都跟着母亲在老家黄河村生活。那时候农村都是生产队，要大家一起种地，村里人的生活条件普遍都比较差，日子过得也比较困难。虽然我父亲工资还可以，但家里人多，除了我和父亲外，其他人都是农业户口，有一大笔开支是要交钱给生产队换粮食，所以小时候家里并不富裕。

那时的文成就是以华侨经济为主体的，我们玉壶是侨乡，有华侨在国外的家庭，生活条件相对比较好，所以每个人都想出国，有漂亮的女儿也都想嫁给华侨，有帅气的儿子也只想娶华侨的女儿过来，这样就能带动自己家的人到国外去。

我姐姐那时候也想嫁给一个华侨家庭的小伙子，这个小伙子的叔叔跟我爸爸是朋友。但还没来得及说好他就出国去了，这门亲就没有谈成。1980年，他把我姐姐带到荷兰去了。那个时候比利时、卢森堡、荷兰三个国家是可以自由通行的，只要有一国的国籍，就可以在另外两国居住、工作。我姐姐就入了荷兰籍，后来在比利时居住和工作。1984年，我第二个兄弟也出去了，是他的岳父母把他带到国外去的。后来慢慢地，我的兄弟姐妹都出国了，1989年我父母也去了比利时。

那时家里就我还留在国内，父母也不想让我出去，他们觉得家里总得留一个人，因为他们是退休以后去国外体验生活的，待几年就准备回来的。而且他们年纪也大了，回来后有个儿子在身边，生活上也方便一点。

其实兄弟姐妹都出去的时候，我也萌生过出去的念头。后来跟家人通信，他们说在国外做餐饮很辛苦，大家为了多赚点钱，每天都在拼命干活。我仔细考虑了一下，出国的欲望也就没有那么强烈了。

20世纪80年代末90年代初，又赶上了一个出国的高潮。很多事业单位、公安部门、政法部门里的人也都想出国，好多人还是偷渡出去的，从东南亚、泰国或者其他什么地方开始，转啊转啊，转到西欧。我身边也有很多人出去，像和我一起工作的玉壶派出所的所长、派出所的指导员，还有文成县以前的公安局局长，他之前是我们法院的院长。

那时也有人劝我出国，说："你在国内只生了一个小孩，你要是一直当公务员，想要第二个小孩是没有的。"还有的说："人家在国外随便赚一个月的工资，你在国内做一年都赚不过来。"这两点就进到我脑袋里去了。

那时我也没有考虑那么多，就直接把工作辞掉了，心想反正大家都走，公安局局长、派出所所长、指导员，他们在公安系统里工作，公安系统里是半军事化的，工资待遇比法院还高一级，连他们都出国了，那我也要出国。我老婆也很支持我出国，她家也只剩她一个人还在国内，兄弟姐妹全部都跑到国外去了。

我二弟吴步对就以申请探亲的方式发了个邀请函给我，我们填了一个简单的表格，然后寄到了比利时驻北京大使馆。寄出去后没几个月，大使馆就发了个通知给我们，叫我们去办签证。我们是一家三口的签证，连孩子都一起放进去。那时出国基本上都是一个人先出去，像我们这样一家三口一起出去的情况不多，大家都说我们很幸运，一家人都可以出去。其实一家人都出去还是比较冒险的，万一做不起来不就全家都完蛋了吗？我之所以敢，是因为我知道我的家族很团结，兄弟姐妹都在国外，如果我生意做不下去，没钱了，他们都会来帮助我，这点我是确信的。

虽然当时出国的心情很迫切，但我还是按部就班，把国内的相关手续全部办理好了才出国的。如果当时不按照规定的程序退掉职务，自动离职之后就什么东西都没有了，我把职务退掉，还拿了 1000 多块钱的退职金。我还把党员身份挂在组织部里面，保留下来，这样等回来的时候只要把党费补交了，我就可以重新恢复党籍，仍然是共产党员。

处理好一切后，1992 年 5 月，我们一家三口坐飞机从北京前往比利时。

我出国到底图什么

我们出国没花一分钱，都是我的兄弟姐妹安排的。刚从飞机上下来的那一刻，出国的感觉还不深，没觉得和国内有什么差别，可能因为机场里面的构造都差不多。我们还带了很多行李，那时候人们出国，什么东西都想要带出去，甚至像菜干这些，我们觉得外面没有，都得带着。夫妻俩既要带着 8 岁的儿子，还要拿那么多行李，搞得非常辛苦。后来我们找了一辆推车，国外的推车很高，和国内拉东西的小车一样。等到我们要把行李搬下来的时候，才发现这种车是要用硬币的。当时来接我的二弟吴步对和他媳妇在外面是进不来的，我们没带硬币，这下要怎么把行李拿出来呢？此时，我们才感到确实是到了国外，不一样了。还好我们在那里碰到了一个中国人，他说："你没硬币，我有，我给你一个。"

他也是我们在国外遇到的第一个中国人。

我二弟在的地方是比利时的一个中等城市，差不多和瑞安一个档次，叫"梅尔豪特"（Meerhout）。这个城市好像还有一种农村的味道，房子都是不高的，小洋楼比较多。我的第一感觉是城里很干净，街道非常整洁。房子盖得也和我们的不一样，我们的瓦檐是平平的，他们却是直直的，坡度很陡。后来我才知道，是因为那里的冬天很冷，到 5 月都还在下雪，如果瓦檐太平，雪就会把整个屋子都压塌掉，这种直的瓦檐，雪会自动流下来，就没有压力在上面了。

虽然说 90 年代国内已经改革开放了，但我们文成那时候还是个贫困县，到梅尔豪特市后感觉处处和家乡很不一样，卫生条件好，生活条件也好，我想赚钱肯定也比我们国内好赚吧！谁知初来乍到，我们一点也待不习惯。因为语言不通，一开始就只能在我弟弟的厨房里面做工，给厨房切切菜、热热油锅。第一个月我的工资是 800 荷兰盾，我就花 600 荷兰盾买了一套西服，我弟弟一看到就说："你这么大方啊！"我才知道，原来他们在比利时生活都是非常节省的。那时比利时政府会补贴教育费用，但我们是申请探亲出来的，居留时间很短，过了时效后，连小孩读书都要自费。

说起来，在比利时的这段时间是最辛苦的，我每天都想着回中国。我们出去的目的就是想去投亲，留在那里搞点发展，闯出一片天地来。结果在那里待了半年，生活得很不理想。我终究也是从体制内出去的，结果只能在厨房做杂工，觉得落差很大，非常失落，每天都想着：为什么要出来？出来到底图什么？为什么还要带着家人出来？如果是我一个人出来的，我早就跑回去了。现在是一家人一起出来，回去还得把全家人带回去，人家肯定会说："你出国机会比别人好多了，一家人不用花钱就出去了，别人还羡慕呢，他们都巴不得待在外面，你怎么还把家人全都带回来了？"这样我面子上怎么过得去？心理压力就非常大。后来有朋友劝我说："既来之，则安之。你先在国外待满五年，五年之内还都可以回来。"因为当初体制里面规定，五年以内回来还可以继续在单位里面工作，不过不一定是原单位。心里想着这些，我咬牙坚持了下来。

宁可睡地板，也要做老板

我们在比利时待了七八个月时，我老婆的姐夫了解到，没有居留证的人也可以在德国的学校里读书。在他的帮助下，我们一家人就搬到了德国科隆边上的西根市（Sigen）。

那时候在德国的华人企业不是特别多，工作不太好找，加上我在比利时只做过厨房的工作，所以我只能在一家叫"香港楼"的餐馆里找了一份厨房打杂的工作，工资不高，一个月只有1100马克。

没干几个月，我们就换了一个地方，全家搬到了克尔齐塔尔市（Klzital）。在亲戚的介绍下，我们两夫妻到了一个同乡的餐馆里做工，老板娘是文成玉壶人胡志潺的妹妹，她对我们很照顾。虽然那时我们还是在厨房里面工作，但我们的心已经安顿下来了，基本上也打消了回国的念头。

就这样，从打杂工开始，我们在这家餐馆里一做就是五年。没有人一开始就能做厨师，大家都是慢慢适应学起来的。我很好学，一有空便跑去厨房，跟着厨师学烧菜。他们的厨师也是半路出家，店里的菜都是老板自己从别人的餐馆里学过来的。我原来在国内也会做一点菜，比如肉啊，鱼啊，炒地瓜丝粉啊这些。不过我们中国人炒菜都是在大锅里面炒，国外却是把锅拿起来炒的，这个技巧就和国内不一样；炒菜的时候还要勾芡，芡的薄厚要仔细看，调料怎么放也要熟记。我最先学会的是炒饭，炒饭很简单，先把饭炒热，鸡蛋打进去，再把盐放进去就好了。在厨房里学了没多久，老板就同意我烧一些简单的菜。在不断学习、练习中，我完成了从打杂工到二厨再到大厨的转型。

当然，我也不是只在厨房里埋头干活，客人少的时候，我就会跑到餐厅，向老板学习管理之道。当厨师肯定不是长久之计，只有拥有自己的餐厅，才有机会过上好的生活。我们温州人，宁可睡地板，也要做老板。谁都不想一辈子在欧洲打工，等到有一天能力完全足够了，我们就会自己开一个工厂或者餐馆，从打工人的身份转变为经营者。打工的话，人家给我1000欧元，我就只能拿

1000 欧元；当了老板，虽然说生意有大有小，但毕竟就是属于自己的，我们发工资给别人，生意好一点我们就可以多赚一点，掌控权就在自己手里。

1996 年，我们在那边生了一个女儿。1997 年，意大利"大赦"。我弟弟吴步奎是在米兰开日本餐馆的，他就打电话跟我说："你们过来吧，在这里拿居留证很简单的，和德国不一样。你们在那边也不是长久之计，你居留证没弄好，做什么事情都不会方便。"虽然我们待在德国是合法的，名字也已经报到了市政府里面，但我们是以计划生育为由申请的人道居留，居留证一直没批下来，我们就一直处于申请阶段。我也去了解了一下意大利，向在那边生活的一些朋友打听，但他们都说："不要过来！在意大利生活很苦的，这边开工厂的人都住地下室。"这么一听我就怕了，也不想走了，当时我在德国生活得挺好，租的房子也很便宜，每月只要两三百马克。1998 年，意大利又"大赦"，我弟弟吴步奎又打电话说："老大你过来吧，我们兄弟姐妹大家都到这边了，这边挺可以的，我们后面可以一起合股开餐馆啊。"

德国的居留下不来，我们毕竟有要自己做老板的心，考虑之后，我们一家人决定，还是到意大利去。过去了以后，我就在吴步奎的餐馆里面帮忙，帮他炒菜，我老婆就在家里带小孩。2000 年的上半年，我的居留证办出来了，我们就开始筹备自己开餐馆的事。2000 年 8 月 15 日，我和吴步奎合股开了一家中日餐厅——"太阳"，有 80 个座位,20 多个员工，和他原来那家餐厅是连锁店。这间餐馆是以吴步奎为主导的，我是帮衬。因为他在日本餐厅做过厨师，自己也开过餐馆，经验很丰富。

从第 3 个月开始，餐馆的生意就很理想了。分析我们成功的因素，我觉得有三点。第一，价位定得比较合理，我们不做最低等的消费，但是中上群体都可以消费得起，如果只服务高消费群体，客源就不够，生意做不大。第二，食材选料很好。意大利有个专门卖日本货的公司，他们的东西都是直接从日本发过来的，像海苔、紫菜、大米、酱油、醋等这些东西，我们就到这家公司进货。至于鱼类，比如说三文鱼、金枪鱼、鲈鱼，这些鱼在意大利当地的超市里面就可以拿到，也很新鲜，因为这些鱼的产地都在这附近。意大利的肉类也有很多。

意大利餐厅后厨

初到海外，吴步双干的也是餐厅的活

第三，我们对卫生很重视。如果餐馆不干净的话，客人们就会去投诉，他们一投诉，卫生部门就会过来检查，不仅是食材，包括工人，他们都会查。当初我们这个餐馆开起来的时候，还有一个工人没有居留证，万一查到黑工，我们就要被罚款，还要面临关门几天的风险，所以说这个卫生是一定要搞好的。

开始两年我都在厨房炒菜，基本上就是鸡肉、牛肉、猪肉、虾还有蔬菜这些。米兰那里对中餐的要求没有我们国内那么高，只要味道炒出来就可以了，早些时候那里也没几个中国菜，就只有炒鸡丁、炒咕咾肉、炒粉丝、炒饭这几样。中国改革开放后，去过中国的意大利人到我们餐馆吃饭的时候，就觉得我们的中餐和国内的不一样。其实味道是差不多的，但国外装盘都是一小盘一小盘的，还会摆花摆盘，所以看上去会有区别。

有时候我也会帮着做些日本餐。做日本餐的厨具很讲究，比如切鱼的刀，它分长短，长的刀大概有 18 厘米，而且都卖得很贵，一把长刀起码要五六百欧元才能买到。还有一种专门用来杀金枪鱼的大刀，有一次我买的金枪鱼有 200 多公斤，没有一把大刀，那是杀不了的。这个刀用起来也讲究，必须要从鱼骨头的边上进去，拿下来的肉也必须是整块的，如果弄散掉了就没法用了，这对厨师的要求也很高。

2004 年，考虑到我一家人需要提高生活质量，吴步奎对我说："这个餐馆给你在这里经营好了，我退出来，把股份给你，我还可以跟其他亲戚合股开店。"他决定退出这家店，交由我一个人管理。管理可比做厨师轻松多了，我还把餐厅扩建了，把后面房东用来放杂物的屋子也租了过来，餐馆扩大到 160 多个座位。位置多了以后，餐馆的生意也成倍地翻上去了，一个月的营业额大概有 13 万欧元。

后来我觉得儿子也大了，自己能力也够了，2008 年，我就在米兰市 Viale Monza 买下一个房子，继续开连锁店。我还特地找了意大利比较顶级的设计师来设计店面，光设计费就花了 6 万欧元，加上装修、购置设备等，整个投资算下来有 90 来万欧元，买房子的钱还没算在里面嘞！2008 年 8 月 26 日，我的第二间餐馆也开门了。为什么还是要挑 8 月份开门呢？我是这么想的，万一餐馆刚开张生意就很好，客人来得很多，我们第一次进场肯定应付不了，到时候搞得慌慌张张的，生意做不好，信誉就会倒掉。但如果是 8 月份就一定不会发生这种情况，8 月是意大利人的假期，大多数人都会出国去度假，留在国内的人不多，这样就应了我们不想生意太好的想法。

第二间餐馆开起来，生意也很不错，营业额基本上和第一家差不多。一般来说，像这样有 100 多个座位的餐馆，周末满座，进去都要排队，一个月能赚十二三万欧元，这样的生意都是上乘的。

我的朋友们都觉得我做日本餐很有经验了，2012 年，他们就找我一起在米兰市中心开了一家"黄浦餐馆"，也是做日本餐，就在 Duomo 广场边上不远的一个地方。不过这个餐馆我只是入股，没有亲自去管，是另一个股东负责管理。虽然经营的模式都差不多，但我不是那里具体主管的人，现场又肯定是以在里面经营的人的意见为主，所以后来这家餐馆经营状况就不太理想，赚钱也不多，我就不再继续投资了，把股份给了另外一个股东。

2014 年，我又跟自己的亲戚一起开了一间连锁餐馆，这样慢慢地，连锁店的规模就大了起来，发展成了一个餐饮集团，我当上了董事长。

大家都说我是老侨领了

我的事业基本上算有点成就了，那时候我就碰到了胡光绍老师。胡光绍老师比我早出去，是米兰文成同乡会第二届会长。那天，我和我老婆到华人街的一家药店里买感冒药，医生问到我的名字，刚好他夫妻俩也在那里，他就听到了我的名字，但当时他还不认得我。后来第二次碰到，我们就聊了一会儿以前在国内的事情。他知道我曾经在法院工作后，就说："我们文成同乡会要换届了，到时候你要过来帮帮忙的，要发挥发挥自己的作用。"他跟我讲了一通同乡会的性质，说文成同乡会是以文成籍侨胞为主的社团组织，宗旨是爱国爱乡，扶助侨胞，为侨胞排忧解难。

2003 年，我开始接触同乡会的工作。当时胡光绍老师想让我做常务副会长，要交的会费也比一般会员高一点，不过对我来说钱不是大问题，时间上能不能容许才是。他劝我说："能过来就过来，过不来也不一定每天都要到。"就这样，2004年，我成了第二届米兰文成同乡会的常务副会长兼副秘书长。

我特别感谢胡光绍老师，没有他，我就不会这么早进入侨界，也许要过个几年才会进去。那个年代出去的华侨有很多，像我这种农村出身的人，接受的教育也不是特别高，如果在自己的事业上没有一点成就，我们是不会去做侨团工作的。以前我只是觉得侨团是一个培养名气的地方，走在路上碰到一个会里的人，别人都会很敬佩，好像那代表一种特别的身份。后来真正参加了侨团工作，我才明白，侨团的工作不是去得到荣誉，而是要付出，时间要付出去，经济上也要付出去。比如说你当会长，会里做捐资救助的时候，你就必须起带头作用，出的钱也要多一点，要是你只出1000欧元，那下面就会有500欧元、200欧元出来 这个钱就凑不起来了。

第三届米兰文成同乡会换届的时候，就有人让我当会长。当时我刚刚进入这个侨团不久，怎么能当会长？我就说："我不当会长，让第一常务副会长当，我过来帮忙可以。"第四届人家又说："第四届总得你做吧。"我说不行，没时间。当时我还有几间餐馆在管，也不适合做会长。第五届的时候，人家就说："第五届你一定要当了，第五届你还不当，人家就说你是没有实力，人脉关系不行，你从第二届开始就已经是中心人物了，到第五届还不当是不行的。"于是2013年，我就当了第五届米兰文成同乡会会长。

我当会长的时候，第一要旨就是维护国家利益。当时在米兰，有一些西藏的"藏独分子"把旗帜打出来，说什么"西藏独立"。我们侨团就向政府申请游行，既然他们搞示威，那我们也搞游行示威，反对"藏独"，把他们的势力冲掉，维护我们国家的主权。

我们的章程上也规定，要爱国爱乡，把祖国放在第一位。要是国内遇到自然灾害，侨胞就会去救灾，在这方面我们侨团一直担任着重要的角色。比如2005年"泰利"台风让文成损失极大，我们文成同乡会就捐了5万欧元给文成县里。2008年汶川大地震，我们同乡会捐了7万多元。我们也有捐款给其他地方。不过现在情况有点变化，国内也不是特别急需国外侨团侨胞的捐款，因为国内有钱了，那些大企业也会拿出几个亿来救助，老百姓们捐的钱加起来也有很多。

我当会长期间也比较关心家乡的建设和公益事业，世界温州人家园微信公众号我都有看。我们几兄弟捐了十几万元人民币，帮家乡把路灯搞起来了，让乡亲们晚上出去走路的时候不用摸黑。我也很支持教育。我当会长期间，侨联向我们提出说，有一些孩子家里比较困难，学业受影响，希望我们能提供帮助。我们会里就对接了8位贫困学生，资助他们，让他们把大学读好。我资助了两个孩子，现在已经工作了，好像都是学医的。

2005年，我参加了米兰华侨华人工商会。2016年4月，我当上了第十届工商会的第一常务副会长。米兰华侨华人工商会到现在已经有74年的历史了，它在米兰是龙头社团，只有在其他社团当过会长的人才有资格到工商会里来做会长。工商会影响力很大，通常总领馆有事都要先和工商会沟通，再由工商会分派任务到下面几个侨团。2018年，米兰市政府协调组织"世界移民美食文化节"，当时我们工商会集结了上百家侨胞开的中餐厅，免费提供食物摆在九头马公园外面的长桌上供大家享用，借此推广中餐文化。米兰市长萨拉在致辞里还特别提到温州，说温州就像是米兰的兄弟。

2016年10月，我成了欧洲文成华侨华人（社团）联合总会会长。这个社团是在胡志光、胡允革等这拨老华侨的倡导下成立的，主要是加强交流，整合文成的侨资源。联合总会是在2014年4月成立的，商议让9个以文成名字冠名的社团，按照英文字母顺序来轮值会长，任期两年。第二届会长就轮到米兰，但当会长要管理整个欧洲的文成社团，当时我离同乡会会长的任期结束还有两个月，我本打算让已经明确的下一届会长来当。同乡会里的成员不同意，他们说："不行，米兰这个担子你必须担起来，这个职务总得要一点文化的，你让他当就是为难他了。"我也就不再推辞。我当会长期间，我们联合总会还被推选为浙江省第2批海外示范性侨团嘞。

虽然说我参加了很多侨团，但也没有忙得不可开交。其实无论加入一个还是几个侨团都是一样的，做的都是那些工作。一般大的活动都是侨团联合起来搞，为侨界做的事都是一样的。只不过侨团本身的活动会多一些，像工商会做事情就多一点，例如，如果国人来了就必须要到工商会里拜访考察。而且每个侨团每年都要开年会，大家一起吃饭。米兰现在有十六七个侨团，一个侨团搞一次，就要十六七天了。那时候总领事馆的副总领事就跟我说："吴会长，你们侨团是不是可以沟通一下？这个年会合起来搞一次就是了，这样每个侨团都搞，时间真的不允许。"我就跟她说："副总啊，每个侨团都有自己的工作，他搞他也是有自己的面子，并起来的话，小的侨团就没有出头的机会了，永远都是几个大的侨团在前面做事、亮相，小的侨团就亮相不出来。"所以后来也就没有合并。

我在国外只做了十几年的侨务工作，但别人都说我是老侨领了。事实上我加入侨团工作的时间并不早，只是我一直在做任务，很多地方都是我亲自去跑的，所以大家也都认识我。我现在实际上的侨团职务只有米兰华侨华人工商会理事长，但如今年纪也大了，60岁了，我也不会再去接会长的职位。我现在是国内跑跑，国外跑跑，因为我在国内的时间太长，容易把侨团工作耽误了，这样也不好，我就跟会里说："以后要换届的时候，不用考虑我的因素，让年轻人上来练练。"

我当过法官，不如重操旧业

我还是很感谢之前在法院工作的经验的，它们对我的人生有很大帮助。我在侨团工作的时候，很多海外的媒体记者就说："吴会长，在侨界当中，您算是有文化有水平的人。"我说那也不一定。他说："我们知道您每次的讲话都是您自己写的，凭这点，您就不一样。"这也让我觉得比较有荣誉感。

在没加入侨团之前，别人是不知道我的。有些人的事业做得很好，钱赚得很多，但也没人知道他，因为他钱赚得再多都只是自己的，没有去为公众服务，没有为大家做点什么。我加入侨团以后，就有少部分人知道我做过法院工作。

吴步双牵头创办为侨服务"全球通"

　　那时我还没当同乡会会长，工商会通知我说，我在国内做过法院工作，要我过去帮忙调解一个婚姻案件。我就按照之前在法院学到的，在调解会上讲了一些流程和事实依据。大家听了之后就很惊奇，说："诶？这个人好像在这方面有基础的！"慢慢地，我好像就变成了一个业余的"和事佬"，大家有什么纠纷都会找我帮忙调解。加上我在工商会里工作，工商会是管全米兰的华侨华人的，瑞安、瓯海、青田这些地方的人碰到事了也会来找我。我也很乐意，就把这当成一个业余爱好。

　　国外的侨胞基本上是民事上的问题比较多，婚姻问题、家庭矛盾、经济纠纷等。我们国内的法律虽然和欧洲有不同之处，但人道上的东西是差不多的，那就是不可以欺负弱者。不过侨胞在海外确实有些事办理起来比较困难，像一些在国内结婚的侨胞，他们在海外双方自愿离婚以后，调解是成功了，但我们写的调解书不具备法律效力，把这个调解书拿到法院去，法律上是不承认的，拿去民政部门办离婚证也不行。很多华侨就回国打官司，不过办案周期过长，很不方便，所以后来就产生了一个海外调解的工作。

　　当时是文成法院的周虹院长率先提出把调解工作延伸到海外去，还在我们文成同乡会这里成立了海外民商事调解委员会，并聘任调解员，这个米兰的调解委员会是全国首创。后来有侨胞说我当过法官，不如重操旧业，利用学到的法律知识，为侨胞做一些事。2009年11月，我和胡建金就被聘任为文成法院特邀涉外调解员。胡建金原来是人民陪审员，也有相关法律工作经验。

等到2012年的时候，技术也先进了，很多事情都得到了解决。比如说在海外的两个人自愿离婚，但是法律文书拿不出来，双方又无法回到国内的，他们就可以进行视频法庭：法官坐在国内的审判庭上，双方当事人在调解委员会，两边视频连线，根据法律程序来办理离婚。整个过程，包括人的表情和话语，全部都会刻录在光盘里。国外当事人签字以后，调解员就以快递的形式寄到国内，法院在这个基础上再寄出调解书，发到当事人手上。这个就有法律效力了，拿到公证部门就可以办离婚公证书，拿到房产部门也可以办理房产的事情。2012年，朱金亮、周慧等14位文成籍海外华侨正式被文成法院聘为海外调解联络员。

文成法院开展海外司法服务，很多文成华侨都挺支持的，不过之前只有米兰的华侨能享受到这种便利。之后的情况就改变了：一共有15名华侨担任海外调解联络员，分别来自罗马、米兰、威尼斯等6座城市，都是文成籍华侨比较集中的地方，更多人可以获得便利。之后在这个基础上，文成法院又在罗马开了一个审判庭。后来周虹院长被调到瓯海区政府后，她就把这个工作在瓯海也搞了起来，同样聘任我和胡建金为瓯海区人民法院海外调解员，可以参加他们这个区的案件审理。

海外调解这种模式开创之后，我们又搞了许多新的机构和业务服务。之前像公证业务这些都没有，海外侨胞想要卖房子、贷款、借钱，好多使领馆是一律不予认证的。因为曾有过教训：一个人委托别人卖房子，认证了以后，那个人把房子卖掉了，钱却不给委托人，但也不是自己拿走，就是把钱做了投资，结果钱就压在里面拿不出来。这种事发生以后，外交部就明文规定，涉及侨胞房产经济的东西，全都不予认证。但因为我们文成的华侨数量多，这方面的海外需求量也大，我们就向文成公证处提出："能不能也通过视频给侨胞办理一些授权委托公证？"当初因为条件有限，公证处没有视频设备，也没有设置联络点，我们就借法庭的联络点给他们用。

后来有两个国内的市长访问米兰，到我们这个联络点考察，他们就说："你这样办理，法律上怎么说？你作为中国的法律工作者、中国的公证人员，在别国他乡设点办理这个事情，是不是跟当地的法律上面有什么冲突？"我就说："我们都是以侨团为依托，为侨服务的，我们做海外的联络点也是为侨服务。而且这个点上没有发出法律文书，法律文书是国内的公证和法律机构发出来的，这里等于是一个通过视频向当事人取证的地点，并没有产生什么法律上的东西，法律上的东西都是在国内产生的。"之后中央电视台中文国际频道也报道了我们联络点的事，这个经验就推广出去了，公证方面也放开了，业务涉及的范围也就更广了。

说起来，文成是先走一步的，当初是文成县侨联主席胡立帅先说的，"最多跑一次"要延伸到海外。2018年7月，我们文成就在联络点的基础上，在意大利米兰成立了首个"文成县海外服务中心米兰分中心"，这个公证处的业务就更加系统化、规范化、完整化了。通过这个平台，侨胞可以办理包括法院、司法公证、公安、土地审批、不动产证申办等范围的业务。后来温州市又陆续在海外设立为侨服务"全球通"联络点，2018年下半年，我成了米兰联络点的主任。目前海外共有16个联络点，其中我们意大利就有4个点。

不过这项工作现在遇到了一个瓶颈。什么问题呢？就是经费问题解决不了，国内不出钱，全部要海外侨团出钱。海外侨团的钱都是从会员那边拿过来的，主要用在接待国内代表团这些方面。经费如果要用在联络点上的话，侨团也支持不了，因为联络点要场地，起码要一个七八十平方米的地方，还有视频设备的配置，纸费、网费、联络员的工资等。其中有个点是和文成那边联络，县里对我们还算关照，拨给我们160万元人民币装修费，个人的工资也发给我们。结果后来市级主张从侨团做起，由侨团承担费用，国内政府不出钱，没有实力的侨团就退出去，让有实力的侨团进来做。这样一来县里拨出来的160万元就被冻结了。有一次在国内给市里侨领开座谈会，我就说："我们帮侨胞办事不收费，这真的是非常完美的事情，但前提是这个经费问题要解决掉。如果一个联络点只给 50 万元人民币，看起来好像有很多，但我们要知道，国内一个行政审批中心是要几千万投进去才能运转起来的。像我们文成有 16.8 万多个侨胞在海外，但文成县人口总共也就 41 万，这样对比下来，一年投个 50 万元人民币，真的是少少的一点东西。"

尽管联络点失去了国内经费支持，但是事情我们是照样在做的，有点不光彩的就是我们会向来办事的侨胞收几十欧元。人家都说我们是赚钱了，但事实上我们并没有赚钱，这就是个最基本的成本费，资料来回快递，都是要钱的。当然了，我们的意愿也是不要收钱。我们不收费，侨胞过来签字就好，这是最好的事，但现在实在是经费不够，收费也是没办法的办法。

截至 2021 年，我们米兰联络点已经办了 1850 多件事务，公安、民政、司法调解、公证等之类的事情都有。我觉得自己付出的一点时间和精力，能为侨胞带来便利，这真的是非常有荣誉感的事情。未来我也是打算在为侨服务的道路上继续前行，帮侨胞解决难题。

我们不是要在外面生根落地

意大利米兰这个地方，我们文成人比较集中，在此居住的华侨中 60% 都是文成人。大家住在米兰，基本和在国内生活差不多，我们在保罗·萨比华人街说文成话，大家都可以听懂。最早我们华人就在这里做生意，那时规模很小。后来因为意大利有"大赦"，很多人居留证办不起来，就从其他地方过来投靠，所以这里的规模就逐渐大了起来，大家做贸易、做餐饮、理发等，基本上都在这条街周围，逐渐形成了一条华人街。

后来米兰市政府跟我们侨团说，其他居民对华侨意见很大，说华人在这里不讲规矩，说我们在这里做生意，推车进进出出，碰到人也不说对不起。这样一来，米兰市政府就把这条街改成了步行街。原来是两车道都可以来回走的，后来就改成了单行道。住在外面的居民不能开到这条街上去，只能步行，只有身份证户口都在里面的人，才可以开进去。华侨做生意的推车也规定了使用时间，要在早上 9 点到 11 点这三个小时之内完成，不然就要罚款，东西也会被拿走。其实他们的目的是想把我们华人从这条街上赶出去，所以后来批发商店就逐渐搬到周边的商城里了，现在主街基本只剩一些零售店。

为了让华人街看起来更有中国韵味，侨团就和米兰市政府沟通对接，想在那里盖一个牌坊，用这样一个标志性的建筑体现我们中华民族的文化。多年来我们一直在努力争取，政府当初是想让我们建在主街入口的另一条街上，但我们想盖在这条主街的两头，随便哪一头都可以。米兰政府不同意，所以到现在也还没有批下来。

华侨的爱国情怀都是很浓的。虽然在国外我们也会跟着意大利人一起过圣诞节，但到中国节日的时候，我们就会叫上亲戚好友一起聚到馆子里面吃饭。像中秋节之类的节日，我们侨团也会搞一些活动，让侨胞们不要忘记中国的传统文化。意大利现在有七八所中文学校，我们的侨二代、侨三代都会在周末的时候去学习，把中文掌握起来，怎么说也不能忘记自己的母语。我自己的两个孩子都会讲中文，写汉字，我的女儿还是回到国内读的初中。

原来我们中国人出国，想在那边定居的人很多。现在不同了，大多数人都不是要在外面生根落地，不是要把自己的文化和下一代都送到那边去，而是要回来的。这个观念的改变和国家实力的变化也有很大的关系。我在国外待久了，就会特别想念家乡的山山水水，每次回来看到家乡的巨大变化，心里都会产生一种自豪感和发自内心的感动。记得 2001 年我第一次回国，当时我在上海机场打电话，之前北京机场的电话亭要投硬币才能用，那时我发现用 IC 卡也可以打电话了，内心很震惊：国内的电话亭已经变得这么先进了！2015 年 9 月 3 日，我受邀出席"纪念中国人民抗日战争暨世界反法西斯战争胜利 70 周年"阅兵仪式观礼活动，亲眼见证中国改革开放以来的进步和成就，内心非常自豪！我们侨团也从国家的强大中获益，我们的宗旨也从原来"联谊侨胞、争取引导侨胞融入主流社会"变成了"为侨服务，成为联系国内国外华人心的纽带"。

我再说一个例子。1994 年，我和我老婆在德国一个小城里逛街，我们看到一家店没有生意，好奇走了进去。里面的服务员过来问："你们是日本人？"我说我们是中国人，结果他转身就走，不跟我们讲第二句话。为什么呢？因为他们觉得中国人根本买不起这种衣服，这种高档的衣服只有日本人才有能力买。

那时候我们国家很贫穷，虽然已经改革开放了，但跟今天这个国力还是有很大差距的，华侨在国外很辛酸，地位很低。现在就不一样了，我们中国强大了，华侨也都抬起头来了。以前我在意大利很少看到中文，现在火车站、飞机场等公共场所都有了中文指引。米兰的一些高档品牌店里面基本上都雇了中国人当服务员，很多当地的服务员也会说中文，每个商店里面都写有中文的"欢迎"。过去买东西都要拿着现金去才行，现在可以使用银联卡，甚至好多店连支付宝都可以用，主要就是为我们中国人提供服务。现在中国人在外面还有一个代名词——"狂物购"。有一次我看见有个中国人在法国机场里买酒，大概要 16 万欧元，他想都不想就直接买过来了。所以大家都觉得中国人的钱很多。

我们国家的经济发展很快，但国人的素质有时还跟不上去。钱是有了，中国人在海外负面的形象标签也很多，比如有的中国人不讲究公共卫生，随地吐痰，"叭"一下就随便吐地上。外国人意见就很大，因为在外国这些现象是没有的，基本上他们吐痰不是吐在手帕里，就是吐在纸巾上。好在现在这种批评的声音也在逐渐减少了，说明我们中国人的素质也在不断提高，像那种看见东西就拼命抢拼命搬的情况也没有了。

现在国内搞美丽乡村建设，搞共同富裕，这是很好的事情。"绿水青山就是金山银山"理念给我们指引了方向，文成现在也在搞"金山银山"。不过我们不能自己蒙头干，也应该去欧洲的那些山国看看，像瑞士、奥地利，他们在乡村建设这方面确实搞得很不错，农村里面都很干净，我们可以去借鉴一下。

祖国没有忘记我们

2020 年 2 月，国内疫情暴发。我们侨团就在海外购买物资，比如口罩、防护服、手套等，买来就往国内发。"史上最长行李托运单"，就是我们侨胞从米兰回国那次。当时物资都发不出去，青田有一个侨胞回国，我们就把物资挂在他的名字下，以托运行李的方式带回去。

后来国内疫情缓解，我们意大利开始暴发了。一开始是伦巴第大区，大区里的第 1 例就发生在米兰边上的科莫省（Como）。最早被发现感染的是从武汉到意大利旅游的一对夫妻，在那之后意大利总理宣布：取消意大利境内所有往返中国航班。这个航班到现在都没有恢复起来。

意大利疫情暴发的时候，国内就开始向海外大量发送物资。浙江省侨联、温州市统战部侨联、文成县统战部侨联、文成县玉壶镇侨联，他们都纷纷发物资过来。我还记得那时文成县侨联一次性发送过来 100 万只口罩，由米兰工商会牵头，我们把这些口罩分到每个侨团，侨胞凭着身份证件每个人可以拿到 20 只。我们米兰侨团的几个人真的是从始至终都在抗疫的第一线做事情，穿着防护服，戴着护目镜、口罩、手套，现在想起来也是非常恐怖。

意大利第一波疫情来的时候，我们华侨的感染率很低。2020 年 2 月 21 日，意大利进入紧急状态之后，我们根据国内的抗疫经验，从 2 月 22 日开始就自发性地把所有商店、餐馆关起来了，那时意大利政府还没有叫人关门。国内也有发一些药物过来给我们，像"连花清瘟"等一些中成药，我们就由侨团出钱，快递给患者，或者由侨领亲自送到他们家里。我们侨领冒着风险把药和物资送到各个地方，出去后家里人都是很担心的，就像当兵的去前线打仗一样。3 月 18 日，浙江省抗疫医疗专家组带着"浙江经验"与 9 吨防疫物资到了米兰。那一刻，我们的心定了，接待的时候我还跟他们说："你们一过来，侨胞就有种安全感，自己家里人来了，祖国和家乡没有忘记我们。"

我隔离的时候听说一些侨胞帮助医疗队做了很多事。比如温籍侨胞、浙江联谊会会长温阳东把自己一个已关闭的酒店重新开起来专门提供给医疗队入住；没有厨师，就有侨胞将自己餐厅的厨师派过去，保障医疗队的一日三餐；专家组人生地不熟，没有人懂意大利语，就有几十位志愿者报名，侨领们在其中选了 3 位精通意大利语的留学生作为专家组的翻译；还有侨胞开着自家的商务车，在宾馆 24 小时候命，方便专家组每日外出工作……为医疗队服务，我觉得是米兰侨界所有侨胞的荣耀。

2020 年 3 月 20 日，我们米兰侨界以工商会为主体，成立了一个网上方舱医院。侨胞可以通过这个平台，向侨团求助。比如说有人需要药品和口罩，就在网上登记好，发来地址，我们把这些物资收集好后，通过快递公司无偿地送到他们手上。那时在国外医院都住不进去，大家的心也安不下来，疫情期间我们一直都这么做来稳定侨心。

我们华人第一个死亡病例是一位 70 来岁的老太太。那天她姐姐在都灵打电话给我，说她妹妹可能是这个病，发烧、咳嗽、呼吸困难，问我有什么办法。我告诉她如果发烧且呼吸困难，就要马上打急救电话去医院，要是气一堵上就会没命的。医院的人过来，量过体温后只把她儿媳妇带过去了，却不把她带过去。再后来那个老太太就叫我去送药，药送去第三天她就去世了。他儿子说，他妈死掉的时候声音很响，气一闭，"咯"的一声就过去了。

后来意大利疫情第二波来的时候，政府是允许开店的，但是白天不能开，可以晚上做打包的工作。这样一来，华人就有点松懈了，我们华人的感染人数就慢慢多了起来，在网上方舱医院送出去的药也不计其数。那时有一种药浙江省侨联没有，我们拜托西安那边发了一点给我们。这个药用了之后反响很好，侨团就把钱汇过去让他们继续发药给我们。药品发过来后，通关非常困难，在海外这些中成药是不允许进关的，必须通过当地防疫部门的熟人把它提出来。当然他们也明白这个药是给疫情服务的，只是要遵守制度。

有一次，文成县侨联发了 16 箱"连花清瘟"到我们工商会的办公室。碰到意大利的宪兵在那里检查，他们说收到举报，有人利用疫情把这批药放到外面卖，要把它全部拿走，还说要追究责任。我就去找总领馆，让领事馆出面去沟通。但是到最后这件事还是不了了之，东西也没有拿回来，只是换回了个说明，证明我们的清白。

还有打疫苗的时候，有好些人是没有居留证的，侨团也跟防疫部门沟通，安排日期，帮助这些没有居留证的人也把疫苗打掉，这都是侨团努力的结果。

整个疫情期间，我们米兰的侨团自始至终都把侨胞的安全与生命利益放在第一位，有求必应。不仅如此，我们侨团也会给意大利人驰援，我们在米兰生活这么久了，肯定也有感情在，每一位侨胞都像热爱自己家乡一样热爱米兰。意大利当地医院向我们发来救助时，我们基本上也是有求必应，有时捐500只医用口罩，有时捐1000只医用口罩，只要能力所及，我们都会帮助。2020年3月初，我们侨团为了支持意大利抗疫，向华人社会发出捐款倡议，一下子就得到广大侨胞的积极回应。4月10日，我们侨界将30万只医用口罩捐赠给了米兰市政府。那天，米兰市长萨拉、驻米兰总领事宋雪峰也出席了捐赠仪式，第二天萨拉市长还亲自拍摄视频向我们表达谢意。

病毒不分国界，我们侨胞在做好自我防护的同时，也为当地抗疫做出力所能及的贡献，向世界展示中国形象，传递中国温暖。

意大利疫情第三波来的时候，我已经回到国内了，国外的事业也都交给了孩子。

我在国外几十年，有这样一种理念：投资有风险。为什么这么说呢？当我还在国外赚钱的时候，比我老一辈的华侨们回到国内来了。那时中国刚改革开放，他们都去投资做项目，这些人回国的时候是拿着包提着钱回来的，后来去国外是连包都丢掉了。我从他们身上得到警示，不管做实业还是投资，都要慎重再慎重。我不想发大财，回到国内也不敢去搞大的东西，万一搞砸了不就把我的晚年生活全部搭进去了吗？

现在呢，我就只想稳稳当当地过好自己的生活，做做侨务，带带孙子这样。

王云弟：

我做的每件事都是想造福家乡

王 云弟

1961 年 3 月出生于温州市瓯海区丽岙街道，初中毕业后，进入政府部门从事林业工作，1984 年下海创业成为乐清小电器销售员。1987 年到法国，创立服装贸易事业，在法国华侨华人会期间热心侨务。2010 年开始关注并积极投身慈善事业。2015 年回到家乡，次年上任丽岙街道侨联主席，始终心系家乡发展。2017 年当选瓯海第九届政协正式代表，2022 年当选瓯海区第十届人大代表。现任中国侨联委员、浙江省侨联常委、温州市侨联副主席、瓯海区侨联副主席、温州肯恩大学华侨学院董事会理事、温州大学华侨学院顾问。

访谈时间： 2021 年 8 月 19 日、2021 年 11 月 20 日
访谈地点： 温州市瓯海区丽岙街道华侨服务中心二楼
受 访 者： 王云弟
采 访 者： 秦一丹、徐斌斐、武宇嫣
录音、摄影： 徐斌斐
文字整理： 秦一丹

从小感受着爱和温暖

我是 1961 年出生的。我父母都是农民，有四个孩子，我排老二，还有一个姐姐、一个弟弟和一个妹妹，再加上爷爷奶奶，家里一共要养 8 口人。那时候的日子过得很艰苦，家里的经济来源主要是靠父亲种田，我记得小时候经常吃不上饭，一年到头都吃不上一次肉。

虽然家里条件不好，我却从小感受着爱和温暖。我和姐姐相差十岁，又是男孩，父母特别疼爱我，把我当成是家里的宝贝。我母亲跟我说，小时候我经常要大人抱着才肯睡觉，所以很多个夜晚都是母亲抱完父亲抱。当时正处于计划经济时期，按照工分，我们一家人只能分到两碗汤。父母、姐姐舍不得喝，都留下来给我喝。因为家里穷，不能同时供养两个孩子上学，我姐姐就主动放弃了上学的机会，让我去念书，所以姐姐现在一个字都不认识。每当我的父母跟我讲起小时候的这些事，我经常听得流下眼泪来。

初中毕业之后，我本来还想读高中的。但是家里经济实在困难，没法让我继续读书了，我就直接进入公社工作了。那是 1981 年，我成为一名农业技术人员，主要工作内容是去田地里查看水稻的生长情况、各类农作物的授粉、登

记粮食产量等。做了半年之后，我被分配到瑞安县塘下区政府，做有关林业的工作，成为吃上"公家饭"的人。当时可供选择的就业空间很小，除了这些，也没有其他更多行当可以做。

她主内我主外，互相配合

工作没多久我就结婚了。我老婆是丽岙人，家里也是务农的。我们在结婚之前都没有见过面，因为我们的父母互相认识，私底下就定下了这门亲。当时我才16岁，我老婆也只有14岁，我俩根本不知道这件事。等我到了21岁的时候，她家摆酒，父母就叫我过去吃。一进她家，那些人就说，我是她的老公。我一时还没有反应过来，我老婆当场就不好意思了，赶紧跑掉了。

如今的年轻人是双方真的喜欢，彼此合适，才会说我要嫁给他。我们那时候哪有自由恋爱，都是父母做主，当时农村的习俗和风气就是这样。我们都没有谈过恋爱，也不知道谈恋爱是怎么一回事。父母讲下来的婚事，不行也要行，两个人就是要过一辈子了。

虽然我和我老婆是奉父母之命结的婚，但是婚后，我们两个人很合得来，彼此之间关系融洽，生活非常和谐。在一些重大的问题上，一般是由我做主，但老婆给我提建议的时候，我也会慎重考虑。在很多事情上，她都能给我提供不同的思路，有时候她跟我这么一说，我就会听取她的意见。虽然有时候两个人有不一样的想法，但我们会沟通和协调。可以说如果没有我老婆，就没有现在的我。我们俩的分工一直很明确：她主内、我主外，互相配合。她是一个很勤快的人，很会持家。

在我们结婚30周年的时候，我在巴黎洲际大酒店举办了一场大型的纪念活动，当时邀请了三百来人，包括法国的各级政界、商人、大使馆的人等。因为活动比较隆重，当地的报纸都报道了这件事。

我非常感谢我的老婆，如果我身后没有她的支持，很多事情是绝对做不好的，她就是我坚强的后盾。她把家庭打理好，我才能全身心地投入工作中。

我骨子里是个不安分的人

我出生在农村，家里也很贫困，但是我这个人，做什么事情都想走在别人前头。我是村子里第一个穿上皮鞋的男孩。在我 20 岁的时候，我父母给我做了一双皮鞋。在那个年代，皮鞋可是稀缺品，我记得做那双皮鞋花了 8 块钱，是一家人 8 天的薪资。有一次我穿着皮鞋去参加聚会，走到一半忽然下起雨来，我就赶紧把皮鞋脱下来，用衣服包住护在怀里，生怕被雨淋坏。那一路，我就光着脚在石头路上跑，身上也湿透了，唯独这双皮鞋没有被淋湿。

走在人前、不安于现状的性格也对我的事业产生了决定性的作用。当时正值改革开放，温州有很多人都开始自己创业。1984 年，我也开始了第一份自己的创业工作——乐清小电器销售员。

当时我在瑞安塘下区做公务员，已经算是一份很好的工作了，村里人都特别羡慕，有了这个"铁饭碗"，这辈子都不用挨饿了。我每天都可以在单位的食堂吃饭，不用再过着吃了上顿没下顿的日子。但我骨子里还是个不安分的人，有一次和同事聊天，我无意中得知他正和他舅舅在乐清做电器生意，挺赚钱的。我就想着改天我也去试一试。后来我就请了两个星期的假，跟着他们一起去推销电器。三天之后，我就非常熟悉这项业务了，开始走上独自销售的道路。

我觉得推销电器还不错，工作之余就一直去广州跑业务。当时推销要靠发广告，要印很多的宣传单和小册子给各大公司寄去，这要花不少的钱。那时正碰上我的大女儿出生，女儿满月的时候，我们在家里办了一场满月酒，收了大概 300 块钱。这笔钱全部被我用去印传单、广告纸了。我老婆还有些心疼，说这个钱是给小孩子的，你却全部把它花光了。但在我看来，这是很值得的。只要是我认定的事情，我就会全力以赴，尽自己最大的努力。这些广告单虽然在发出去后并没有特别好的效果，但也多多少少让我收获了几单生意。

后来我就经常跑广州，亲自上门去推销电器。卖电器的那段经历至今都令我记忆犹新。我从温州去广州跑业务，早上五六点钟就要起床坐车去金华，然

王云弟受聘为温州大学华侨学院顾问

后再乘 24 个小时的火车到广州，这一路经常没有位置坐，多半时间都是站着的。如果碰到一个位置是空的，能让我躺一个晚上，我现在想想都觉得那是一件很幸福的事。20 世纪 80 年代的时候万元户还很少，一万元是特别值钱的，但我在 1985 年的年收入就已经过万了。

那时候是改革开放初期，也真是让我赶上了好时机。那几年，我在广州赚了一些钱，还成了村里第一个买电视机的人。因为我常常跟五金和电器行业的人打交道，他们都是卖电视机和各类电器的。我跟一个老总认识了之后，从他那里买了一台电视机来。电视机运到丽岙家里，每天太阳还没下山，整村的人就已经围在我家门口了。我常要出差在外面跑，就让我老婆每天晚上把电视机搬到院子里，给村里的人看。

后来我还买了一辆凤凰 69 型自行车和一辆摩托车。我就是一个不愿落伍的人，会比较主动地去接触许多新鲜的事物。

决心要在法国扎根

1988 年我出国，算是比较早的。很多人觉得我在国内发展也挺好的，为什么还要去国外？在我家乡丽岙，出国是很多人的理想，当时大家都觉得出国是件很有面子的事、出国能赚钱。丽岙有很多人都出国了，在这种大环境的影响下，我也出去了。那时还有很多人还在种田，其中也包括我的父母。

我是和我的老婆一起出去的，去的是法国，当时对外说是去旅游。刚到法国没几天我就意识到，国外的生活和我想象中的完全不一样。在国内，听老前辈们讲起来，法国满地黄金，那些出国的人赚起钱来都很容易，所以在我的脑海里面，出国的目的就是赚钱，就是要让生活更好，而且我自认自己的适应能力会比老一辈好，能更快地习惯法国的生活。所以说当时也是信心满满。但到了法国才发现完全不是这么一回事。

刚下飞机我们遇到的第一个问题就是语言不通，在这种情况下简直寸步难行。刚到法国的前两年里，我常常觉得生活很难过下去，老婆也几次想要回国。我们在法国人生地不熟，旅游的签证一过期就会成为黑户，那段日子压力很大，也常觉得灰心。但是我们又想到，选择出国的华侨们都有同样的经历，既然他们能坚持下去，那我为什么不能呢？所以现在回想，是温州人吃苦耐劳的精神，给了我们在异国他乡扎根的力量，这也是我们中华民族的精神食粮。

运气还算不错，到法国后不久，我就有了第一份工作，老乡介绍我到一个东南亚人的超市里打工。那时我经常思考，想总结老板成功的经验，经过多方面的观察，我觉得归于两个原因：一方面是他父母给他留下了很大的财富；另一方面是他自身很有商业头脑。

我和老婆没在一个地方上班，我在超市打工，她在金边人的工厂里缝衣服。那时候生活还是很艰难，交了房租，生活费就用掉了大半。我在超市工作特别勤劳，早上9点就到，中午偶尔休息，晚上7点才下班，有时也会加班，老板都走了以后，大概快到8点钟我才下班，都是在给超市帮忙，所以老板给我的工资也很高。下班后我还要去读书，学习法语。

刚开始的周末我还会多打一份工，超市上班到7点，夜校读书到8点半，然后再去帮餐饮店老板洗碗，一直到10点多才回家。这份工作也就做了一两个月，因为实在是太辛苦了。

我老婆的工作是缝衣服，她也很辛苦。她的那份工是计件的，今天缝了50件衣服就有50件的钱，如果缝了100件那就是100件的钱。像这种按照产出数量算工资的都要看个人能力，看一天做了多少工。我们两个人不分白天黑夜地拼命工作，生活这才安定了下来。

所以说，每个人想在国外生活下去，真的都是不容易的，很多人看到华侨的光鲜与辉煌，那只是表面的。华侨们都是付出了很大的努力才取得了如今的成就，没有付出就不会有收获，我永远都是这么认为的。但我觉得无论我们在哪里、在做什么，只要有勤劳的美德就足以好好生活下去。

三年计划，三个目标

下定决心要在法国扎根之后，我给自己定了三个目标，计划用三年时间来完成。第一是要获得合法身份；第二是要买一辆汽车；第三是要买一套房子。

首先合法身份是最重要的，没有合法身份就是一个黑户，连走在街上看到警察都要担心自己被抓走，这样子是没法生存下去的。而且身份非法，工作也不好找。当时我的运气很好，在解决身份问题的过程中，我得遇贵人，也受到很多好心人的帮助，顺利解决了身份的问题。

我解决身份问题后的第一件事，就是开了一家自己的服装店——这也是我生活的一个转折点。开店的时候是1991年，我们在法国已经生活三年了。那年我和我的老婆商量，我们去开店做服装生意。我们的服装批发店，店面40多平方米，虽然店铺面积不大，但是我们有一个地下室，就请工人在那里做裁剪工作。有很多人开批发店会自己做裁缝工作，但当时我们没有这个能力，而且就算做起来人手也不够。所以我们只好请工人们到家里来缝，平常就负责管理他们。

开店不久后我也摸出了一些门道，想做好服装店生意，只要掌控好其中的几个环节。第一步是要把布料买回来；第二步是要把样子设计好；第三步是要把衣服交给别人进行裁剪和缝合工作，最后再把它卖出去，每一步都要足够仔细。有时候我们早晨 6 点钟起床，要干到第二天的凌晨三四点，每天只睡几个小时，都没有时间回家，我们在地下室里眼睛一眯就睡着了。生意忙的时候根本转不过来，所以说刚开店时的日子过得特别辛苦。

但那时候确实觉得日子有奔头，每一天都过得很红火。当时我们的生意处于供不应求的状态，我们真的希望能够有更多时间、更高的效率，恨不得把一天当作 48 小时用，希望能提高产量，多赚钱。当时一件衣服卖十法郎，能多生产 100 件就能多卖 1000 法郎，多做 200 件就能多卖 2000 法郎啊。而且我们中国人总结出了最能盈利的方法，那就是在服装款式上，不请单个的设计师，而是选用设计师的图纸，这样我们觉得一件衣服的样式好看，就花钱单买那一件，慢慢就会有各种好看的款式，比请一两个设计师来划算得多。我们的生意就这样一直做下去，我也在差不多三年的时间里完成了给自己定的目标，买了房子和车子，还是挺有成就感的。

当然过程中也有很艰难的经历。让我印象特别深刻的是，第一年开服装店的时候，我辛辛苦苦赚的钱全被一个犹太人骗走了！当时这个犹太人拿着一个皮箱来，第一次就把我们店里的衣服全买走了。他那个皮箱一打开来，里面全部都是钱。他走后我算了算钱，赚了三万多元呢。我就想着这一定是个好客户，改天要和他好好合作。我们的第一次交易就是这样在现场一手交钱、一手交货的。

第二次他打电话来问，能不能先付一部分钱买走全部的货，之后再给我补钱，当时我们就相信了。这样慢慢做久了，他的胆子也越来越大，我们做多少衣服，他全都要买回去。后来他欠我们店的钱越来越多，索性就不还了，告诉我们说，他破产了。所以我第一年辛辛苦苦赚到的钱，全都被他骗走了。这件事给了我很深刻的教训，从那以后我再不会把货交给不付钱、不付够钱的人了。

我的生意做大了五倍

我在法国把事业做起来后，就想着要回国看看。到 1992 年，我已经有五年没有回过国了。

回来之后，发现家乡的变化好大，瑞安有一个三层的商场全是用来卖服装的。我在那里转了半天，看到一些非常精美的绣花文胸、内裤。我立刻觉得，这些东西带到法国肯定好卖。我买了一皮箱回去，果真赚了很多钱。那批货卖出去的第二天，我就和我老婆讲："这批货真是卖得很好，我们马上去中国再带一批回来。"第二次我再回国，就是去找这批货的生产源头，一直找到了洛阳那边，发现他们大部分是从福建进的货。

当时把货从中国运到法国，要到意大利走中转。中国到意大利走海运，可以直接用集装箱装货，比在法国方便很多。所以我们就每周五去意大利拿货，周日再回法国。这样确实能赚很多，但两边跑的生活也很辛苦。

在做服装生意的同行里，我算是比较早地想到从中国进货然后赚取差价的。那些华侨老前辈们，大部分都是靠自己勤劳的双手做皮制品生意的。比如说他们有两口子，今天一个人做 10 个包，从 8 点做到 10 点；明天想再多做几个包，就要从 8 点做到凌晨，用这样的方式积累财富，生活是很艰难的。我自己也曾经是这样过来的，深刻明白其中的不易。

但是，当时到中国找个工厂，做 2000 个皮包，那就是非常容易的事情。中国的工厂也会很高兴，每天管我叫老板。我把中国生产的货物拿去法国销售，成本低、利润高，尤其是女士服装。我在超市工作的经历也让我更加懂销售，更有能力把生意做好。在从中国进货之后，我的生意最起码比之前做大了五倍。

我个人能有如此发展，要感谢祖国的发展。特别是中国刚加入世界贸易组织（WIO）的第一年，让我们华侨赚了很多的钱。

为华人会做事是一种荣誉

我很早就加入了法国华侨华人会，大概是在 2002 年，具体的日子记不得了。只记得当时是杨明担任主席。那时候我到法国已经有十几年了，在做生意的过程中认识了很多中国人，特别是温州人。经过这些朋友介绍，我加入了这个协会。

入会每年要交一笔会费，之前是一年 1000 法郎，差不多是一万元人民币。现在有所增加，每年是 3000 法郎。华侨华人会每年需要 80 万法郎作为各项活动的经费，接待来宾、举办晚会、组织游行都需要钱。有时候会费不够用了，我们都会再出钱。那时候大家都不计较这些，觉得能为华侨华人会做事情是一件充满荣誉感的事。

后来我担任了华侨华人会的副主席，同时还是办公室主任。在这期间，让我印象比较深刻的是华侨华人会举行的两次大规模游行。

第一次是在 2014 年中法建交 50 周年，这对于中法两国人民来说，都是一个值得庆祝的日子。华侨华人会特别重视这次活动，这是一次很好的机会，可以在法兰西共和国的土地上分享我们优秀的中华文化，同时也向全世界的人传播中华文化。从前期策划到活动当天维持秩序，我们都安排了大量的人员。活动所需的物资也由我们提供了一部分。

第二次游行是为了维护我们同胞的利益。2017 年，一位华人在家中被法国警察击毙。起因是夫妻发生口角，吵得比较激烈，邻居阿拉伯人就敲门想要劝架。当时男人正在杀鱼，开门的时候，他手中正拿着一把剪刀。阿拉伯人看见他手里的剪刀，也变得很凶，两人就吵了起来。后来阿拉伯人报警了，警察来了之后便破门而入，直接开枪把男人打死了。这件事情发生之后，许多华人都表示愤怒。哪有一句话不问，就直接开枪的？大家都觉得这件事情不能让它就这么过去，第二天很多人聚到警察局门口，要求警方做出说明。

为了维护华人权益，我们决定开展游行活动。这次游行的规模很大，我们还特别安排了很多安保人员维护现场的秩序。4 月 2 日在巴黎共和国广场开展游行，抗议的人举着带有剪刀标识的牌子——代表遇害者手中刮鱼鳞用的剪刀——大家高呼"真相、公平、尊严"的口号，要为遇害的同胞讨一个说法。由于华人的呼声高涨，在多方压力下，巴黎警方承诺重新调查此事，并且加强对华侨华人的安全保障。遗憾的是这件事最终并没有获得一个令人满意的结果。

一定要为孩子们做些好事

我做慈善事业是从 2010 年开始的。那年我老婆与法国大使馆的大使夫人同法国妇女会一起去云南考察，看到了很多贫困山区的小朋友。看完之后，她心里很难受，回到家一边哭一边和我讲："根本难以想象啊，现在还有人过着那么艰苦的生活。"后来我也去了云南、四川等地的山区看那里的小孩子，亲眼看到他们每天早晨都要走两个小时的山路，只为了上一节 45 分钟的课，特别不容易。孩子们一个个都瘦得皮包骨头，身上没有一点肉。我就暗下决心，一定要做慈善，要为那些孩子们做些好事，让山区的小孩们可以正常上学，都有书念。

我们就去给中国华文教育基金会捐款。这个基金会是在时任中国国家主席胡锦涛的亲自倡议下，于 2004 年成立的，会接受一些捐款去建设山区。每年我都会资助山区贫困儿童，开设奖学金，到八九月份快开学了就买很多文具用品寄过去。每年我还会以私人的名义捐几百万给他们。看了这些贫苦地区，我就觉得我们自己的生活一定要保持节俭，有时候我们吃一顿晚饭就要花几万块钱，但是几万块钱可能是贫困山区一个家庭几年的收入啊！

说到捐款，2013 年我还捐款给联合国儿童基金会，所以联合国也颁发了一个勋章给我。我也给法国的警察局捐过款，因为我生活在法国，全要靠警察保卫平安，如果一个国家连平安都保障不了，哪里会有别的一切呢？除此之外，我在法国开的公司给 4000 多个法国人提供了工作岗位，可以说是有不少贡献的，所以后来我还获得了法国"荣誉市民"的称号。

陪母亲回到温州

从 2015 年开始，母亲的身体变得不太好。再加上我父亲在温州过世了，她就坚持要回温州。温州人做生意都喜欢亲戚带亲戚，那时我的姐姐、弟弟也出了国，我们一家人都在国外了。我和我母亲说："现在不用急着回国，我们可以等到清明节再回到温州看看父亲。"母亲不同意，老人家一定要落叶归根。所以2015年的时候，我就送母亲回到了温州。

回来之后，母亲就不肯再与我一起出国了，大概因为到了年纪，更想守着自己过了半生的地方。当时我姐姐说回来陪着母亲，她也不同意，一定要我陪在身边，我就一直在温州陪着母亲到现在。我老婆现在也会时常问我："是不是我们老了以后，也会变成这个样子？"

我回到家乡常住之后，就发现这里的道路很差，自己开车进出都很不方便。后来我就向丽岙的书记提议，由我出钱把家乡的路修起来。那个时候的丽岙有21个村，每个村的道路都是华侨捐款修起来的。丽岙的"五水共治"和自来水供水工程，也都有华侨的捐款。学校就更不用讲了，全靠华侨捐建。

丽岙的华侨老前辈们都特别地爱国爱乡。我也希望我们小小的举动能唤醒全世界华侨华人来反哺我们自己的祖国。虽然国家现在繁荣昌盛，但是也有许多弱势的群体，需要大家伸出援助之手。

2020年初，祖国疫情暴发的时候，当时我正在法国，看到新闻上说中国疫情暴发，那真是心急如焚。我第一时间给家乡打越洋电话，询问丽岙侨联抗击疫情工作的情况，并且极力在法国组织动员海外侨胞。大家日夜奔波在医疗器械的商铺、工厂，四处寻找采购口罩、护目镜、防护服等医疗防疫物资。我们把一车车、一箱箱的物资漂洋过海地运回温州，火线支援这里一线的医疗单位和基层防疫工作人员。2020年2月，我代表温州侨美房地产开发有限公司向瓯海区慈善总会捐赠50万元人民币用于采购医用紧缺物资，支持家乡抗击疫情工作。

这期间，我每天都通过微信与在国内的副主席们联系并且安排抗疫工作，组织安排侨联的工作人员们接收捐赠物资、开展防疫宣传、为辖区内侨眷分发口罩。中国的疫情一直到2020年3月初都没能结束，我实在放心不下，只身一人回到丽岙参加指导当地的抗疫工作，携手国内侨胞、侨眷共克艰难，为支持家乡打赢疫情阻击战献出自己的力量。

王荣弟积极参与侨联的捐赠活动

当主席，完成老侨领遗留的任务

我是从 2016 年开始担任丽岙侨联主席的，这件事也离不开我老婆的支持。当初受邀时，我还有些犹豫，是她一直在背后鼓励我。我还记得她当时跟我说的一番话："人没饭吃的时候要赚钱。赚到钱之后，成家立业，培养子女。这两个阶段的事都完成之后，就要奉献社会，要为社会和民众做贡献。"我觉得确实如此，赚钱、培养子女这两件事我都已经完成了，趁还有一点精力，也该为家乡、为侨联做些事情了。

在这五年里，我领导全体侨联人员团结一致，完成了许多前届侨联领导遗留下来的任务。上一届丽岙的侨领有很好的想法，也始终坚持为侨服务。比如他想通过集资建房来改善侨眷的居住条件，想要建起一栋楼，把一到三层留下来给侨联办公用，四到八层作为村民住房。当年为了建楼，村民们你 20 万元、我 20 万元的，把钱都交了进去，但因为政策不合规等各种原因，这个工程耽搁了下来，一停就有 8 年之久。

仔细想想就会知道，真正有钱的人是不会买这个房子的，那些交了钱的老人们都是在丽岙种了一辈子田的，这些钱是他们一生的积蓄。结果这个项目一耽搁，就牵涉 60 多户人。每年这一帮人都会去相关部门上访，还会在街道里拉横幅，要讨一个明确的解决办法。

这样，当年总共筹下的 1200 多万元，就变成了一个烂摊子。为了解决这个遗留问题，我决定由侨领们投资，重启建房方案。我当时投资了股份的 50%，剩下的 50% 也由几个敢担当的人承担了。我们当时说好，这个生意如果亏本了，也全部由自己承担。

侨领们就是这样团结起来积极解决问题的。2016 年 12 月，我和其他四位华侨投资 1.5 亿元建造侨美大厦，2018 年的时候又投资建了温州花城。

丽岙街道侨联在我的带领下，经过一年多的拼搏变得焕然一新。2017 年 3 月，我被推选为瓯海区政协海外正式代表，同年 4 月列席温州市政协海外代表。在 2018 年 8 月，我作为正式代表出席全国归侨侨眷第十次代表大会，全票通过当选第十届中国侨联委员。丽岙侨联也连续第 7 次被评为全国先进集体。这是让我感到小有成就的事。

让华侨感受家的温暖

现在的丽岙华侨服务中心是在 2017 年建起来的，办公地址是我挑选的。这里以前是用铁皮搭的一个矮矮的车库，平常都会漏雨，架子也是看起来马上就会倒塌的样子，已经没有任何作用了。我就觉得这里一定要重建。当时有很多老前辈就问我，说："你要重建，有钱吗？"那我就回答："就算我出钱，这个地方也要重建。"我和他们讲："这件事情我会去做，但你们的建议我们也会考虑。解决这些问题，我绝不会向侨联要一分钱。"

丽岙华侨服务中心建起来后，还被浙江省委统战部评为先进单位。我们丽岙侨联的服务宗旨是"侨联为侨，侨联爱侨，侨联护侨，有事找侨联"。我成立这个华侨服务中心的初心就是，让更多华侨、侨眷过来坐坐、喝杯咖啡，让他们感受到家的温暖。我们的侨联副主席一共有 78 个，我们这么多人每个月

王荣弟倡导创办丽岙华侨服务中心，为华侨排忧解难

都会坐在一起开视频会议，凝聚全世界各地的力量，共同为我们的侨胞服务。我们每个月有三次学习会，分别是每月的10号、20号和30号，雷打不动。我们在会议上会讲很多事情，比如疫情防控、国际形势等，传递国内外的信息。这个平台从全国层面来说都是独一无二的。

另外，海外回来的华侨，不熟悉现在国内的环境，有很多事都要我们帮忙去做，如果他们遇到问题，不管大事小事，我们都会尽力解决，小到邻里纠纷、委托授权，大到土地确权、身份恢复，都是我们侨联对侨胞的无偿服务项目。可以说我们是在打造一个"为侨服务"的品牌。

在被授予"警侨之家"的称号后，我们侨联开展了很多联谊活动。比如2019年4月，联合丽岙派出所推出"警务进侨联"活动。从那之后，每个月的10日都会在学习会上通报上一月的丽岙各村治安情况，宣讲治安防范措施，这样有利于营造丽岙警民共治的好气象。为推广"枫桥经验"，我们在丽岙街道侨联以及21个村级侨联，相继创设"警侨工作室"。联合丽岙医院，我们首创推出"互联网＋家庭医生"、"互联网＋健康养老"线上服务方式，增进了"为侨服务"的新模式。

我们侨联还成立了一个专门做慈善的基金会。很多家长在国外赚钱，他们的小孩就不太有人照顾，如果这些孩子生病或是生活遇到困难了，我们都会给予帮助。比如前两天，我们听说温州大学有几个学生家里比较困难，就通过基金会去赞助他们了。还有像之前永嘉台风造成很大的损失，我们也往该地区捐了钱。我个人回到丽岙以来，已经捐款500多万元了，大家齐力捐款的数目就更多了。无论是个人还是地方，我们只要知道有遇到困难的，都会选择去支持、帮助。

华侨精神要代代相传

还有几件事也是在我任职期间很重视的。

第一个是参政议政。每次有政界的会议，我都会动员侨胞们积极参加，让侨胞的声音能被政界听到。2019年区政协会议，丽岙侨界去了13名代表；参加温州市政协会议的丽岙侨界代表有6名。他们提出的议案，都反映了归侨侨眷和海内外的意愿和呼声。我们还组织参加了第十次全国侨代会，其中丽岙侨联正式代表一名，海内外列席代表五名，他们在会议上认真学习、充分讨论十代会精神，接受央视国际频道采访，展示了丽岙侨界的独特风采。

第二个是侨法学习。在《浙江省华侨权益保护条例》颁发以后，我们利用侨领主席团微信群、学习会等不同形式开展学习活动，学习人数达到260人。在温州外侨办、温州晚报主办的"改革四十周年——亲侨、爱侨、护侨"侨法知识竞赛中，我们的学员获得了集体优胜奖。

还有就是思想文化交流活动。我们为海外华裔青少年举办的"中国寻根之旅"夏令营持续了16年，前来参加的人数累计达到1500多人。疫情期间，我们还开设网课，向海外青少年传播中华文化，巩固"华文教育阵地"。

我做的每一件事情都是想造福于丽岙、造福于华侨。华侨服务中心、华侨之家侨史馆改造后，都给人以面貌焕然一新的感觉。我觉得人做事就要有一种大胆创新，吃苦耐劳的精神，我们华侨的精神要代代相传下去，所以，我们最近在和温州大学合作，撰写《丽岙华侨百年》一书。华侨有故事、温州大学有文化，所以一个负责讲述、一个负责书写。

2021年12月28日，我们侨联会召开主席的换届选举。我已经当了一届主席，解决了历史遗留问题，也做了自己想做的事情，已经没有什么遗憾了，我想把更多机会留给年轻人，想让更多的年轻人能加入侨联当中，为家乡做贡献，为侨界造福。所以，我已经给街道和统战部门写了一份报告，不再连任主席。

下一代要开启自己的人生

对下一代的培养，首先是要重视语言。我的小孩会讲英语、法语、德语、西班牙语……我还让他们学印度语和阿拉伯语，因为我们是做贸易的，语言是最基本的工具。如果今天阿拉伯人进你的公司，你和他讲阿拉伯话，他会感到特别亲切；印度人来，你还要讲印度话，这样会给顾客完全不一样的感受，我们的生意做起来也会特别容易。

我的孩子会7种语言，却唯独不会中文。这些孩子都是黑头发、黄皮肤的，却不会讲中文，这怎么能行？所以，我还让他们来中国，到北京大学、复旦大学去留学，学习中文。

想当初我去法国的时候，因为不会讲法语，连问路都特别艰难。当时在法国的机场，人们讲的第一种是法语、第二种是英语、第三种是日语。但是现在完全不一样了，法国机场现在第一讲法语、第二讲英语、第三就是中文。我现在坐在法国地铁上，经常能听到中文，在道路上也能看见打有中文的广告。我们的国家强大了，我们在海外的华侨华人就更受别人的尊重，讲话也更有底气了。我在路上看到五星红旗的时候，眼泪都会止不住地流，觉得特别骄傲。

我还希望我们第二代、第三代的年轻人创业，能够参与到我们祖国的建设与发展中来，这是我们这代人共同的期盼。所以一定要增强年轻一代华人对中华文化的认同感。

我的孩子从小在法国长大，受法国文化的影响很多。法国被称为"浪漫之都"，在他们的观念里，不像我们的传统文化中有"家"的概念，这个就是文化的差异。我们中国很重视"家"的理念，这个家不是老公的、也不是老婆的，既然两个人走在一起，那就是同呼吸、共命运的共同体，是谁都离不开谁的，只有互相关照，家才能变得美好。家庭不是法庭，没有对与错，大家都要互相理解、互相包容，既然选定一个人，就要携手将日子好好过下去。所以我希望我的孩子们，即使生活在法国，也要保有"家"的观念。

现在我对我的孩子们说："我已经完成了我的事业，这也是你们开启自己人生的时候了。"我在国内，会经常给我的三个孩子发消息，提醒他们，无论对家庭还是对社会，都要懂得感恩与回报。

我的孩子们现在都从事贸易，我会经常和他们讲中国的故事。我的孙子也一定要学习中国文化，要有清醒的头脑和坚定的信心，能为家庭、社会和我们的民族做出应有的贡献。

目前已经可以看到，我们在培育新一代接班人方面也取得了一些成果。现在很多年轻人在国外受过高等教育，想法和理念都比我们先进，视野也比我们开阔很多。要鼓励和引导这些年轻人为家乡做事。比如，我们隔壁村的一个年轻人十几岁去国外念书，现在就回来创业，带领一群法国的年轻人在北京中关村创立了一家公司。

丽岙侨联党支部是全国最早成立的党支部之一，我们还最早成立了青年联谊会。党建带侨建是侨联工作的法宝，依靠党的领导，一步一步慢慢来，教育广大侨胞爱国爱乡，教育我们的下一代融入自己的家乡，用他们的头脑和智慧，为家乡和祖国的发展做出贡献。

陈正溪：我是说走就走的模式

陈正溪

陈 正溪

1962 年出生于文成县玉壶镇。1979 年至 1991 年在贵州省凯里市从事牙医工作。1992 年赴意大利，辗转米兰、那不勒斯和罗马，开创服装贸易事业。现任意大利罗马繁盛贸易进出口有限公司董事长。2002 年起逐步参与侨团工作，曾任意大利那不勒斯华侨华人贸易总会第一常务副会长、意大利南部文成同乡总会会长、意大利华侨华人贸易总会会长兼文成法院罗马联络处主任、意大利罗马华助中心主任、意大利中国总商会会长等职务。2012 年通过促成绿城集团参与文成县旧城改造，探索侨胞回乡发展新路径，同年当选文成县政协常委。2013 年，拥抱国内"电商潮"，联合创办惠民网，系中商惠民科技集团有限公司副董事长。

访谈时间：2021 年 8 月 26 日
访谈地点：文成县大嶂镇陈正溪先生家中
受 访 者：陈正溪
采 访 者：何锦顶、蒋冰雁、方韶毅
录音、摄影：蒋冰雁
文字整理：何锦顶、蒋冰雁

毕业第二天我就出去了

我出生于 20 世纪 60 年代，家里条件不好，9 岁才读小学。我就读的坪岩村小学在村子中间，村子很大，上学要走半小时。但学校不大，同年级的分在一个班，我们班才二十几人。那时同学们住得分散，男女生之间也很谨慎，我上学只能一个人往返。早上出门还好，天亮了，胆子也大点。要是碰上冬天，放学又晚，我路上要紧张得出一身汗。最高兴的事就是遇到大人对我喊一嗓子打招呼，我就壮了胆，赶紧跑回家。

在我们那个年代，小学读五年，初中、高中是两年制。小学升初中不是义务教育，要看成绩和身份来推荐，如果是少数民族的话有名额照顾。我的成绩不差，就被推荐去了东背初中就读。1977 年，我参加中考时，正好遇到全国恢复高考，由推荐入学改为考试入学，这样我就考到了玉壶中学。那时生活简单，我从初中到高中都住校，只要带够一周的粮食就行。

我的文科比理科好，那会儿是数理化优先，文成县的中学到各区来选拔数学成绩优异的学生，我这届有五位玉壶中学的同学通过数学考试去了县城，这对我打击太大了。虽然我们班是快班，我还是班长，但是我们学校最优秀的那

2014年，陈正溪获瑞士华商硕士

几位同学已经考到文成县中学去了。再加上高考刚恢复，竞争激烈，1978年玉壶中学就只出了一个大学生，是我同学的姐姐。当时我就暗暗有数，我的成绩虽不算差，但高考估计没戏。

那时我哥哥人在贵州，他有个文成的好朋友在凯里市做牙医，收入不错。我就让他帮忙询问，能不能让他那个朋友带我，想为自己先准备好退路。不知道为什么，我对贫穷的感触特别深，我很怕一直生活在闭塞的环境里。自己的家乡虽好，但论资源和视野，还是凯里更好。既然升学没有希望，那我一定得好好做份工作。

后来，我哥写信说，朋友同意了。高中毕业当晚，我找了几个朋友聚一下，告个别，第二天我就出发去贵州了，在我的同学中，我是最早出去的。

那时，我连温州城里都没去过，这一下子就要跑那么远去贵州，心里真是忐忐。我得先到金华去坐火车，当时有个隔壁村的说要去温州，我就跟着他去了。到了温州在一家饭店里吃了顿饭，第二天，我就一个人坐大巴去金华赶火车了，途中还经过丽水。去凯里要 30 小时左右，那是我第一次坐火车，一路上非常兴奋。之前听说火车上的杯子放着不会倾倒，我就一直想求证，坐上车发现，在铁轨上行驶确实不颠簸。

我哥哥不知道我这么快出发，他怎么也想不到会有人毕业第二天就出门。但当时我着急呀，管他知不知道，我先走出玉壶就对了。那时我舅父也在凯里，我在金华上火车后，家里就给他发了电报。这已经是最快的方式了，一般只能写信。

舅舅只知我要来，可具体哪个班次，他不知道，就连着几天早上都去车站盯着金华到凯里的火车。当然，他没找到我的下车班次。火车太多了，每趟只停留几分钟，他又不知道我的站点，根本看不过来。好在最后出站时我们遇到了，他就这样把我接到了凯里。

那是我第一次离开家乡，我却一点儿也不怕，觉得要真接不上，也就罢了。我只是很迫切，想着不能封闭在家里边，必须要出去。现在想想，倒是后怕得很。

学牙医两个月，我还不敢拔牙

从 1979 年到 1991 年，我一直在凯里当牙医。深圳开发时我是想去的，但很遗憾，我不是高端人才，达不到引进的标准。不过这个对我的影响不大，我在凯里做得也不错。

我在凯里的店叫"凯里市口腔牙科医疗点"，凯里的卫生局对个体户有管理制度，私人只能设点，不能开诊所。但凯里人很友好，不排外。每条街道的个体户都会划分片区，我开店后，还让我当那片区的副组长。

起初我跟着私人学。做牙医是要很谨慎的，学了两个月时，我只会一些基础操作。后来我老师的父亲身体不好，他就回文成去了。但他和我哥关系很好，觉得店可以继续开，让我先替他守着。我那时候连拔牙都不会啊，能做的就是先给安假牙的客人打模型之类的，等他半个月以后回来处理。趁这段时间，我拼命地学习、实践。

我老师的店一直以来生意都不错，在我们对面，就开出了另一家牙科诊所，坐诊的医生原是在中医院上班的。这对我们的影响特别大，因为他是医院里出来的，比我们正规。

我师父后来就留在了文成，他的店由我接手经营。当时我就想，师父不在，对面又有竞争对手，我得提高实力才行啊。左想右想，既然自己没时间到医院里学习，那能不能把医生请过来呢？对面的坐诊牙医是医院里出来的，我也去医院请一位医生坐在店里，哪怕不能学到全部技术，医生坐诊也有帮助。

于是1982年，我到州医院口腔科请来了一位苏主任。一开始他不同意来坐诊，我通过朋友继续和他联系，答应给他一定的报酬，在午休、吃饭的时间来我这里都可以，慢慢地他也就乐意在闲时来我店里了。虽然对面坐诊的也是医院的牙医，但毕竟我请来的是主任，名气和医术比对面的医生都大。而且我抽空也会去州医院学习正规技术，边做边学。过了一年左右，我的技术有了明显提高，生意也比对面的店好一些。

说起来苏主任只教了我两年，但他后来还经常来我这里坐坐。凯里的牙医很多，但我店里的生意一直都很好。一方面因为我原来的老师经营多年积攒的一些客源；另一方面和我自己技术的全面提高也有关系，最主要的，还是因为后来的这位苏师父请对了。现在，苏师父已经去世，我在意大利得知的消息，上次回国就是专门去贵州吊唁他。

到意大利后，我后悔得要回家

1991年，我回了一趟玉壶，就是这一次的见闻触动了我，促使我决定出国。有一晚我去了李山那边的朋友家闲聊。朋友对我说："正溪啊，牙医虽然收入好，但说到底不如华侨。你看这么多女孩都想嫁给华侨，县里官员的女儿也倾向嫁给他们，华侨家庭在社会上更招人羡慕。牙医是好，但这个好是另外一回事。"

文成华侨很有名，社会地位比牙医高，我是知道的。但我在凯里，觉得自己做牙医收入也挺高，已经很知足了。至于社会地位，我才不管这么多，我做我的，你社会地位高是你的事，我之前一直是这种心理。

这次回乡听完这一席话，看到身边的事实摆出来，我心里一惊，居然还真有这么回事，这确实刺激到我的神经了。不过，这倒不是因为听说华侨在找对象时有优势，那时我已经和太太结婚了，谁的女儿都不好使。

玉壶有好多人想出国，但有小部分人跑了几次都没有成功。当时我有几个亲戚朋友在国外，国内的表姐夫和朋友就问我："正溪啊，我们能不能也出国呢？"我太太也认为出国好，我家五兄弟，只我有能力出国。可出国怎么走，我不知道啊！当时需要国外亲戚的生活担保书，虽然我可以找表姐为我担保，可我总感觉，她办这个担保书可能也不容易。麻烦人家的事，就是开不了口。

后来又听说，有一类人专门负责办这个手续，只要出得起钱就行。我们就凑了几个人商量好，一起找人包办。男男女女一共凑了有20多人，我们登记了名字、交了钱，他叫我走东就走东，叫我走西就走西。刚开始交了三万多元，出发前有个接头人来收，最后到国外总共交了十多万元。

出国的决定是临时做出的，这一趟我本是要回玉壶玩，结果直接就从玉壶出发了，没有再回贵州。

凯里的牙医店，我交代弟弟继续开。除了家里人，基本上没和其他人打招呼。我记得特别清楚，出发时，我岳父的妈妈在二楼窗台上望着我，对我说："正溪啊，你出国啦。"我回头看了看，总觉得她老人家欲言又止。就在看她时，我稍微停留了一分钟，随后我们这一行人就出发了。没想到我出国后，她老人家就去世了。我至今还时常想起出国告别时的最后一面，真是难忘又遗憾。

1992年，我抵达意大利，路上花了三个月。带我们出国的人好像有各方关系，先让我们安全到罗马尼亚，还在那里办了居留。我看到国外的牙医都是富豪，有别墅，我原本也想做老本行。但欧洲不承认我国内的经验，不给行医执照，而且罗马尼亚也比较穷，一美元要带一大把钱来换。我就想着，这儿不是最好的地方，还是去意大利吧，那是发达国家。

刚到意大利时是我人生的低谷期，我后悔得要回家。在中国，牙医本就是好行业，受人尊敬，可我在意大利干不了牙医，必须要从事其他工作，落差很大。像我姨夫，他在中国是做衣服，到意大利依旧做服装，那他就得心应手，干起来很有乐趣。可到了我这儿，情况截然不同：年纪不小了，在人眼里却什么都做不好，只觉得自己一无是处。何况我又在这样一个举目无亲的地方，当时就特想回来。

当然一起同行的人里，哭的人也有很多，比起来我还算好的。有个人原来在玉壶派出所工作，他在国内多威风啊，所里的同志对他毕恭毕敬。但他一到国外，说的话都不好使了，他们这些人比我更想不通。

那时我母亲就在电话里劝我："你千万不能回来，你要是回来就倒霉（温州话：丢脸）了，我们一家人都要倒霉。"

我想想也是，人争一口气，别人都想方设法往外跑，怎么就我待不住呢？当时心里虽然有落差，但自己还是抱着希望，坚持下去应该能找到一份适合的工作。我就在意大利一天接一天地挨。

1992 年时，意大利"大赦"已过，警察要来抓黑工、按指印，我们的工作环境也比较恶劣。但"大赦"是阶段性的，我们就想先待着，搞不好过几年还有一次。还好那时候黑工被遣送回国的几率很小，警察一般只是来履行职责，开了 14 天内出境的卡后，不强制离境。识时务者为俊杰，多数情况下，只要安分些就不会被送上飞机。我也被开过好几次出境卡，但这对后来"大赦"没有造成影响。大家当时都是顶着风险干，一旦被抓住就不便在原来的工厂继续做，找新工作又没那么容易。那个年代就要有冒险精神和抗风险能力，还要适应当地的工作压力和劳动强度。没有胆量和体力，在国外就无法生存。

我刚开始这经历，说起来就是个巧合

我没有时间去正规学校学意大利语，为了日常交流，只能抽空去夜校学了三个月。夜校里还有罗马尼亚人，罗马尼亚语和意大利语相近，他们学一个星期就进步很快，我比不过他们，学得很吃力，那些颤音我就是颤不起来。

说起我在意大利的第一份工作，特好笑。我那时找工作，最重要的是要解决食宿问题，工资再说。去了好几个地方都不那么合适，后来碰到了一份工作，是给一个皮衣工场做饭，一个月给 600 里拉。这跟在餐馆做饭不同，给餐馆做饭的，那是大厨，给工场煮饭，那就是伙夫，听起来有点跌份，好多人不愿意。我想想自己没什么手艺，找工作不容易，就决定去试试了。当时我也不确定这份工作对自己的发展有没有帮助，只想先去干起来，毕竟一要生存，二才是发展。这个工场的老板也是温州人，叫纯英，如果后来没有她给我机会，我的故事可能就是另一个版本了。

第一次去试工时，老板就直接同意了，我估计这和我以前是牙医有关。原来的厨师可能不仅厨艺不佳，卫生状况也不是很好。我原本就是开诊所的，讲究卫生，一到那儿就花一下午把厨房给打扫干净了。老板还问其他员工："这人为什么这么勤快？"其实我是看不惯脏乱，厨房乱糟糟的，让人看了就不舒服。此外，我还有个优点，一日三餐的时间是固定的，能让他们到点就吃上饭。我没做过大锅饭，厨艺就是把饭菜煮熟的水平，好在员工的要求不高。平日里，我还会给师傅们烧些开水，所以他们对我的评价都不错。

原本我还需要在工场里做杂工，例如把皮衣的一些线头剪掉，但我不太愿意。让我兼职也行，可剪线头、贴胶布这些工作太没有技术性。我也是胆子大，和老板说了心里话：做饭是可以的，能不能也给我一台机器，让我上手学呢，不然我可能坚持不下去。一开始老板有些犹豫，机器给工人做，她能增加收入，但把机器给我，产量就少了。后来有几位大师傅，也是中国人，向老板建议，最好把人留住，可以让我跟着他们学。老板也善良，她见大家对我的评价这么好，就分给我一台旧机器，让我空闲的时候学。

我就一边在厨房工作，一边趁老师傅做衣服时，在旁边给他扯袖口，自己看着学一点。我学皮衣制作没有固定的老师，都是一帮工友偶尔来指点一下，自己再领悟一些。

我在那里工作了四个半月，对技术也渐渐熟悉了。后来有位大师傅自己出

陈正溪句玉壶镇小奖教基金会捐赠仪式

去开二场，邀请我去他那里干，答应给我台新机器，让我单独计件，多劳多得。皮衣是不能缝错的，否则就是废件，因为我比较细心，大师傅也信得过我，放手让我做。我的技术在操作中逐渐成熟。他提供的平台也不一样，我一个月能拿到 1500 到 1800 里拉，算是一个比较成功的起步。

整个经历看起来就是一个巧合，我 31 岁出国，到工场去煮饭，刚好有一台机器让我从头学技术。后来又遇到大师傅给我机会，让我真正开始从事皮衣制作，初步明确了在意大利的方向。

说起大师傅，我在国外最感谢的，还是我家那位大师傅——我的太太。我和我太太是自由恋爱，我是玉壶人，她是文成城里的，条件比我好，本来我们不大可能成为夫妻。那时我在贵州开诊所，我们交流主要靠写信，一周我要写好几封，我的信是公开的，我岳母也可以看。1984 年，我们结婚了，我从凯里回温州来接她。当时领结婚证的人不多，但我们还是在文成县民政局拍照领了证。有些村民不看好我们，预测我们三年内就会离婚。但是我们夫妻关系，

30 多年过去，关系反而更好了。

我太太 1993 年来到意大利。她在国内就是做衣服的大师傅，她的到来对我帮助很大，我们俩互相商量，有说不完的话，在一起做事很有默契。

我在大师傅的厂里做了五个月，后来和太太去了另一个工场做皮衣。后来这个老板是个年轻人，瑞安籍的，叫邱献成，幼年就在意大利生活了。他做衣服的技术很好，又对我们非常关照，经济实力也不错。说起来，除了我太太，献成对我的帮助是最大的。在他的工场里，我们也算大师傅，事业到了另一个台阶。

在献成那里又干了五六个月，1993 年下半年，我在米兰开了自己的工场。当时我虽有技术，但没有居留就开不了工场。正好我姨夫的朋友有个弟弟条件合适，我们就合伙在米兰开了一个皮衣工场。他开车、办经营执照、租场地，我就跟着他去看衣服、谈价格、打样，最后完成加工。那时生意很忙，很辛苦。工场里有 17 个工人，基本上是我原来的工友，大部分是福建人，也有几个温州的，大家之间的关系都很要好。他们当时想换个环境，就愿意从南部来北部的米兰工作。

有这么多工人，还是忙不过来。每人能做 10 来件，一天的产量就是 100 多件。大多数时候，为了赶货，一天只能睡 6 小时左右。为什么都说中国人在意大利每天工作 17 至 20 个小时，那都是没办法，大家只能硬着头皮干。我们那时遇到的最大问题只有一个，辛苦，但我觉得没什么，这意味着工场生意好。靠努力和金钱都解决不了的问题才是大事。

扣在警局的护照帮了我在那不勒斯的生意

我在米兰的时候是起步阶段，那不勒斯之后就是加速阶段了。如果我没去那不勒斯，就不会有今天的成就。

1994 年左右，意大利"大赦"。工厂里各个流程我都熟悉了，只要有居留，我们就能各自做老板。后来我听工人说，在那不勒斯办居留，15 天就能完成审批，在米兰不一定有这么快。听完我就心动了，把居留放到那不勒斯去办，果然说一个月内就能拿回。我一听特别兴奋，当时已经好几年没回国了，特别想回家看看。当天我就去复印证件送到警察局去办理，那时护照能盖回头印，按理说，盖好我就可以回国。

谁知护照送进警察局，一周都没音讯，我过去询问，才发现护照被扣住了。当时他们没解释原因，只说没有审批完。我连续五次往返米兰和那不勒斯，依旧无法取回。后来询问律师才得知，在那不勒斯给我们做担保的老板是非法营业的，他的公司已经倒闭，但为了赚钱，他还是用执照担保了三十几人。我的居留是第一个办出来的，警察局没发现，但轮到第二个人时，发现了问题，就把我的也扣住了。居留到底是废是留，警察局没有定论，但护照确实拿不出来了，我需要在那不勒斯多待一段时间。

平时我喜欢到处转转，那次就去了那不勒斯的火车站附近闲逛，看到一家不错的服装店，我向老板打探进价、销量、售价这些。通常情况下，老板会有些忌惮，但这个老板挺热心，向我和盘托出。我一听，心里有数了，在那不勒斯有发展空间。

回到米兰我就跟太太商量：在米兰我们连休息时间都没有，如果去那不勒斯，衣服售价比米兰高，那边生活环境也好，海鲜很新鲜，休息时间充足，下午我们还能抽时间去读书。我太太是做生意出身的，她很聪明，紧接着就和我一起去那不勒斯再了解，认为确实可行。我们就把米兰的工场以比本钱高一点的价格卖给了厂里的工人。

当时也有人想不通，说我怎么跑到比米兰还差的城市去了。但我觉得，一个人的精力有限，如果认定这个抉择更好，就要忍痛割爱、全力以赴。事实证明，我是对的。

在那不勒斯租下店面的过程，说起来也很惊险，就像赌博。我原来已经看中一家店，连定金都交了。结果有一天，我路过另一个区段，突然就看中了另一家位置更好的店铺。我直接放弃了原来交的定金，想把这个店租过来。

房东是一位 80 来岁的老人家，正在海滩度假呢！他说想要租房的人很多，和我聊起来兴致缺缺。通常别人打听到房东在度假，都是等他回来再说，但我不是，我和我太太一起，直接把车开到那片海滩去找他。这一趟我得知，他很富有，住在滨海的一座别墅里，有很多房地产，那个店铺已经关了好多年，法院刚判给他，还需要出让费。

房东的孙女是意大利的律师，他自己也是个老油条，左右房子抢手，不肯收我的定金。我索性就说，租金先给你，后面要是决定租给其他人，我也没关系。他觉得奇怪，要我把钱拿走，随后又说，这钱他收了也不会给我收据的，又问了我的住址。我当时是铁了心想租店面，收据也不要了，说了句"我就住在火车站对面的 7 楼 21 号"，然后就把五万欧元留在了他的别墅里。

不出所料，房东度假结束就来找我了。他觉得我这个人不错，把店面租给了我。前面想租店面的人都来问我是怎么做到的，原来说得好好的，还托了很多关系，怎么被我这匹黑马给截胡了。其实并非我不按常理出牌，而是我相信他，有这么多财产的人一般不会赖账，他一定重声誉。

1995 年，我们开始了那不勒斯的生意。我管理店铺，太太负责跑业务，因为她比较专业。平时店里很忙，从早上 6 点一直忙到晚上 7 点。那时货都是从中国进到罗马，再批发给意大利及欧洲其他的客商，所以我太太要去罗马进货，然后运到那不勒斯来。早期没有运输线，我们都是用火车运输的，要在车站短暂的停留时间里，把货送到火车上，到那不勒斯后，又要在几分钟内把货全卸下来。还好列车员很宽容，虽然有时会生气，但大部分时候还是比较体谅我们的。

那时的那不勒斯就像"三不管"地带，抢劫、偷窃时有发生。考察时不知道这些情况，也没觉得有种族歧视的问题。但随着当地贸易的发展，服装店也越来越多。这么一来，矛盾就产生了。有些本地人觉得我们抢了生意，有时客人来进货，进门的工夫，车门就被砸了。他们把车上的货偷到另一个市场去贱卖，很快就能低价套现。这些都是常态，也是我们最头疼的事，影响到整个营商环境。意大利的警察工作繁忙，顾不过来。

为了改善这种状况，2002 年，我们几个华人一起，成立了那不勒斯华侨华人贸易总会。我是会里的二把手，一把手叫张国权，也是温州人。

成立总会后，环境确实有所好转，在此期间，我们也遇到了很多事。如年轻人遇到小偷就直接互殴、地方流氓烧店铺……有一次最轰动，一伙那不勒斯人烧毁了6家华人商铺，损失非常惨重。当天晚上我们就决定次日要去大使馆。第二天，会长领了十来位同人，在大使馆先讲清楚事情原委，另一边是我和一位同人留在那不勒斯寻找办法。他们和使馆商量好意见后，我这边找了一位意大利的律师，他说比较好的办法是在电视上曝光。但我们没有这个能力，也没有途径把资料传递给意大利媒体。不过他启发了我们，最后总会达成一致：从大使馆回来的第二天，我们就让商店全部关门了。

起初我们只是想，既然这里偷砸抢这么厉害，那我们就先关门一段时间，但后来的事态我们也料不到。门一关，竟把意大利媒体给引来了。原来，华人圈的店铺全都关门，客人买不到货，事态一发酵，媒体自然而然把事情曝光了。当时意大利的华文媒体也进行了报道，这件事后来成为当年的十大新闻之一。

这件事情发生后，总会决定，每户商家都拿出一些钱，请意大利的警察加强华人区的巡逻，减少偷盗的次数。警察局也开始重视我们，对我们华人的经营帮助很大。

就这样折腾了好几年，直到我2005年离开那不勒斯，总会都是这样过来的：遇到什么麻烦就集体商量，实施当时认为的上策。现在回过头来看，这种方法依然值得借鉴。

通过这次事件，我意识到媒体在信息传递上的强大作用。2012年要成立欧洲华文电视台，大使馆主管侨务的领导通知我作为华侨代表去协助，我马上就答应了。华文电视台是经意大利最高法院批准，能够在意大利的频道上正式播放的。当时是从无到有做起来，很烧钱。一起筹备的伙伴中，好像只有我是浙江的，还有好几位来自福建，台长也是福建人。华文电视台后来也在各方面一直很支持我们。

中央电视台还有个海外观众俱乐部，设在意大利中国总商会，这个媒体对我们海外华侨华人的帮助非常大，播出的内容也很有启发性。当时中央电视台举办"听百年故事，看中国发展"海外华人座谈会，我作为海外观众俱乐部的一员，也在会议上发言。中央电视台提出想要我这边能配合宣传，我有点发愁，意大利的媒体不能用中文来宣传中国共产党成立 100 周年的盛事。我就想到了华文电视台，华文电视台是在多个国家播报的，我就想能不能找他们帮忙试试。没想到材料发过去 10 分钟不到，美国那边就播出来了，后来好几个其他的台也都放了。这个速度连中央电视台都诧异，问我："怎么你的关系这么铁啊！我们的流程也不至于这么快！"之后我询问要收多少费用，台长说是我拜托的，又是我们海外华人的事，怎么能收钱，他们那次就免费帮我们做了宣传。

在罗马的那段日子，是我最重要的一个阶段

2005 年，我离开那不勒斯去了罗马。当时只有罗马能把服装贸易的销售量做到最大。但一开始那里并没有服装贸易的门路，最早是有一个华人在中国买了少量的打火机，带到罗马附近出售，很受客人喜爱。后来就扩展到用集装箱运输，逐步就带动了服装、皮革、首饰等其他贸易的发展。"星星之火，可以燎原"，后来涌现了大批在中国办厂制造商品再运到罗马销售的商人，罗马逐渐成了欧洲最早最大的货物集散中心。服饰进出口贸易是在 1993 年至 1995 年开始出现的，给海外华侨华人提供了发展经济的大好机会，也给中国和意大利都创造了可观的贸易额。

其实我在那不勒斯时就知道罗马更好，也想过在罗马开店，但进驻的条件比较高，我们白天已经很忙了，就没有太多时间去考虑这件事。2004 年下半年，我去澳门开会，结束后去了东莞大朗参加展销会，那里的情形使我大开眼界。平时回国只是到温州，这次我一看，国内有那么多的商品，我还跑去罗马采购干吗，自己到广州来选货进到罗马去不是更好吗？

回去我就和家人提了这个方案。其实我女儿早就想来罗马，但决策权还是在我们手里。如果放在以前，一说到罗马去，我们肯定商议不下，但通过我这次回国亲眼见证，我们下定了决心。

刚开始只是尝试。那不勒斯的生意繁忙，我和太太、女儿只能腾出时间回中国，后来还有米兰的一个朋友也加入我们。我们四人到广州的流花市场买货，装了三个集装箱，直接运到那不勒斯去卖。因为款式新颖，价格又低，十分畅销。这么一来，我更坚信到罗马是更好的选择。

于是 2005 年下半年，我们在罗马找店铺，2006 年 2 月 16 日正式转到了罗马。之前在那不勒斯的两家店生意都很好，有人建议我留一家店以备后患。但我还是那句话，既然做出了决定，就要全力以赴，我来了罗马，就不想再分一部分精力在那不勒斯。

回头看，把两家店都卖掉的决定，是我在罗马取得成功的最重要因素，两头顾会让我分身乏术。我对信息也很敏感，只要是我认为可行性大的决定，那就完全没有考虑过失败。我这个人的性格就是这样，始终对生活充满热情、抱有希望。

我到罗马时，文成华侨众多，老一辈的华侨也多，但当时还没有文成的同乡会。因为我是那不勒斯华侨华人贸易总会的五个发起人之一，熟悉流程，来罗马后他们也就邀请我参与。2006 年 8 月 1 日，我们在罗马成立了一个筹备会，2007 年 6 月 11 日，意大利南部文成同乡总会就正式成立了。我当秘书长，会长是胡海锋，执行会长是董义深，他们都是资历很老、在罗马赫赫有名的华侨，我那时算是年轻的。

2010 年 1 月 10 日，我接任了第二届会长。那时文成县华侨很多，汪驰县长来欧洲招商引资，去了好几个国家，也到我们这里访问。作为会长，还是要有政治觉悟的，之后不久，我就带了一个团队去文成回访，政府的接待也很热情。

有一天晚上，我们算是闲聊，汪驰问我，能不能把绿城集团引到文成来，这对县里的旧城改造有很大帮助。我和绿城不是很熟，同乡总会的常务副会长彭崇敏听了这个提议，在北京打电话给我，说他可以帮我先引个线。县里知道我们对接的消息后非常重视。之后我们联系了副县长王彩莲、县委书记吴开锋等人，直接从县里组织车辆开到杭州去，由政府出面、华侨参与，和绿城集团董事长宋卫平谈。他本人也很热情，多次来到文成县里也是高规格地接待他。

2017年，国侨办裘援平主任莅临罗马指导

　　经过多次的协商，宋卫平觉得和华侨联合是一种新的模式，可以尝试。县里也乐见其成，所以最后决定，由国资委出资进驻，宋卫平和我们华侨共同投资，成立浙江绿城旅居置业发展有限公司，首要项目就是文成的旧城改造。基于当时的情况，我们华侨华人占了53%的股份，由我出任法定代表人和董事长。房地产我是不懂的，接受任命时有些犹豫，但没办法，出于各种考虑，当时我必须要有所担当。我们成立的公司后来做了文成县旧城改造、总部经济大楼、保障房等房地产项目，由政府出资，我们来把握质量，把项目做好。

　　2013年，我从文成同乡会退了下来。因为公司在国内外的工作需要，我回到了意大利。没想到回去后，罗马华侨华人贸易总会的主要负责人又推荐我当会长。刚开始我不愿意，会长当了这么多年，我不想再干。但他们还是多次热心推荐。我自己是做贸易生意的，考虑再三，我提出自己的意愿：让我当会长的话，我要当意大利华侨华人贸易总会的会长，而不只是罗马的，这样贸易信息覆盖面更大，也更利于会务发展。这个想法得到了大使馆主管侨务领导的同意，他们还在报纸上刊登了一则更改的新闻。就这样，2014年6月8日，我当选为意大利华侨华人贸易总会的会长。

同一天，还有一件特殊的事，文成法院的周虹院长通过视频宣布，文成法院驻意大利华侨华人贸易总会的民商事调解委员会成立，我兼主任。当时这件事是引起争议的，因为我已经当了贸易总会的会长，再兼任与法院有联系的职务，这在国外可能存在风险。如果意大利有关部门调查，我还得想办法解决。但当时我没想那么多，也就接了，后来发现也没什么关系。直到现在，委员会推动解决了好多涉侨民商事纠纷。不过在我看来，这些事情米兰做得比我们多。米兰的离婚案例比较多，罗马多涉及民商事案例。

2016年，国务院侨办在罗马审批了一家华助中心，我担任首届主任。在我的认知中，华助中心的要求很严格，全球才60家。使馆推荐意大利中国总商会、罗马华侨华人联合总会、意大利青田同乡总会、意大利华侨华人青年会，四家大侨团组成华助中心。欧洲可能只有罗马是这样的形式，其他地方都是挂在一个会里。

罗马的侨团有很多，像同乡会、联谊会，我们是贸易会。后来经国务院侨办、中央电视台，还有中国驻意大利经贸方面的负责人及大使馆的同意，贸易会更名为"意大利中国总商会"，主要任务是推动意大利和中国的经贸关系，同时帮助解决华侨华人遇到的特殊难题，还要配合协助中国政府侨务部门开展关于海外侨胞的工作。

2019年，中央统战部、国务院侨办、中国侨联召开了第九届全球华侨华人社团联谊大会，意大利中国总商会被评为"华社之光"。这是非常不容易的，全球一共只有十家。当时我们还来了温州，中央统战部的人也很高兴，因为温州那次获得了两个"华社之光"，一个是我们，另一个是南非开普敦华人警民合作中心。他们给我们的定位很高，所以我们也要继续前行，扛起这面大旗。

意大利中国总商会里还有其他联络点，如中国和意大利的警察驿站，还有中国唯一一个汕头华侨经济发展试验区的首个驻欧洲试点。商会主要负责对接中意政府，和民间沟通交流，我们华侨也乐意花时间去做这些事情。

我因为读书搞起了电商

我不太喜欢闭门造车，喜欢到外面去读书。当了会长后，与国内的领导接触增多，他们邀请我去学习，我都乐意去。信息很重要，接受教育就是接收新的信息，不管是书里的知识还是平时碰到的人。我去瑞士读了工商硕士，上了北京理工大学的网课，还有很多短期的课程。

在国内当董事长期间，我还去清华读了总裁班。当董事长不进步不行，我都是逼着自己去学。没想到我还因为它转型做起了电商。

在学校的时候，我就一直观察清华超市里的商品。正好有个从事电子商务的朋友来访，谈起了互联网和电子商务，想通过电商把意大利和其他国家的食品运到中国来卖。我觉得这个想法很好，意大利的食品在中国比较畅销，没考虑多长时间就参加了。他当董事长，负责中国这边货物的出关通关，我当副董事长，处理国际事务。还有一个湖南人，他是英国大学毕业的，对互联网比较熟悉，他当总经理，另外还有一个也是大学生。最早就是我们四人，由我出资，在2013年5月7日正式成立了惠民网。我们这个电商和阿里巴巴有点不同，是和实体相结合的，配合物流送货到便利店。

起初，我们是想通过互联网这种订货形式，把外国的食品引进来，批发到便利店去，但现在有所发展和改变。国外的货要通关需时间，只有国内的货才能确保不耽误时间。我们现在就相当于一个副食品的批发公司，帮厂家代销，还附带配送，价格也比较优惠，只要能和便利商店建立长期的友好合作关系就好。

刚开始我们在北京做。北京容易堵车，找我们做生意的话，连运货的费用都省了。我们就靠这些优势发展到现在，有了很多家公司。在北京的公司比较成熟，在上海、济南、天津、浙江、广东也都设有公司。目前我们想把这几家先做好，之后再扩展。

原来这几家公司的物流都是自己公司打理，2021年承包给了其他公司。

2021 年，陈正溪（右二）参加温州两会

2021 年，温州市委统战部部长施艾珠接见代表

中途我们也遇到了一些挑战，比如说碰到一些互联网巨头的打压，风投公司进来又变卦，不过现在算是比较稳定了。2018 年，济南市政府考察了惠民网的整个流程，觉得特别有可行性和前瞻性，分两次共投入 10 个亿，还给我们提供了很多免费的办公楼和员工住房。当然，我们是民生公司，有时还需要配合政府，这些方面我们也做得比较好。

我们华侨都很有爱国之心

我很注重华侨的教育，尤其是华文教育。我们的下一代作为华人，如果连他们都不懂中国文化，那对以后中意甚至中外的关系有很大影响。只要懂中文，他们就愿意到中国来，这有利于培养华侨对祖国的感情。拿我的孩子举例，我女儿比儿子在国内多待了两年，那她对中国就更加了解，更有感情。

2011 年的时候，罗马中华语言学校想设立奖学金鼓励学生学中文，校长蒋忠华询问了好几位侨领，我立刻就答应了。因为这个，国侨办给我授了一个"海外华人杰出贡献奖"，让人很不好意思，钱不多，头衔却很大。事实上，资金支持、社会舆论等对学校的发展都很重要。后来罗马中华语言学校办过好几次活动，都会邀请一些侨团的会长，就是想大家给它鼓鼓劲。罗马中华语言学校在当地是相当好的学校，但在意大利首都办中文学校会艰难一点。不过我们和意大利教育部的副部长联系也比较密切，就是希望能给华人学校一些帮助。

我们华侨都很有爱国之心，一直在为家乡捐款、帮助贫困学生。远的不说，就这次疫情，我们华侨做得很用心。当时武汉发生疫情，我去意大利时为了以身作则，还实行了自我隔离。不料隔离快要结束时，意大利又发生了疫情。

中国疫情严重时，我想把会里购买的第一批医疗抗疫物资通过温州市统战部捐赠给武汉，后来得知温州也是重灾区，总会就把物资先给了温州。之后我在会里发起募捐，购买抗疫的口罩、体温计、防护服等物资。起初都是我们自己一家一家药店地去跑，店里也都是中国人在购买。后来物资都售罄了，会里只好委托中间商，不考虑价格，有口罩就买。还遇到一些人和我们说有货，最

陈正溪夫妇

后发现他们也是被骗了。

那时意大利的航班已经停了，无法运送物资。有一批捐赠物资需要在凌晨发出，会里面的程素克、戴志广、黄新华等同志凌晨三四点钟就起床，到机场请求乘客帮忙运送。航班没有直飞的，都需要经过土耳其等第三个国家才能到达。中国人有一点是真好，一听是抗疫的物资，都愿意帮忙。有一次捐赠的物资实在太多，会里委托了土耳其的温州商会，经他们中转送到中国，在飞机场把物资交接到温州。我们80%的物资都捐给了温州，还有一些给了北京，后来我们也收到一些感谢信。

会里所有的运输公司都出动了，如果有需要的物资在温州，只需打一个电话，他们就会免费派车去温州把货拿上，然后送到目的地。后来意大利发生疫情，中国对我们商会的支持力度也很大，特别是浙江。浙江省统战部、浙江省侨办、浙江省侨联，还有温州市统战部，包括文成各地的，都捐物资给意大利的华侨华人。他们还提供了一些抗疫的措施和指导意见，我们都觉得特别温暖。

我做了那么多生意到现在，还没有真正亏过钱，目前有两个项目是在危险当中，但我觉得还是有希望的。在我的经历中，最辛苦的时刻，是每次要做决定的时候。

回头来看，到现在为止我的每个决定都是正确的，但当时也都备受质疑，我顶着很大的压力。不管是家庭还是事业，只要是我认定的东西，就会很坚定地去争取，全力以赴，不留后路。真理往往掌握在少数人手里，如果都听外界的，我就不会有现在的成就。当然，做决定也不能盲目做，人这一生要抓住一些机遇，把之前学到的、积累的，用到实际中去。

我现在回国了，如果有合适的项目，我也会跟投参与进去。但自己再独立创业，我是不考虑的，如果没人来接手，我不得干到90岁啰。目前这个阶段，我就想趁自己没生病的时候，坚持锻炼，把身体保养好，空了打打高尔夫球，最重要的是保持心情舒畅。

戴安友：我做了该做的事

戴 安友

1962 年出生于今温州瑞安市。改革开放初期，在国内承包及开办工厂。1989年前往法国，和太太一起从事服装加工业，赚到第一桶金。1993 年赴葡萄牙，成立外贸公司。1994 年回国与哥哥合资创办印刷包装设备厂，并成功打开市场。2013 年任法国法华工商联合会秘书长，2017 年当选会长并连任至今，致力于为华侨办实事。任职期间协助温州市政府部门创建"全球通"业务，并得到全国性推广。

访谈时间：2021 年 8 月 22 日
访谈地点：世界温州人家园
受 访 者：戴安友
采 访 者：秦一丹、徐斌斐、武宇嫦
录音、摄像、摄影：徐斌斐
文字整理：秦一丹

扩生产，遇到政策困难

我是瑞安塘下人，家庭条件在当地还算富裕。我爸爸是一家塑料编织厂的负责人，当过厂里的书记。高中毕业之后，我就进入我爸的厂，从最基础的业务做起，一步步做到了厂长的位置。改革开放以后，国家允许个人承包工厂，我就在 1984 年承包了我爸的厂。

在承包爸爸的工厂以后，我又和几个朋友一起，办了一家做空分设备的厂，简单来讲就是利用空气中的氮气，做水果和茶叶等产品的保鲜工作。比如说茶叶在包装的时候，把氮气打进去再密封，这样茶叶就不会烂掉。还有像热处理的表面保护也要用到氮气。在 20 世纪 80 年代，这还算是一种高科技。当时我有一个朋友是做这个行业的，我们了解到哈尔滨松江电炉厂也有这个技术，就去找他们合作。

办厂刚起步的时候，效益还是挺好的。租着别人的厂房做了一段时间后就想自己盖厂房了。我们申请盖厂房的地要通过各个部门，盖很多章，在办手续的过程中就碰到了难题。那时改革开放没多久，很多人思想观念还比较旧，比

如办审批这种事，以前到各个部门都要先分香烟再说话，所以不管我们会不会抽烟，都会随身带一包，到哪个办公室都要先分烟。东奔西跑了很久，最后还是没搞定，后来还和瑞安的一个国有企业打起了官司，对方说我们盗窃他们公司的图纸。

说实话，我们在外面跑业务、办事情，都希望政策能宽松一点，可是政府部门一些官员的思想一下子还转变不过来的，很多事情就算有文件下来他们也不敢做。直到 20 世纪 90 年代，改革开放的风气兴盛了，才慢慢改变了对经商的一些想法和看法，这些都是需要一个过程的。但在当时，遇到了这些问题，使得企业继续经营变得困难重重。

那时候刚好有一个朋友提议我去法国。起先我没打算去的，但是那段时间自己在厂子里干得很疲倦，心也有些冷了。就想着去外面看看也挺好的，国内的厂就留给朋友们来做。

我太太的哥哥、姐姐都在国外，我们一家人就想让她先出去。但那时候出国并非想走就能走，在准备期间会碰到各种问题，然后就会延误，常常拖很久都出不去，我太太准备出国的整个过程就用了将近一年的时间。最后还是我先出去了。

1989 年，我把工厂的事情都安排好了，就以去另一个国家出劳务、途中在巴黎转机为由，先去了法国。那时候叫作"包送"，大家都是这样做的，我出了十万块钱才打通的这条路。但我也并不是纯粹的"包送"，稀里糊涂地从广州到香港，又从香港坐飞机才到达巴黎。不过还好一切都很顺利，我太太的哥哥在巴黎的机场给我接机。

在法国的第一份工作就做了三天

当时的法国太繁华了，我一下飞机，就看见很多汽车行驶在干净的柏油马路上。30 年前，温州的马路都还是小石头路，有车开过都是一层灰。那时候觉得法国真的是好。

戴安友在世界温州人家园留影

　　但是到了法国之后就遇到了很多的难题。第一是听不懂法语，第二是没有居留证。居留证能证明一个人的合法身份，找工作的时候，居留证就像是工作证，没有身份，等于是黑工。但那个时候，对黑工的管理比现在要宽松，找工作相对来说还好找一点，比如说谁家有亲戚到法国了，大家都会互相帮衬着，拉他到自己的厂子里做工。当时中国人在那里生产皮革、衣服的比较多，这些行业都需要工人。

　　一开始我是到我太太的哥哥那里工作，他叫我去熨衣服。没出国之前，我是厂长，说起来是个老板，但到了那边，就是一个熨衣服的工人。这种状况和我以前的日子相比简直是天差地别，心理落差也很大。烫衣服时，会有蒸汽喷出来，夏天很热，身上都被烫到发红起泡。做了两三天，我就觉得这个工作不适合，就没再去做了。我就这样结束了第一份工作。

　　但是既然已经来到法国了，那肯定要把之后的规划都想清楚。我觉得语言是关键，就决定利用晚上的时间去学法语。一开始我是住在小舅子那里的，把工作辞了之后，我也决定不住在他那里了，自己出去租了房子。当时我太太还没到法国。我比她早到一个月，在她来前把房子落实好了。当时做这些决定的时候我都非常果断。

我租的房子对门正好是个中国人，说起来还是我太太的同乡。他在法国做皮包生意，需要工人；我需要工作，但没有合法身份。跟他熟悉了之后，我就到他的工厂里去打工，在地下室里面钉钉子。地下室并不是完全封闭的，有窗子可以通风，空气好，也不会很热，比之前的工作环境舒服得多。我白天钉皮包赚钱，钉好一个包能赚一块法郎，晚上再去夜校学习法语。

我太太来了之后，也在这个工厂里跟我一块干活。做了几个月之后，我们就换地方了，到土耳其人的工厂去做衣服，因为土耳其老板给的工资更高。打个比方，如果做一件衣服收入 30 欧元，中国老板给工人们发 10 欧元，自己拿 20 欧元；而外国老板会给工人们发 15 欧元的工资，自己拿 15 欧元，这 15 欧元还要再分给钉纽扣的人、熨衣服的人，实际上他自己并没赚很多钱。但这在法国好像成了规矩，就是中国人只把盈利的三分之一发给工人，但土耳其人会对半分给工人。所以我到土耳其人那里做工，这样工资会高一点。

老板发现我俩是最勤奋的

我在国内当过老板，知道老板想要什么样的工人。我和我太太是工人中比较勤奋的那一批，没有留给自己多少休息的时间。当时老板一共雇了 6 个人做工，都是夫妻组合，大家都很勤快，6 个人做出的东西是别家厂 12 个人工作的产量。后来老板发觉我俩是最勤奋的，他就把钥匙给我，说："只要有货，你随便什么时候都可以过来做，到什么时候回去就把门关了。"我们跟老板接触越来越多之后，也就获得了他的信任。碰到没货的时候，他就带着我们一起去拿货，看每批货的价格与款式。

这样下来，我慢慢就知道了衣服生产的整个流程，觉得拿货也很简单，想到或许自己以后也可以办个服装厂。再过了一年左右，我就开起了自己的工厂。

我小舅子和我讲："你们已经一个月能赚一万块法郎了，哪里还用自己开工厂啊。"但我们还是决定要自己开工厂，做衣物加工。一开始我们就在家里面做工，当时只有我和我太太两个人，一个月就能赚几万块钱。

我开服装厂的时候还没有合法身份，所以是用别人的身份注册了公司。工厂和公司是分开的，在两个地方。所以当时注册的公司地址里根本没有工人，只是一个空地址罢了。别人看到的那些往来的信件都是公司的地址，但实际上真正的工厂地点在哪里，管理部门都是不知道的，我们就在暗地里做工。现在的制度越来越严格了，这种情况也就不可能出现了。

刚开始时我选择了和犹太人合作，帮他们做服装加工。但是跟犹太人打交道太麻烦了，除去交易上的原因外，语言也是一个方面，所以后来我就帮华人做。当时在巴黎有两个市场：一个是二区，里面大多数都是犹太人；另一个是十一区，大多是金边人、广东人、柬埔寨人。我们就到十一区去拿货，对于我们来说华人之间肯定好交流，大家都是讲华语的。那个时候，我在十一区做得比较大，单独租了一栋楼做工厂，几十个工人的吃住都在里面。我们在那栋楼里住了好几年。

大多数时间，我们拿到的衣服布料是裁剪好的，只需要缝起来、把纽扣打上去，再把衣服烫好挂起来，就可以卖了。配件也会有人直接送过来，工人们负责缝好就可以了。

从整体上来看，我开服装厂是比较顺利的。再加上我和我太太比较勤快，很多人都愿意与我们合作，服装厂的规模就逐渐大起来了。我的第一桶金就是在那里赚的。但一直以来我都知道这样也不是长久之计，因为我在法国没有合法身份，工厂没有正式注册过，工人也都是黑工，这些如果被发现了，就是违法的。

1993 年，我去到葡萄牙，和几个朋友一起合伙做进出口贸易。当时的葡萄牙是很宽松的，很容易申请到居留，我就在葡萄牙成立了外贸公司。我在法国的公司就转给了朋友。

我是温州做合资比较早的一批人之一

刚到葡萄牙没多久，大概是 1994 年，我哥哥打电话给我，叫我回国和他一起合资做印刷包装设备。我哥哥知道我有经验，又很能跑，最主要的是，他知道只要是我想做的事一定会认真做好，所以他叫我一起办公司。我负责管销售，伲来管生产。我安排好公司在葡萄牙的事务，就回国和哥哥一起办厂了。

当时的瑞安还是一个县，县级城市只能批三亩地。我哥哥就先申请批了三亩多的地，等到我回来之后又批了三亩多地，后面发现工厂旁边还有一块剩下来的空地，大概有一到两亩，我们也就一起买了下来，加在一起共有七八亩地，工厂就建在了那里。我是在温州做合资比较早的那一批人了，办手续前前后后花费了一年多的时间。

那时候我们厂的机器做得很好，一台能卖到一万元左右。当然和现在的不能比，现在全部是机械化的机器，一台大概能卖到五六万元。当时都是人工压痕与切割的，还是低档次、很普通的机器。

1994 年正是中国改革开放发展最好的时候。从葡萄牙回到中国之后，我一直是两地跑。因为葡萄牙的贸易需要我负责，国内生意也需要我。做了一段时间之后，我发现这样真的太累了，两头很难都兼顾到。干脆就把葡萄牙的公司放弃了，把股份全部转交给了我的朋友。

回国办公司不久后，我们遇到了一个很大的问题。我们把机器交给专门的销售方，对方是不会先给我们货款的，销售方有了客户、赚了钱才会给我们钱，他们要是说客户跑了，那我们也收不到钱。后来我就和我哥商量说这样不行，这样做，到时候会搞垮我们的，因为资金难以回笼，我们简直赚不到钱。

于是我决定自己做销售,创办公司的门市部。即便我哥哥一开始并不赞同，我还是招了几个大学生到深圳宝安县（今宝安区），在那里开了公司第一家门市部。但运气不好，在搬运机器的时候出了事故，有一个工人把手指压断了。再加上我和哥哥在开门市部方面又有意见分歧，我又开始重新考虑这个问题。

在宝安，有很多专门做销售的公司，我们不能得罪这些开门市部的同行，如果我们把门市部开在那里，就没有人会代卖我们的设备，这样全要靠自己去卖也是很费力的。于是，我就跟那些销售公司说，我们公司把门市部开在这里当你的仓库，当你的售后服务。你帮我们卖设备、做营销，我们就帮你们免费安装，24 小时随叫随到。他们想想觉得这种模式挺好的，就答应了。

就这样我们以售后保障的名义在那里开出了第一家门市部。后来慢慢做起来，逐渐得到了他们的认可，门市部开到了广州、东莞、中山等地。目前我们公司在全国各地有 30 多家独立的门市部。

随着销售的发展，公司的整体面貌越来越好，也需要加大生产，当时厂房的面积就不够用了。所以我们在瑞安北工业园区又买了 20 多亩地，把工厂搬到那里。因为我们的设备很大，在搬运过程当中发现场地还是小了，但是当时的土地资源特别紧张，向上申请土地也批不下来，所以我们又把工厂搬到了丽水。从 2011 年到现在，工厂就一直在丽水。

生意是迟早要交给他们的

在工厂搬到丽水之前，我哥哥的身体出了问题，最后因为肝癌去世了。这也是我人生中最受打击的一段日子。

在我哥哥走了以后，丽水的事业在我心里就没那么重要了。那之后我很少去管公司的事了，都交给了我的侄子去做。我当时在这个公司有 45% 的股份，我侄子是有 40% 的股份，我让给了他 5%，让他留在丽水管理公司。只有公司碰到大事情了我才会去一次，每次去最多也就两三个小时。开年会我是需要去的，还有和政府部门对接这一块，也需要我出面打理一下。其他的事情，我基本不过问。

现在公司的规模在国内还算挺大的，年产量也有几个亿，但是公司的情况发生了一些变化。根源在于我一开始没有完善公司的管理制度。这也是家族企业的通病。如果我哥哥没有去世，有可能就不会遇到这种问题，因为毕竟是兄弟跟兄弟之间，比较好沟通。现在我年纪比较大了，很多观念就和年轻一辈人有分歧。因此，现在公司里的很多事情，我都交给年轻人来处理。目前，公司的业务主要是我女儿在负责，这个企业迟早也是要交给他们去打理的。

目前我在法国还有两个商店，分别是卖咖啡和卖香烟的店；另外还有一个酒店。疫情期间有三个行业不能关门，一个是超市、一个是药店，还有就是卖香烟的店。以前法国的香烟行业，一般只能由退伍军人来开，这是政府给他们的一个优待条件。后来政策变了，规定只有法国人可以开，其他国籍的人除非入法籍，不然不能开。我儿子是在法国生的，他和他老婆都有法国国籍，所以在法国卖香烟的生意也主要是我儿子在做。我就经常国内、国外两头跑，基本上一年跑个十几次。

为侨团做实事，当会长不为名

2013 年开始，我在法国法华工商联合会当秘书长，2017 年当选为会长。在当了会长以后，我几乎就没去过自己的公司了，每天都在为协会做事。后来我连任，到现在当会长已经有五年时间了。

还记得我刚当上会长时，别人问我你为什么要当？我说第一我的年龄够了，因为当会长也是有年龄限制的；第二就是我自己的事业也完成得差不多了，目前生意上的事情，全都交给我的孩子们去打理了，我就可以把精力花在协会上；最重要的是，我在法国摸爬滚打了这么多年，知道自己是怎么起步的，有一定的经验，也了解我们每个华侨华人在国外都不容易，想为我们侨胞真正去做一点事情，这才想去当会长的。

如果说我纯粹是为了名，就完全不会考虑这件事，你说有什么名呢？一个会长而已。但我们这个会做得很好，是法国一百来个协会中做事最多的，也是政府部门公认的比较团结的协会。

当时，瓯海区法院的周虹院长思想比较超前，在 2015 年就和我们协会开展对接工作，称我们为海外调解员，共同合作解决法院里面的民事纠纷。瓯海的华侨比较多，如果起了民事纠纷联系不到人，他们就会通过华侨协会来对接，要我们帮忙找到当事人，然后在线上开庭。包括像丽岙派出所遇到困难，需要华侨出力，我们也都会帮忙去做。

2017年当选会长之后，我花了很多精力，解决华侨身份证的问题。瓯海华侨走出去的渠道比较乱，很多人出国并没有经过合法的渠道，基本上都是有个亲戚在国外，就把他当儿子、女儿带出去，当时为了能顺利出国，就乱改身份证的年龄，有的改个两三岁，相差最大的差了有12岁。

华侨没有身份证，在中国是寸步难行。我们拿着护照在一些偏僻的地方连宾馆都不让住，我好几年前在宁波碰到一次这样的事，我拿着护照给宾馆，对方一定要我到派出所登记了再入住。后来我发现是派出所的人和那个酒店说不能让拿着护照、没有身份证的人入住的，那如果说我半夜才下飞机怎么办，我怎么登记？为了这个事情，我打电话到宁波市侨办和他们说："我不是为了自己个人，我是为了我们整个华侨华人群体。如果说有女孩子到了这里，你半夜不让她住，那她不是要站在那里过夜了？"

后来我在省里开两会的时候，就把这个事情提出来了。我那个时候把电话号码、哪个派出所、哪个酒店都写下来，交给他们去查这个事，后来他们也查到回馈给我，说："确实有这样的事情，是我们工作没做到位。"

为了解决这个问题，我在两会上提了很多提议。我写提案给省委书记、省厅厅长、温州的公安局局长和温州的市委书记，写好以后找法国各侨团的会长在提案上盖印。经过我多次的反映之后，瓯海区政府开始规范化管理身份证的问题，很多华侨也因此获得了一张真正意义上的身份证。

"全球通"：温州的一张金名片

我还做了一件重要的事情，那就是"全球通"的筹办与建设。

2017年我当上会长的时候，我们国内外办事联络方面还是挺乱的，各个部门平时与境外联系都是零散的线上视频对接。后来就由温州市政府出面，把我们叫过去开会，那时我就提议把各个部门零散的资源整合起来。最后真做到了，并且起了个名字叫"全球通"。

当时，我和市政府说，"全球通"要做下去就必须有长久的打算，要交给海外有实力的社团去做。现在法国一共有两家"全球通"，一个是我们工商会，另一个是法国华侨华人会。我们专门请了两名员工，有单独的办公楼，每个月给他们发工资。我们的协会做"全球通"到现在也已经有了五六年了，刚开始政府也提出给我们一些补助。我说不急着给补助，我们先做一段时间，如果做好了，再考虑这件事也不迟。我们能把"全球通"做起来，离不开温州市政府的支持，后来省里把"全球通"拿去用了，省里又报到中央去。从目前浙江省的情况来看，温州市的"全球通"是做得最好的，这是真正地为海外华侨华人做了件实事。

在全国范围内推广"全球通"后，所有现在在做"全球通"的城市，可以说都在学习我们温州的经验，所以这个就是温州的一张金名片。

这一次疫情，如果温州没有"全球通"，那可能会有很多华侨碰到问题。比如说有很多人要做生意，他就需要贷款，他把自己的房子拿去抵押。如果在疫情期间，贷款到期了怎么办，需要展期该怎么办？他人还在国外回不来。有了这个"全国通"，他就可以在线上跟银行对接，那就可以继续贷款了。如果他人回不来，又没有"全球通"这样的服务帮他，那就要出问题了，很有可能就要进黑名单了。在疫情之中，我们的"全球通"真的是发挥了巨大作用，这也是市政府有先见之明。

年轻华人一定要参政议政

2020 年，我在法国带头成立了一个鼓励年轻人参政议政的小组。这其实是我一直以来提倡的，只是没能落实下去。这个理念我们提了很长时间：中国人想在法国乃至欧洲站住脚，想更好地保护自己的生命财产安全，想真正拥有地位，那么一定要扩大从政的队伍，一定要动员我们的年轻人。

这方面我们要向犹太人学习，虽然犹太人的人数不多，但是他们分布在政府的各个部门，比如警察局、检察院、法院。犹太人都比较团结，那些真正有钱的犹太人，会为他们的民族做一些事情。现在欧洲也有很多中国人，很多华侨已经赚够了钱，下一步就是考虑政治。在法国以及欧洲，主要的华侨就是我们温州人，所以我们要团结起来、设定共同目标，带头做好这件事。

现在我们已经有 30 位年轻人参政议政了。2020 年 7 月，我把其中两个年轻人叫过来开了个会，一位是温州人、一位是大连人，都是律师。做参政议政比较需要律师和会计，要懂得当地的法律，一定要拉他们这种有专业能力的。我就让他们两个带头把这件事情做起来，如果做好了就能带来长久的利益。

华人参与选举基本上需要几十万的票，在法国选一个副区长并不难，选区长、市长、总统都是有选举队伍的。现在我们有 30 多位华人已经在做议员、部分区的区长，我们可以把他们召集起来，叫他们带头。选举的时候我们可以提出区长、市长的候选，如果需要什么费用，我们协会或者个人也会给予大力支持。

参政的年轻人一定是要了解中国文化的，如果纯粹和外国人一样，那叫他们参政议政是没有用的，他们不了解中国文化，也不愿意帮我们做事。

我之前向统战部提议，能不能在我们中国开两会的时候叫在国外担任副区长的年轻人来参加，让他能感受到中国政府重视他，个人感受就会不一样，就更能够激发他们的积极性。要知道现在年轻人的思想和我们这一代的不一样了，他认为当不当区长没关系，当区长反而耽误赚钱的时间，但是从整体上来考虑，年轻人能积极参与法国政治，为我们祖国、侨胞去做一点事情是非常重要的。所以，我认为他们是比我们更有资格参与国家两会的人，他们在两会中能提出更切实的建议，为我们的参政议政做点贡献。至于我们开不开会都无所谓，有些会长只是有一个虚名，他们去开会也讲不出什么事情，这些宝贵的机会更应该给真正在法国做事的年轻人。

但我们组织华二代参政议政这件事是不适合在国外公开说的，都是低调地进行的。比如说我自己有酒店，我请他们在我酒店里吃饭，我们就把这个事情给他们讲，这是不能传出去的。因为如果从法国人的角度来看，这样的做法对他们国家是有威胁的，人家会觉得你们中国人在这里想参政议政，就搞了一个"组织团伙"，搞"地下工作"，这性质可就不一样了。这件事说小了没什么，如果说大了那就是政治问题了。不同国家的人，会从完全不同的两个角度看待这件事。

要融入当地，更不能忘中国文化

很多侨二代、侨三代都是生在法国、长在法国的，接受的都是法国文化。还有很多跟外国人结婚了，几代之后，我们的后辈就很有可能成了地地道道的法国人。久而久之，后辈们就不懂中国文化了，有的甚至连中文都不会讲了。那岂不是把我们自己的文化全都抛弃了？如此一来，就无法培养出他们对民族的感情，也无法做到团结。所以我说在融入当地文化的同时，一定也不能忘了自己的根，对侨二代、侨三代的培养和教育是一件很重要的事。

有些人认为我们在异国他乡，要通过婚姻积极融入当地社会。我认为这只是一个方面。我们的侨二代虽然出生在法国，但是他们一定要对中国有文化上的亲近感。如果是很了解我们中国的文化、懂得中文的外国人要和我们的子女们结婚，那我们是很鼓励这段婚姻的。因为对方懂得中文、了解中国，他就会帮助中国，为中国人讲话，做事也会为中国人考虑。但要是我们的侨二代不懂中文、不懂中国文化，只是长了一张中国人的脸，在外国读书连中文都不会讲，又和一个完全不了解中国的人成了夫妻，那再叫他们为中国做事就完全不可能了。这事关华侨在国外为祖国做贡献、为国服务的问题。

2015 年，我们聚集了一批年轻的侨二代互相认识。我起初就期望能解决年轻一代华侨华人的婚姻问题，对他们在别的方面没有抱太大希望。

当时我们会里有一个会长就和我讲，应该早一点把这些年轻人聚起来。他自己有三个孩子，其中两个女儿，最小的是儿子。第一个女儿从小接触的全是老外，到了结婚的年龄，也没碰到合适的中国对象，他女儿找了一个外国人，他就坚决反对，不让人家上门，到现在都僵持在那里，老大就说不找对象了；接着他家老二，又带了一个外国人回来，他想要是再不同意，那二女儿也会跟他闹翻，没有办法，虽然不满意这段婚姻，也只能答应了。他说要是早一点把这些年轻人聚在一起，搞一点活动多好。我们家庭彼此之间又都是非常了解的，双方是哪里人、家族怎么样，大家都是知根知底的，这样的婚姻如果能成就比较稳固。

后来，这批年轻人还真有互相看对眼的。我当时对培养接班人没有抱太大的希望，就想着把他们的婚姻问题先解决掉。后来真撮合成了好几对年轻人，说明我这个功劳也是有的。

扛过疫情的重大考验

疫情对在法侨商造成的影响很大，但与其他国家的比起来，我们还算好的。原本在法国的中国人每年春节都会游行，大家要共同庆祝春节，结果那时得知国内武汉暴发疫情，我们华侨都很担心，所有的春节庆祝活动都取消了，我们就拼命买物资，把买到的口罩都捐给中国。国内的第一波疫情是 2020 年 2 月 20 日结束的，2 月 24 日我从法国回来，给温州政府带了 2700 多个口罩。

2020 年 2 月 26 日是法国疫情暴发的第一天，这一天我记得很清楚，法国出现了三例新冠感染者。法国在三月中旬封城，那个时候我们才真正感觉到了恐慌。当时我自己花了几十万元去买药，温州政府也给了我们很多药，这些药都发出去了。那个时候连邮费也很贵，政府给我的药都是我自己付的邮费。

政府把药给我后，要怎么样发到个人的手里呢？这就成了一个难题。因为法国在封城，居民们也不可以出来，于是我们成立了一支志愿者队伍，专门为他们送药。当时拉了有几十个群，每个群都有几百个人，组成了我们的志愿者团队。志愿者们在法国政府那里办了通行证。

这个通行证是这样的，如果你在政府上班，你从家到政府的这条路是可以走的，但不可以走上别的道路。我们就只能利用他这个通行证，十几个协会

疫情期间，戴安友和他的伙伴积极捐献抗疫物资

一一盖章，告诉政府我们是志愿者，要帮助整个法国患病的人为他们送东西。刚开始的时候，我们也吃不准这个通行证能不能用，如果不能用的话是会被警察抓起来罚款，甚至还要拘留的。有一次我们故意在有警察检查的时候，把通行证拿给警察看，才确定这个通行证能用。

我们就做了一批这样的通行证，发给每个志愿者，方便给华侨华人送中药。这个中药药方是复合的，叫"清肺排毒汤"，是丽水做的，一个疗程（五天到一周）要 100 多元，这是一号药和二号药，后来推出的三号药，药效更好，要 200 多元。但外国人不承认中药，我们送的时候，只能说是为患者送一点日用品。

昨天北京的中新社还找我采访，他们正在了解各个国家的疫情情况，他说你身边有什么小故事没有？那我小故事碰到的可多了。

在疫情期间，很多华人没能得到及时治疗，发生了很多痛心的事情。但温州人相对来说好一些，因为我们温州人多，也成立了志愿者团队，把联系方式全部发到群里，谁如果需要中药，就跟我们联系。我们有很多群，都是专门为救助病人建起来的，包括温州、瓯海、鹿城这些侨领、统战部，有认识的我们都会拉在一起。

我们还拉了一些中医医生进群。那个时候还没有核酸检测，如果有人认为自己不舒服，感觉出现了相对应的症状，我们就把他拉进群里给医生看。医生如果觉得可能是感染了，我们就会把药配送给他。不行的话，医生还会写些中药配方，志愿者就拿着配方，到中国人开的中药店里去买。买药的钱也是我们出的，患者不用出一分钱就会有药送到他们手里。

有一次，我得知有个青田的会把国内发来的药分到他们会里要分掉，我就跟青田会的这个会长讲，我说你千万不要把这个药分了，这样的话患病的人拿不到药，不患病的人拿着药放在家里做什么？他们听我说了就不分了，都留在会里，我也到他那里暂时借了几百副药。

很多人得了新冠会喘不过气来，特别是症状重起来就更难受了，就像痰会把肺粘起来一样，他们就会在群里喊救命，拜托别人帮助。那个时候法国医院不收轻症的新冠患者，如果有这个症状，医生就让他们去吃家里的得力帕林，类似于一种感冒药。医院收下的新冠患者基本上都是到了很严重的程度，要出人命了，一只脚都在棺材里的那种。我们志愿者团队都会想办法把药第一时间送给患者。

我有一个当志愿者的朋友，也被别人传染了新冠，因为他也不知道来拿药的人身上是否携带了病毒。这个案例发生后，我们送药的志愿者就和家人分开来住了，我们担心会大面积地传染起来。之后再送药的时候就不是亲手交给对方了，而是把药放到路边，叫他们自己来拿。这样传染率会低一点。那两三个月感觉真的很可怕的，2020 年 3 月份的时候死了很多人，包括我周边一些人都得病去世了。

2021 年 2 月开始我待在国内，因为有时差，我每天晚上都是凌晨睡觉，持续了整整一个多月，那时候是最辛苦的。后来时间长了，大家对这种生活状态比较习惯了，也就不觉得那么恐惧了。

2021 年 7 月，我又去到法国组织参政议政，不久后回国，我回国的时候，中国疫情已经控制住了，我回来就要隔离 14 天。那时法国疫情又重起来了，每天有四五万新增病例，政府也给了我们很多药，如果有华人需要就把地址发给我们，我们会直接寄到他家里。

欧洲现在很难像中国一样控制得这么稳定，因为他们的文化和我们的不同。刚封城的时候，法国的总统规定，新冠感染人数在五千以下，所有的行业就都可以重新开放。刚开放之后每天新增病例有两三千例，大家感觉应该没事了，两天后政府也说没事了。但是要发疫苗证，就是打过疫苗的人会有一个通行证，进酒店、咖啡吧等公共场合需要凭证入内，结果老外有十几万人游行反对。好了，十来万人一游行，每天又新增两万多例。

现在，在法国的中国人基本上都接种了疫苗，接种疫苗后虽然也还是会有被传染的个例，但是已经相对少些了。得过新冠的人也知道该怎么控制，会自己去拿药了。大家没有那么恐慌了，也没有那么多人求助了。

在这次疫情当中，我们的救援工作都是在线上联系的，就是说我救的那个人自己知道我救了他，但他旁边的人可能并不知道。尽管有很多人不知道我们在费心做这件事，但是我们自己心里会觉得，我做了该做的事情。我们救了很多人，功劳也是很大的，这也是我们觉得非常欣慰的。

冯 定献

1962 年出生，浙江温州人。1992 年起，先后创办德国冯氏贸易进出口公司、浙江恒庆置业有限公司、温州献华房地产开发有限公司、温州滨海大酒店有限公司、温州市龙湾区富际小额贷款股份有限公司等企业，历任第九、十、十一届浙江省政协委员，第十一、十二届浙江省政协常委，全国政协海外列席代表，温州市人大代表，浙江省侨联副主席，浙江总商会副会长，温州市华侨总商会会长，全德华侨华人联合总会荣誉主席，德国华侨华人商贸总会荣誉会长，德国中国和平统一促进会荣誉会长，中国和平统一促进会理事。

冯定献：做人不能忘本

访谈时间： 2021 年 8 月 27 日
访谈地点： 温州市龙湾区温德姆酒店冯定献先生办公室
受 访 者： 冯定献
采 访 者： 张利、罗甜甜、易永谊
录音、摄影： 罗甜甜
文字整理： 张利

加入"十万供销大军"

1962 年，我出生在温州乐清北白象山区一个比较偏僻的农村。家里一共有五个兄弟姐妹，他们目前都在国内做企业。

我小的时候，乐清还是个比较闭塞的地方，我所在的农村地处山区，交通不方便，出去一趟很不容易，当时我们去北白象镇上都要一两个小时，经济来源基本上是靠农业收入。我们家以种田为生，然后还做一些小生意，我边读书边卖东西，从 9 岁就开始卖菜、卖酱油。一家老小要生活开销，我家几乎是处于一个没有什么收入的状态。小学还没毕业，我就去种田了。

村里面跟我一起长大的其他人也都是一样，日子都过得非常辛苦，大家一起种田，也都没有上过几年学。

14 岁的时候，我有了一个机会去学打铁。所谓学打铁就是给师傅做学徒，白白帮人家干活，但那时候除了在家里种田以外，没有其他的工作，能去学打铁，已经是一个很好的机遇。如果是做其他行业的学徒，不仅什么收入也没有，还要给师傅学费，一年大概要 50 或 100 块钱。我学打铁的时候，一个月还可以拿到十块钱的工钱。

那时候我家里条件比较差，我就在那边做了两年多的打铁学徒，当时也算是比较不错的一个工作了。

1978 年，国家开始改革开放。改革开放真的是温州人的东风，给很多有勇气有胆识的温州人提供了创业的机会。

当时，温州有种说法叫"十万供销大军"，把我们温州的小商品卖到全国各地去。我有个小学时候的朋友，家里条件比我们好一些，读到高中后就出去做生意了。因为我们几个小伙伴跟他的关系比较好，在这样的时代大潮中，他就开始带我们一起出去，把温州的电器等供销产品卖到东北市场上去。

在大连"绝处逢生"

应该说我们的运气很好。我们出去的时候是去大连，最后在那里取得了成功。

那时候出去跑业务需要先用自己的钱，大家的家庭条件都一般，都是向亲戚朋友借的钱，好不容易一共借了 900 块钱。从乐清到温州后，乘轮船到上海，再从上海坐船到大连，要好几天。一路上我们是非常节约的。

我还很清楚地记得那个时候，我们同时去买轮船票，那位带头的朋友买的是三等票，我买了一张散席，散席就是没有床位的，可以省个大概四块钱。我朋友劝我说："你这个钱不要省，躺在走廊里面，不太好。"我说："没有关系的，一天就可以到了，怕什么麻烦！这四块钱马上就给省下来了。"到了上海以后，我朋友又跟我们商量说："你们身上的衣服和裤子全部是补起来的，要是到办公室里面跟领导去谈业务的话，这样的衣服不太好。"我就说："补起来又没有关系，挺好的呀！"不过最后，他还是说服我们在上海买了一套衣服。我记得那套衣服挺好的，花费了十几块钱呢。

到了大连以后，朋友就带我们几个一起跑了三天的业务，基本上我们就熟悉了怎么去跟人家交流，怎么去谈。之后，我朋友就到其他地方去了，剩下我们自己去开展业务活动。

大家刚到大连，都人生地不熟的。我做事谨慎，也比较有计划，就上街买了一份大连地图和一份企业的电话本。我们做好计划，乘公共汽车从住址一路下去，计划好今天走几个企业。就这样，我们每天把计划和进展都记下来，一家一家地走过去。十几天走了上百家企业，但没有一家谈成的。现在回想当时没有成功的原因，最主要的是我们那时候年纪很轻，都只有十几岁，那些企业看我们就有一些轻视。当时东北人看南方人也是有些看不起的，所有人都不理我们。

在那边待了有 18 天的时候，差不多用了 400 块钱左右，900 块钱就只剩一半了，我们压力都很大。那时我们一碰到人，马上就给人家打招呼，说："你好，我是温州来的，我是做什么生意……"看到任何一个领导，不管他是谁，都会说"能不能帮我们一下"，争取能跟他们说上话。

正当我们都很绝望的时候，有一天我们在饭店里面吃饭，看到有几个人进来了，都拿着电工包，我马上就跟他们打招呼了，买了啤酒请他们喝，一块多钱一碗。喝完后，那几个电工很高兴，其中一位师傅就对我说："你这个小伙子这么客气的。"我说："我们是卖电器的，从温州过来，我们那里有很多的电器。"然后我就把照片给他看，看完后他说："这些东西我们公司里面都需要，而且我们需求量是很大的。"这个师傅非常热情，边喝酒，边跟我们交流，还给我写了电话号码和地址，叫我第二天就过去找他。那天我们大家都很开心。

第二天早上 8 点他上班，我 7 点钟就在那家公司门口等了。等到上班时间，我想进去找他，结果被门口保安拦住。因为他知道我们南方人很多都是来推销电器的，基本上是不给我们进的。而我们结识的那位师傅他正好是电工，没有直接和推销业务员打过交道，看到我们带了这么多的产品，觉得很不错，就把我们介绍过去了。后来我才知道，那位师傅也是很有身份的，是一位高级工程师。

我就把昨天拿到的条子给门口的保安看了，打了个电话，就马上让我进去了。一进去我就和他们谈，谈完了，负责人给我写了一张单子。他说："我们需要这么多的东西，你厂里有没有这么多的货？"我一看，这么多货物加起来近两万块钱，这一下子我的压力就很大了，我们带出来的钱才 900 块，要准备这么多货的难度是很大的。

　　我就很诚恳地说："能不能少一点？我们还是第一次见面，你也不知道我们的产品怎么样，然后我们也是第一次做生意，万一这个产品不好的话，这个事情就麻烦了。"我提出这个要求后，他说："可以，那就减到一半这么多怎么样？"减了以后，一共是 9000 多块钱的货物。这样我心里有个数，我就说："好。"虽然自己没有多少资本，我是硬着头皮先把这个合同给签下来了。

　　后来，这位师傅告诉我，回去以后他一直在想，这个小孩子为什么这么老实？别人去推销都是生怕接不到单子，我们给他这么多的业务他应该很高兴才对，为什么还自己要求减去一半。他就觉得，说明我这个人还是比较本分，是很老实的。

　　这位师傅在大连还有个非常好的朋友，也是一个工程师，他们都是大连国际海洋俱乐部的。他就跟这个朋友说："我前天碰到一个南方人，这个人很老实。他们那里有很多的电器，你们要不要？要的话，我帮你联系。"于是就把我的电话给他了。

　　我在旅馆里面接到了对方的消息，说他们要我的产品，让我明天去找他朋友。我根本没有预料到会有这么好的一个状况，非常开心，但也很有压力。他的朋友看完以后，也跟我们签了一个单子。一开始订单也有一万块钱左右，我提议能不能少点，就给他定下了五千块钱左右的一个数字。

　　后来，我就想邀请他们到温州去考察，看看温州的其他产品。那位工程师就决定让他的两个徒弟跟我回温州。谈妥以后，他们两个人就回公司请示领导，大概过了两三天，就帮我一起买了船票回温州。过来考察的两个人也都是工程师。

　　回到温州以后，我要特别感谢我们当地乡镇的主管领导。这位主任知道我带了大连国际海洋俱乐部的工程师过来，非常高兴。他每天陪同大连客人，跟他们讲我个人的故事，介绍乐清的电器。我把乐清这边工厂里做的样品给大连客人看，又让他们试用，他们都觉得很不错，然后跟我们签了合同。合同签完以后，又在温州住了 7 天，我们带他们去大罗山，去了温州市区等好多地方，

冯定献初到德国

给他们留下了非常好的印象。

我创业初期的运气真的很好，接下来也很顺利，采购到这批货以后，我正好找到一个老乡，他是在温州到上海间开轮船的。通过这个温州老乡，货物用了三四天就运输完毕。大连那边的工程师此行来过温州以后对我们也很信任，他们的公司很快就给我们汇款。

这就是我的第一桶金。赚到钱后，我就准备扩展业务规模。创业期间，多亏得到了几位大连朋友的大力帮助，他们知道我这个人很老实，做事情很本分，陪同我找他们的朋友、战友和同学，帮我介绍生意。我们乐清人也是很热情的，彼此有一个好的印象，大家一交流，在大连就很容易地打开了市场。

初创事业，却差点进监狱

1981 年，我开始自己办公司，在温州开了一家华通电器有限公司，直接生产电器。那时候全国搞有限公司，公司必须是集体的，是国营单位的，不可以是个体的。但是因为改革开放在温州试点，所以我们可以做，我们的营业执照上有一个"私营企业集体合作"的标识。公司成立后，在大连市场的业务范围也扩大了。大连有很多外国人，他们看到温州的产品价廉物美，也经常跟我们订合同，公司发展得越来越好。

公司逐步稳定后，我又碰到一件非常困扰的事情。当时我们的客户中有大连的国营企业，大连的工商局等有关部门看到我们的营业执照上写了一个"私营"，而私营企业是不能和国营企业存在业务来往的，有的话是非法的。当时大连这边是检察院、税务局、工商局这几个部门联合起来，到温州来检查，过来的人员有工商局副局长、企业科的科长、税务检查人员。要确认我们企业究竟是私营企业还是集体企业。如果是私营企业，那就是个体的，这几年在那边的营业都是非法的，不仅公司要查封掉，东西全部没收，人都有可能被抓，直接送进监狱。

那时候我们公司人员已经很多了，他们来进行调查，有很多的资料要我们填，同时又把我们的所有资金全部冻结。

我们企业位于水心街道，我就把这个事情向当地领导报告了。当时水心街道是刚刚成立的，街道非常重视我们企业，知道后就马上向乐清有关部门汇报，说这个企业是街道里面的一个民生企业，每年都做得非常好，现在他们遇到了困难，大连的部门来到温州实地调查，需要帮助和支持。

当时的区长非常重视，马上问我们涉及哪几个部门。我说："有工商局、检察院、税务局这些机关部门。"他就给这几个部门先打好招呼，准备在他们过来的时候亲自接待，把情况给讲清楚。

检查组到达的第一天，温州工商局当晚就和他们进行了交流。第二天，温州的税务局和检察院就做了解释，因为改革开放正在温州试点，近期政府也批下了很多家公司，我们这家公司是属于集体合作的，不是私营企业，不是个体户。那边就问："那你的营业执照上为什么要写私营？"我们就说明道，执照上面还有一个括号里写了"集体合作"。

看到温州各部门对这件事这么重视，大连那边就确认了我们是一个正规的企业，而且温州政府很看重我们。他们就说："你们区政府能不能给我发一个文件？虽然区长口头上给我们说明了，但是我回去要有交代的，要有文件证明你们企业是集体合作企业。"我们区政府就发了这样一个文件，他们拿到以后非常满意。

其实，一开始面对这个难关我的压力是很大的，后来总算顺利解决了，这都要归功于温州市有关领导在最困难的时候鼎力帮助我们。

在调查了我们的企业以后，区政府、街道领导还带着他们看了温州其他私营企业、集体企业的情况，给他们做介绍。看到个体户的企业做得这么大、这么好，他们对温州的评价很高，说："温州的领导非常关心温州的企业，我们回去也要关心本地的企业发展。"

事情结束后，其中一位大连的领导说："我们来温州调查你的企业，没想到你们领导这么重视你们，税务局、工商局都来了，连区长都出面了，这样你们到大连发展的话，我就很放心。"我为他们送行时，那位领导说："小冯，你以后到大连去，有我们这帮人帮你打开东北市场，你什么事情都不用麻烦了。"

一回到大连，他们就给我打了电话，说："下一步你就把温州的其他产品，像服装、鞋子这些运到大连的市场，运到辽宁、吉林乃至哈尔滨的市场，我们在那里有朋友和战友，他们都会帮助你的。"我们人还没到，他们已经跟那些国营单位里面最大的百货公司都协商好了。

本来国营企业的业务是很难做的，我们根本不可能进入他们的市场，但现在全部都给我安排好了。借着这个机会，我们赶紧组织货源，成立相应的公司，买卖温州的服装、皮鞋等。

我觉得我成功的原因中有很重要的一点——我对产品质量的要求是很高的。我情愿自己的利润少一点，但产品一定要做好。我们做电器能取得成功就是因为产品质量一如既往的好；同时，我们做服装、皮鞋，做其他的这些小商品生意，也是把温州市最有名的货物买过来，再贴上自己公司的标牌。因为我们平时采购的货物质量都是很好的，等于是把温州的名牌产品打进市场里面，卖到大连的时候不到一个月就都卖完了，产品非常走俏，基本上货一到就没了。

将温州的产品打进德国市场

去德国之前，我家里已经有亲戚朋友在国外工作、生活。我在国内继续做了几年以后，就非常顺利地移民到德国。

到了德国，一开始也遇到了很多的困难。在国内的时候，工作时间是排得很紧凑的，一天可以干很多活。到德国后第一语言不通，第二所有的事情都需要自己来做。

当时，亲戚朋友还有温州的老乡，都推荐我们在那边开一个饭店，都说："开饭店的话很好赚钱，你们移民到这里是非常不容易的，就开饭店好了。"但我心里面知道，开饭店不是我的强项，所以一直没有把做商贸这个想法放下。

温州的产品贸易在那几年发展非常快，我相信在国外肯定有市场。一有空的时候我就去百货公司，去这些大的商场看看。看到他们的产品后，我对温州的产品就越来越有信心了。他们这边的东西不管是五金、服装，还是日用品，都这么贵，一件衬衣要卖一两百马克，算起来是八九百块人民币。一件衣服在外面洗一下都要五六马克，而在我们这里，买一件新的都不需要这么多，十块钱人民币就可以买得到，非常便宜，而且也是非常漂亮的。

我们在中国有丰富的产品生产经验，把我们的产品提高到和德国差不多的水平是一点都没有难度的。当时我们就看准了这个市场，对这个市场的发展也很有信心。

我们一面找了德国的老师学德文，一面想办法把路熟悉起来。路都不熟的话怎么跑业务？老是靠朋友带是不行的。后来我们又请了一个当地的学生来带我们跑业务、谈事情，但我想：这也不是个长久的办法，还是靠自己比较好，这个东西是一定要学的。所以我就一直在努力学德文，然后叫中国留学生、我们的朋友带我们一起去跑，今天去哪里、明天去哪里，直到把我们从温州带出去的这么多样品都送出去。

但是这些样品拿到店里以后，店员一看是中国的产品，根本就不理我们。

第一，他们觉得德国的东西太好了，别的地方的东西都比不上；第二，他们不知道中国现在发展得这么快、这么好，还是认为中国人是很穷的，中国的产品是很一般的。他们拿这种心态跟我们谈判，让我们很委屈。

我又带着好几箱温州的样品，里面什么东西都有，带了四个人，到处参加展销会，想用自己的产品把市场给打开。每场展销会，展销厅里都是人头攒动，看的人也很多，但是成功率还是不高。一开始他们看到我们的东西这么便宜、这么好，很感兴趣，但是当知道是中国生产的以后，他们就认为这个东西不靠谱。当时我真的很不理解："你没有用过我们的产品，也没有去过中国，怎么知道我们的产品不好呢？"我很生气，还让翻译讲给他们听："你没有去过中国，但是可以试用一下，对吧？"我们参加了好几个展销会，留下了一大沓的名片，但是都没有接到生意。

事情的转机出现在几场展销会之后，我们遇到了一个很友好的德国人。他之前和中国人做过几次生意，对中国人印象很好，对中国产品的质量也非常放心。我抓住这个机会，不断和他交流，最终他同意把我们提供的样品全部带回去进一步检查。大约过了一星期，我们就接到他公司的电话，邀请我们跟他们商量一下合作事宜。

这次合作令我记忆深刻，因为这次的交易金额是我从做生意以来最大的一笔——整整20万美元。按照当时的汇率，20万美元换算成人民币是100多万元，即使放在现在也是一笔不小的数目。在高兴之余，我更想着要怎么通过这一次的合作留住这位客户，让他们知道我们中国人制造的产品不但价格实惠，而且质量有保证！

既然要让德国人信赖我们的产品，最重要的是要盯紧工厂的生产线。我收到德国客户的汇款后做的第一件事就是回到温州找工厂。找工厂是一件马虎不得的事情，我找工厂的条件有两点：首先是质量是否优秀；其次是价格是否优惠。除了这两点之外，还需要不断地观察市场。

单以打火机为例，在当时，中国生产的打火机卖到8块钱左右一个，但是日本产的打火机能卖到200块钱，两种打火机看起来明明差不多，为什么价格相差这么大呢？我感到疑惑，于是去问其中一家工厂的代表，那个人回答我说，日本的打火机相比国产的主要贵在三个地方：第一，它们的弹簧好；第二，它们的打火石好；第三，它们的油箱好。问到这里，其实我已经有了一些想法，既然日本产的打火机可以做到零部件质量这么好，为什么我们中国不能生产出这样的打火机呢？当我把我的疑问告诉对方时，他告诉我这样做会使我们成本增加，利润减少。我心想，要让客户信赖我们中国制造的产品，质量不能含糊，那就必须要下成本，不管投入多少钱，都要制造出和日本产的打火机一样的品质。

工厂方面核算了一下，这样做需要增加两倍的价格，我就开始和他们诚恳地谈，希望他们能够暂时把差价算进他们的成本预算中，等结算时我们再从自己的利润里把这笔钱补给他们。工厂也被我们的诚心打动，临走时，他们再三向我们保证，一定保质保量地完成每一件产品。其实，做生意就是讲究一个"诚"字，不仅要诚实，更要诚心，只有做到这两点大家才会信任你。

产品生产出来后，我又特地嘱咐工厂，要详细地将每一类产品的生产标准、用材标示出来，像食品一样能够看得到这批货物的"成分表"。准备发货到德国之前，我又一次来到温州，亲自检查质量。在交货时，我告诉德国客户，其实这一批货比原定的成本增加了两倍，都是用的我们自己的利润，当时那位德国客户就打开其中一件产品，仔细检查一番后，直接对着我们竖起了大拇指，连连说道："佩服你们！佩服你们中国商人！"

经过第一次的合作之后，这位德国客户依然选择继续跟我们合作，第二次、第三次……一直到成为我们固定的客户，可想而知，当年的两倍成本加上去实在太值得了！

要学会做生意，更要学会做人

和德国客户的合作经历让我总结出一条商场竞争的重要经验：不要跟别人比较价格，要比就比质量。

我不断地把这个理念推给身边的朋友。除了要拥有诚信这一基本的品质外，还要保证产品的质量，哪怕价格比别人高也不要紧，只有质量才能抓牢客户。凭着对这一信念的坚持，我逐渐在德国打开了市场，成立了自己的公司，奠定了事业发展的基石。

德国有很多的中国商贸城，里面有很多老板都是我非常要好的朋友，每次一到那里我都非常开心。其中很大一部分人都是由我还有德国商会的成员把他们带起来的，想要进这商贸城也是不容易的，必须做到质量保证、精益求精，这样才能吸引更多的客户来到商贸城，为这里带来更多的盈利。

世界各地有很多的中国商贸城，但德国的中国商贸城一定是其中非常优秀的，不论是产品质量还是经营管理都让人眼前一亮。再加上在德国的中国人基本上都依法纳税，所以当地政府也非常重视中国人在德国的发展。

在德国的经历不仅让我学会了如何经商，也让我学到了很多宝贵的生活哲学。

首先要懂得去规划和落实。以前我在国内创业都是按照"走一步算一步"的念头，对很多事情不会有长远的眼光和打算；也喜欢"随大流"，看到什么东西好卖，我就跟别人学，不会有自己的点子。到了国外，我发现我在国内的那一套做事方法根本行不通，因为外国人做生意都需要一个整体的计划，今年就必须要预测好明年什么东西会流行，然后提前制订计划决定卖什么东西、囤什么货。

其次要懂得"预约"的重要性。在德国，无论是朋友之间也好，还是到政府部门办事情也好，一定要预约，并且需要准时到，直接上门找人说事那是非常冒失的行为。

我在德国的第三年时，当地已经有 7 个不同的德国商会，我在其中最大的一个商会担任荣誉会长和荣誉主席。这份荣耀可以说是当地侨胞"送"我的，他们一致认为，我往返中德做生意，这个头衔给我，会对我以后的事业有所帮助。对此我非常感动，也就要担起这份职责，尽自己所能，回馈大家。商会成员谁需要我，我都义不容辞，竭尽全力地帮助他们。

我们温州有一种非常好的资源，那就是我们温州"人"的资源。出门在外的温州华侨特别团结，每个人都会互相帮助。在德国，华侨数量相比其他国家并不是很多，正因为如此，我们德国的华侨才更珍惜身边的朋友，大家才更加团结。比如有华侨想要做一门生意，但是资金短缺时，大家都会帮他牵线搭桥，筹集资金，解决他们的燃眉之急；在餐馆里做厨师，有一门手艺的，我们就帮助他去开饭店；已经在德国有自己的事业，但是面临破产的，我们就帮他改行做贸易，带他去卖服装、卖鞋……正因为我们都是有过相同的经历，了解背井离乡的不容易，所以大家在德国团结彼此，成为一个具有凝聚力的大家庭。

当选德国商会的会长之后，我有幸接触到了很多德高望重的老侨领，在他们的带领和帮助下，我渐渐懂得如何与人沟通。良好的沟通能力是拉近人与人之间距离的钥匙，在老前辈的熏陶下，我一次次鼓起勇气、壮着胆子把我们温州的产品、中国其他地方的产品宣传到德国各大市场。

回国投资，我相信温州的发展

20 世纪 90 年代，我选择回中国发展。因为家乡温州的发展实在太快了，吸引了一大批的海外华侨和异国人士来到温州。我自己回温的同时就带了好几个德国人来温州发展，本来是以旅游的名义带他们来看一看家乡，谁知他们对温州的发展感到惊喜，考察了一段时间后都决定在温州做生意，后来事实证明，他们全都发展得很好。

做贸易生意的人都非常关心当地展销会的举办，通过参加展销会我们可以知道最流行、最新的产品。有一次，我刚好听到在香港举办了一个温州产品的展销会，展示了很多温州产的服装、电器等，就过去参加了。就是这次在香港，让我接触到了一个我从没尝试过的领域——房地产。

当时温州火车站即将通车，车站周边很多地产就被拿到香港招商，我对房地产一窍不通，但是我知道这发展前景绝对很大。

当我犹豫要不要买其中一部分地时，温州市政府知道了这件事，当时的市长就亲自来到香港，他知道我们华侨人脉比较广，想要我在海外侨胞中做宣传，希望我们能多多购买，多多开发，帮助温州政府建设火车站周边。100多万元一亩不是一笔小数目，当得知这个价位时，我也拿不定主意，担心火车开通时间、建房成本等。但当时温州市政府的亲自接待，让我心里有了底。我坚信我们温州一定会越来越好，于是我下定决心买块地来做房地产。当时我大概买了十几亩地，单单地价就共计1000多万元人民币。

买完这块地后，我在高兴之余马上想到在香港的几个朋友，鼓励他们一起参加温州土地的招商。大家都十分信任我，也信任温州的未来发展。第二天，我们购地的事情就被很多媒体报纸报道。我回国后的事业也随着第一次接触房地产行业顺利地起步。

此后，我修建了温州龙湾大酒店，也是龙湾区迄今唯一一家五星级大酒店，成立这家酒店的契机非常简单。当时龙湾机场的建立让越来越多的欧洲商人直接来到温州，但是机场附近，甚至龙湾市区都没有配套的高星级酒店。我就在想，第一，根据我们政府的发展规划，龙湾交通设施如此完备，实在太需要一个高星级酒店来匹配这个地方了；第二，龙湾区的发展越来越好，我们在这里投资建设五星级酒店，一定会是个双赢的结果。

思考一番后，我就在龙湾买了一块地，找专业人士制定了一份修建五星级酒店的计划。一开始跟政府签合同的时候，我是打算以一个三星级的标准来建，但是最后我改为五星级标准，就是要以最高标准的酒店带动当地的经济发展。很多朋友劝告我千万不要建设五星级酒店，要建设这样高规格的酒店只能去深圳这样的地方，在温州这里是不会有什么收益的，尤其龙湾并不算一个中心位置。当时我只坚持我自己的想法，告诉自己，龙湾这个地方将来会越来越好。

下定了决心，我按照计划开始修建。在建设过程中我们也碰到很多的压力，不仅仅是物质上的，还有精神和心理上的。比如我们发现酒店周边几乎没有出租车，都是私家车来往，如果没有出租车，酒店的客源自然就很难来。但我当时没有打退堂鼓，顶着压力坚持到酒店开业。开业之后，我很惊喜地发现这里有了专门的出租车队，再加上瓯海大道通车后，从瓯海大道到我们酒店只用半

照片墙 记录了冯定献参加各种活动的高光时刻

小时，我对这里的投资也是越来越有信心了。

龙湾政府非常看重我们酒店的建设和经营情况，酒店建设过程中的各种审批事项都能得到最高效的解决。我们这家酒店是作为外资项目建设的，也算得上龙湾区大规模的项目之一，同时又是龙湾区唯一的五星级酒店，所以他们都会非常关心、关注我们的发展。假如没有龙湾政府的大力支持，酒店不会建得这么快、这么顺利，所以我由衷地感谢龙湾区委、区政府的支持。

当然，投身房地产行业，我也没有忘记了我的老本行——贸易。中欧贸易是我的发家事业，也是我擅长的事业。我在温州的房地产相关工作都是交给一家合资公司，授权给他们打理，我自己还是专注贸易这一块。

在我的建议下，我的孩子们也都选择回国发展。国内有朋友感到不解，问我们为什么要让孩子回国发展，明明我在国外已经为他们打下了不错的基础。我告诉他们，中国的发展空间比国外还大，前景将是一片光明。事实证明我的决定是对的，孩子们回国之后事业也逐步发展。现在，大儿子和我一起做贸易，女儿在江浙沪地区做金融方面的工作，事业都发展得不错，一家人可以相互照应，经常团聚。

来自农村，反哺农村

我在农村长大，这一路走来碰到了很多的困难，我都没有临阵脱逃过，但最让我觉得难以克服的一点就是自己文化水平不太高。很多时候，我总觉得讲话词不达意，心里想的事情，通过口头讲出来完全变了一个味。

现在我们的下一代是非常有福的，都享有受教育的权利和资源。在欧洲的那些年，我无数次走过一些世界著名的大学学府，无数次憧憬我们的孩子们能够在里面读书、做科研。现在这已经不是梦，而是现实，越来越多的中国孩子在国外高校留学，成为海外中国人的骄傲。我的几个孩子都是在国外名牌大学读书。在国外生活、读书的这些年，对他们来讲很有必要，不仅学会了很多的知识，还培养了他们的责任心。

到现在，我一直在思考一个问题：我们人生中最应该要做的、最有意义的事情到底是什么？是照顾自己的家庭，还是发展自己的事业？这些我觉得都不是，真正有意义的是帮助有需要的人，这是我目前坚定的一个信念。拿我自己的经历来说，我事业上的每一步发展，都不是只靠自己的。一开始是借助了改革开放的东风，后来则是得到国家政府部门和其他朋友的大力支持、帮助。做人是不能忘本的，所以当我现在有了些许能力，看到有很多人碰到了困难时，我就应该站出来，尽自己所能帮助有困难的人。

2003 年，我们在浙江大学设立了一个助学基金，来帮助浙大贫困生，这些学生自身很争气，但他们家庭条件比较艰苦，有很多学生家里拿不出学费。得知这种状况后，我主动向省里的有关部门报告，愿意为浙江大学的 100 个学生提供助学金，帮他们父母减轻负担。省委有关部门知道了我的想法后，马上帮忙牵线。浙江大学的领导知道后也很重视，由他们筛选出了 100 个符合条件的大学生。我们最后给每个学生一万元，总共捐了 100 万元。

我本来以为这件事就这样结束了，可在四年后，我意外地收到了其中 87 个学生的感谢信。每一封信我都认真读了，心中充满了感动。每一个学生都有一段自己的家庭故事，他们中大部分都是从农村走出来的，自己的长辈也是跟我一样大的年纪，都是努力靠自己一步一步让家庭有所改善。在他们的孩子考入浙江大学后，在孩子们读书需要资金时，我能有这个机会帮助他们，我自己也感到非常开心。

能力越大，责任也就越大。作为企业家，帮助学生完成学业，是和其他慈善事业一样充满意义的。对我们来讲，这些钱可能不算什么，可是对他们学生来讲，有了一定的经济援助，他的人生前景会越来越顺利。最关键的是，他会记住这种被人帮助的感觉，成为下一批帮人者，爱心就这样在社会不断传递。

在向浙江大学捐款之后，我继续坚持做慈善事业。我们在云南麻栗坡县、汶川、贵州一些比较偏僻落后的山区都捐建了希望小学。就在前两年，我给家乡的温州肯恩大学，捐了 100 万元。除了捐助教育事业之外，我们公司还出资 50 万元修建了一座华侨大厦。我觉得作为一个有责任感的企业家，一定要多多呼吁身边有能力的同胞投身到慈善事业中，大家一起努力去做有意义的事情，社会才会更加美好。

2019 年，大家推选我做温州华侨总商会的会长，我知道这既是一份荣耀，也是一份责任。在接任这个岗位以后，我一直呼吁海外侨胞要多做爱国、爱乡的工作，多做一些牵线搭桥的项目，把温州发展需要的、国际上的好东西都引回家乡，把温州的、国内的好东西带到国外，促进温州乃至中国和海外其他地区的经济往来和交流。

夏烈：企业家对祖国最好的回报就是办好企业

夏烈

夏 烈

1963 年出生于温州鹿城。初中毕业参加工作，在鹿城区人民法院担任书记员。1990 年，放弃公职，开始闯荡意大利，从制包小作坊做起，先后涉足贸易批发、房地产行业等。2000 年，怀回国投资之心，落户湖州安吉，致力做好"产业发展运营商"。2019 年，响应温州市侨联关于温商回归的号召，在温州投身高新技术和智能制造业。现为温州市华侨总商会监事长、意大利罗马温州总商会名誉会长、浙江创伟智能装备有限公司董事长。

访谈时间：2021 年 8 月 31 日
访谈地点：世界温州人家园
受 访 者：夏烈
采 访 者：金康颖、徐静、李广旭
录音、摄影：金康颖
指导教师：李广旭

对法律专业情有独钟

在我读书的那个年代，初中毕业继续前往高中的人很少，那会儿大概只有 3% 的升学率。温州当时比较好的高中有两个：一个是第一中学，另一个是第二中学。我就在第二中学读高中，我的成绩很好，在班级里能排进前三。

跟现在完全不一样，当时极少有人能考入大学。对我们这一代人来说，那时候能上大学就意味着有保障了，考上大学以后就 100% 是国家的人了。当时我班上考入大学的只有两个人，其中一位报考的好像还是体育专业。如今，你想在社会立足，没有本科文凭肯定是不行的，有文凭不够，还要看你的能力。时代在变，不同的时代造就了不同的人。

1980 年，我从温州市第二中学毕业后就直接参加工作了，一开始是在温州毛纺织厂工作。虽然很早就工作了，但不意味着我停止了学习。我一直都很喜欢法律专业，觉得它特别有意思。

1984 年，我进入温州市鹿城区人民法院，担任书记员。这份工作非常安稳，在外人眼里也非常舒服，直到 1990 年我主动辞职。

对我来说，这份工作意义重大，让我近距离地接触到了法律专业，亲身体

验到了"法律"两个字背后的担当与责任，也让我对这一专业的喜爱与日俱增。后来我到了意大利，虽然没有机会直接从事法律工作，但我利用自己所学所知，帮助当地的华侨华人，以法律的视角为他们答疑解惑。1998 年我回国后，报考了全国法院业余法律大学，顺利拿到了大学毕业证书，也算圆了我的大学梦。到现在，我的很多工作也都涉及到法律专业。这份经历带给我的不只是一纸证书。

放弃公职，出国闯天下

我是商人家庭出身，家里是做副食品生意的，一直都在经商。我从小在鹿城长大，是典型的温州人，情愿自己做小老板，也不愿意给别人打工。

20 世纪 80 年代的时候，经商已成为一种潮流，伴随而来的还有出国热。那时候正是改革开放初期，很多有稳定事业的人都辞职下海，出去闯天下了。看到身边不少人都辞职跑了出去，我的心底也开始不安分起来了。

温州人跟其他很多地方的人不一样，最大的特点就是敢于创新，敢于拼搏，很能吃苦。我那时候觉得自己还很年轻，想趁着年轻的时候出去闯一闯。萌生了出国的念头后，我向周边的朋友了解了一些情况，准备要辞职。我哥哥也是知识分子，他 1979 年考入医学院，后来也辞职了。

当然，家里有很多亲戚朋友也劝我，他们觉得我辞掉这么稳定的工作，真的是特别可惜。但我的信念愈发坚定。正好那时我有个好朋友在意大利，他们整个家族在意大利非常有名气，他就叫跟他一起干，让我去意大利看看。我当时想，既然有这个机会，那为什么不出去闯一下呢？

1990 年的时候，我下定决心，放弃公职，奔赴意大利。我先到新加坡，在那里找了我的亲戚，然后再去的意大利。我们一行人在新加坡待了有半个多月，就是为了把签证办下来，签证办好了以后就动身前往了意大利。

整个出国的过程，我算是运气比较好的。后来没过多少年，我从意大利回来，也算是最早回国的一批人了。

初抵意大利

从温州来到意大利，我对异国他乡的第一印象是好奇，对周围的一切都充满了新奇感。

现在我在意大利这么多年，大部分地方我都去过了。比如，夏天的时候我们经常会去意大利边上的一个小岛，那个岛很漂亮，海水清澈见底，连十几米下游动的小鱼都看得很清楚。这种景色确实在国内很难看得见，真的是让人很难忘。

还有很多人刚开始吃外国餐都不习惯，但我还比较幸运，我觉得意大利菜和中国菜差不多。像意大利这样的欧洲国家，其实不用担心吃不到中国的食物，那里有很多中国的食物，稀饭、油条这些都有。意大利的比萨和牛排很正宗，我还挺适应的。现在回国后，偶尔还会去吃意大利菜，回忆下在意大利的旧时光。

但最初的新鲜感淡去后，接下来遇到的情况都是很困难的。跟很多出国的温州人一样，到了国外以后，一般都是先打点零工，一来是熟悉下环境，二来是先能吃上饭。

因为语言不通，我们夫妻俩遇到了不少困难。那时候我们很忙，也没有专门的时间到学校里读书，只能利用晚上的一点时间来学习。在我看来，口语是不难的。因为做生意要跟当地人打交道，久而久之，那些与生意有关的外国话肯定是都能听懂的。比如去当地市场买一点材料，像皮革、拉链之类的这些外语单词我们都会说。后来我做贸易的时候，也常常一个人开车去拉货，再到罗马海关去办入关手续，这些都是我一个人办的，天天在讲这些东西，自然就慢慢会说了。不过很多时候，讲到另外的领域时，那些外国话就又听不懂了。打个比方，我们今天如果身体不适，到了医院里也不太会向医生表达我们具体哪里不舒服，是怎样的不舒服。

工作情况比预想中差很多。我们没有经济基础，只能拼命打工。每天工作 16 个小时，身体吃不消也要出去，就是要去拼的。出来了就没有回头路了，只能咬紧牙关坚持到底。对我而言，那时候一天中最幸福的瞬间就是睡觉。

在人生地不熟的国外，有过后悔的情绪也比较正常。国外的生活语言、饮食习惯、生活环境都和国内不一样，出了国才深切地体会到在国外赚辛苦钱的不易。

当然，我不可能只满足于做零工的，我们一直都在谋求开拓自己的事业。当时我们在国内一个月的工资就三四百块钱，而在意大利，工资能有五六千块钱。我们在生活上也一向比较节省，能存下一定的积蓄。但是我并不满足每个月只赚个五六千块钱的生活，如果一个月赚五六千块钱，一年可以挣到 6 万块钱，十年也只有 60 万元，看起来不少，但对我来说还不够。一个公务员下海，总要想着干出一番事业，不可能就待在原地按部就班，如果追求按部就班，我也不会放弃在法院的工作出来打拼了。为此，我们不断地在变化和升级，只有一直求变求新，才能把自己的事业做出来。

做生意要一步步探索

意大利当时有一个地方叫普拉托，在佛罗伦萨旁边。那里有很多中国的元素，中国人也比较多，有不少中文翻译。这个地方比较特殊，它是以纺织业作为支撑的，意大利有好多人就是靠做衣服在那里起家的。当时那里竞争比较激烈，我们一开始也很纠结，有人说我们要实力没实力，要客户没客户，怎么立足呢？但既然决心一试，那我们就要努力做下去。

我拿出了自己在国内的积蓄，又在中国老乡那里东借一点，西借一点，搞了三五台机器，在 1993 年的时候开了自己的一个小作坊，大概运营了两三年时间。

在外面做生意，一定要接地气，如果不接地气，不知道意大利人喜欢什么东西，那么成功率就不会高。摆过地摊的人就很懂，意大利人喜欢的是哪一种款式，他衣服的大小配置是什么样的。

夏烈接受记者采访

　　我的作坊虽然不大，但是我的产品质量好，很畅销，不愁卖。当时我们研制了一款比较时髦的沙滩包，市场上很受欢迎。那种包其实很简单，只要有材料就可以做。技术不是问题，问题在于原材料不好弄，非常紧缺。原料紧张，我就自己刻版生产原料，最大程度地供应产品，这一点我们是很聪明的。我们两三个人合伙，把布料印刷出来，然后日夜加班加点地生产，这样就及时抓住了商机。

　　再后来，我大概有了十来台机器，招了十来个人，自己的小作坊一年也能有五六十万元的收入。尽管每天都得工作 16 个小时，很累，但这个作坊也为我以后的发展积累了第一桶金。

　　后来，我听到了一个消息，说国外特别是意大利的面料比较好。于是我专门跑去上海的纺织厂，把这种意大利的面料拿给纺织厂看，那里的技术人员说当时国内还达不到这样的工艺水平。我立马就决定跟意大利的厂家开展合作，把产品拿到国内来销售。当时做这种布料生意的人还不多，至少不像现在这么多。意大利的罗马是当时全欧洲的批发中心，有丰富的货品可供选择。尤其是高端面料，在国内非常畅销。1996 年左右，我把意大利高档布料批发到深圳、广州，还开起了加工厂，生意可以说是风生水起。

我做高档布料批发的时候，别人还没开始做，等别人开始做了，我又去做别的项目了。1996 年我开始涉足贸易，1998 年我进入房地产市场，其实这些也为我后面回国发展打下了坚实的基础。

回头总结我的事业发展道路，从开始的摆地摊，到自己开店，再到后面做贸易，就是一个循序渐进的过程。做生意一定要注意到整体产业的变化，产业是需要升级的，从普通的生意起步，遇到困难就去解决，再逐步扩大，运营到一定的程度后，又要转变去探索新的模式。

其中不变的一点是，始终用质量、价格和感情来维系顾客。我们在做生意当中付出了感情，和顾客相处就像朋友一样，有不少顾客就被我们争取过来了。你努力了、付出了，生意来了，客人也来了，再用心维护好客户，这样就能慢慢摆脱困难。

安吉是我的第二故乡

说到与安吉的缘分，那是在 2000 年结下的。我这个人蛮喜欢在外面跑的，1998 年我回国后也没有闲着，一直在意大利和中国两头跑，到了国内又一会儿去深圳，一会儿去安吉。当时我一年的飞机票就花了 70 多万元。

2000 年，湖州市有一个政府代表团到意大利访问，动员我们这些在意的华侨华人回国，回到家乡投资。湖州隶属浙江，虽然离温州是远了一点，但对于我们这些海外游子来说，湖州就意味着浙江，意味着浓浓的中国情结，心底关于家乡的情感会在那一刻涌动。

那时候很多工作和投资的情况也不太好，所以当时回国投资其实还算一个不错的选择。那次访问之后，我就决定去湖州看一看，没想到这一去就是 20

多年。如今，我已经把湖州当作了自己在国内的另一个家乡，现在的很多事业都在湖州。

安吉的确是个好地方，这里是"绿水青山就是金山银山"口号的发源地，也是全国最早提出"美丽乡村"的地方。我选择这里，看中的是这个城市的地理位置、人文景观和投资环境。湖州是重要的商品集散地和水路运输要冲，有配套的投资服务和良好的投资环境。

安吉现在有三张名片：竹制品、白茶及专业的自主产业。而其中商业之首就是转椅，这个市场就是我开发出来的。

跟很多外资企业一样，我也是从房产领域开始投资。2000年我们在湖州的南浔区创立了湖州国大房地产开发有限公司，建造了一个"罗马花园"，当时的注册资金有288万美元。2001年的时候，我们在湖州创立了意达置业有限公司。我记得那个时候的注册资金有1000万美元。第二年，我们在湖州安吉创立了安吉中利置业有限公司，用858万美元建造了一个中国转椅市场。

当时转椅市场只有几十家，而且规模都很小。我来到这里后，进行了切实有效的开发，差不多弄了800多家店铺租给人家经营，产业档次提升得很快。这里每一个厂家订货都有自己的窗口，你别看他们白天看起来似乎没什么人，好像什么动静都没有，但如果留心观察的话，会发现到了晚上的时候，这里的灯都是亮着的，每晚都有几十个集装箱被装配走，生意是很好的。这些转椅会被运往全国甚至世界各地。现在我们周边的酒吧椅、食堂里的餐椅、电影院的软椅都可能出自我们这里。

如今这个转椅市场占地有160亩，面积达10万余平方米，拥有商铺800多间，2018年总销售额超过110亿元，占全国市场份额的40%，是中国目前最大的转椅市场。

那个时候我们公司的核心业务包括产城开发、物业服务等，公司的定位是"产业发展运营商"。我名下的公司在国内投资了十余个项目，包括安吉转椅市场、湖州南浔罗马花园、安吉梅溪码头及在云南、甘肃等地的项目，投资金额累计超过了3亿美元。之后，我还想在温州建设一个主营小商品国际贸易的专业市场，预计总投资额为 20 亿元，条件成熟后，将与世界 200 多家温州商会对接，推动中国的优质产品出口。

我现在慢慢把产业都转移到国内，意大利那边基本上不做了，对于这点我从来没有后悔。我在意大利赚钱的时候，想的就是以后还是要回到家乡发展的。

现在我在湖州跟温州两头都有职务，很多人会觉得说两边跑会很累，负担会很重。但是对我来说并没有，我没有这种负担，也不会盲目忙碌。

其实湖州华侨跟温州华侨的区别还挺大的。在湖州的华侨很少，在温州的华侨数量很多，温州的以传统的贸易为主，湖州的主要以新兴的产业为主。我们把有意向到湖州来投资的人联合起来，有需要温州资源的人一起拉过来，实现互利互惠，推动侨胞资源共享。温州和湖州需要这样的互通，能够对两地的经济发展都做出贡献。

我还是湖州市的人大代表，我希望促进两边的商会、两地的企业家多交流合作。对我来说，我就是温州、湖州两头跑。

升级再创新，发展智能制造

我现在又改行了，我的事业转变升级了好几次，每次都是从零开始。传统产业当然重要，但现在国家对智能制造、高分子材料、生物医药等新兴领域更为重视，这也是我们现在发展的重点。真正能够做工业制造业和高科技产业的华侨还是不多的。从国家发展的角度来看，高端装备和智能制造这一块将是未来依靠的重点。

在 2018 年世界温州人大会期间，我和温州浙南沿海先进装备产业集聚区管委会签订了框架协议，投资 50 亿元成立"新一代产业技术创新研究院及产业化基地"项目，投资建设纳米技术及工程应用中心。2019 年，我响应温州市侨联的号召回到温州。第二年我们就成立了浙江创伟智能装备有限公司和浙江鼎业智能化设备制造有限公司，总投资额 5.5 亿元，预计三年内产值可以达到 10 亿元。

我们的高科技产业比较丰富，涉及生物医药、生命健康，还有高分子材料等很多领域。现在的华侨企业更需要一种创新。

其实，我觉得自己的经历是很有趣的。有时候也会回想一下，自己一路是怎么走过来的。我有个湖州的好兄弟，他老是跟我说，你的企业我是慢慢见证它一点一点长大的，从第一次投资罗马花园，到安吉的转椅市场，再到温州做制造业，反正每一次都是在不断更新，不断壮大。

我其实没有什么前瞻性，我觉得我的投资，就是看国家的需要。我们的研究院现在已申请了好多专利。我们跟上海的一家纳米技术公司有合作。纳米技术比较靠前的企业目前总共有两家，一个在北京，另一个就是上海这家。我们先给他们投资，然后把专利买过来，从他们的专利里面提炼出可以进行产业化的内容。根据实验室里的结果来看，如果有机会推向市场，那么我们就准备投资，将这些好的内容进行推广。

比如说，我们现在在制作一种纳米涂料，用在外太空用品上。这类用品会经过大气层，也就是要面临几千度的高温，这种纳米涂料可以用来隔离高温。再比如，一双鞋子，如果颜料倒上去，就会沾上，但是配置了研发的新材料的话，就能解决这个问题。这类东西我们是很看好的，也会投资像这样的项目。

这些年，国家一直提倡新能源、新材料，这次新冠疫情当中，新材料也发挥了很大的作用。说到疫情，对于各行业的影响还是非常大的，对房地产业尤为明显，我们现在做的房地产已经很少了，主要是在湖州那边，疫情暴发的时候我们就在国内。不过疫情对我们目前的产业暂时影响不大，只是在进口原材料方面我们还是受到一些其他国家的影响。比如我们今年的一些原材料，很多都被有意控制，对我们这种大厂来说，有的价格就高得离谱，已经达成了一种生产越多就亏得越多的局面。国家现在也在尽量宏观调控，改善环境。这更说明，发展我们自己的高新产业是国力的象征，所以也是我未来关注的重点。

很多人可能很诧异，觉得我在湖州有市场,有地产,每年交易额100多亿元,安安稳稳不是很好吗？怎么又开始新的转变了？我觉得，智能制造是振兴中华民族的产业，是工业最核心的力量，我必须跟上步伐，出一份自己的力！

把"爱国"装在心里

我们骨子里都是很爱国的，尤其是在国外的时候。但我们不会直接在嘴上说，好多事情都是发自内心的。

举个例子，1999年中国驻南联盟大使馆被美国的炸弹轰炸了以后，大家都自发地去游行，也没有报酬，也没有其他什么东西，就是觉得我们都是中国人，不能眼看着自己的国家被人欺负。我那时候也加入了示威队伍，就是要让外国人看到中国人的团结与决心。

再比如，第一次看到中国的火箭"神舟五号"升上太空的时候，我们内心是非常激动的，那种融入骨血中的国家民族基因就好像随着火箭升空一起燃烧了起来，那种真切的情感难以言说。在国内或许感觉没有那样浓烈，但在国外，在意大利，别的国家没有把火箭发射上天的技术，而我们的国家做到了，我们作为中国人有多自豪！

2019年的时候，来自全球25个国家的70名侨胞在安吉举办"一起唱《我爱你，中国》"的快闪活动。共同唱起对祖国表达情感的歌，我那时候非常感动。一个人出了国之后，他就会更爱国，这首歌唱出了我们华侨华人对祖国发展的骄傲，也是我们对祖国美好的祝福。

华人当中，很多人在努力，促成大家聚成一股力量。记得80年代的时候，意大利就有一个华人的联合会，现在的联合会就更多了。原来的联合会主要在佛罗伦萨，还有罗马。当时他们也喜欢叫我当他们的荣誉会长。这样的组织挺多的，我现在是罗马工商总会的荣誉会长。

这次抗击新冠疫情的时候，意大利华侨华人拼了命地去买口罩，买防疫物品，将这些防疫物资寄到国内来。作为一个华侨，我想说只有我们到了国外才能感受到，对祖国的那份爱国之情仅用语言表达是不够的，唯有行动才可以。我们在国外有困难的时候，政府也是无私地关心我们，我觉得这是一种互相的爱，这种发自内心的爱国热情也是很纯粹的。中国人抗击疫情真的是上下协力，举国同心的，就像一股绳凝聚在一起的力量。

我出国已经 30 多年了，从来没有想过要入意大利籍，我的儿子拿的也是中国护照。他 18 岁的时候，毅然决定回国。

我现在虽然还是外资外商，但已经完全融入国内了，不可能再回到意大利，有些长期在意大利生活的人，可能会考虑加入意大利籍更方便一点。对我来说，我觉得不管是保留中国籍也好，还是加入意大利籍也好，最起码一个人的根是不能忘掉的。特别在疫情期间感受很深，一个人在外面，你拿到意大利籍又有什么用呢？拿到又能干吗？我们肯定是要当中国人的。

你说我到底是怎么爱国的，我表达不出来，但是我会用行动表示，发自内心地去做事。我的理念就是好好工作，努力办好企业，发展经济，创造税收，这样就是为国家做出了自己的贡献。

做中外文化沟通的桥梁

我的孩子是在意大利出生的，我回国后就把他带回来，让他在北京继续读书，念教育学。现在他在日本攻读研究生。

我们家经商，理论上孩子或多或少都会耳濡目染一些。但让我颇感惊奇的是，我的孩子不喜欢别的，就喜欢读书。他念书的时候我们家里没有给他花过一分钱。很早的时候他就自学了日语，到日本以后还给电视剧之类的节目做翻译。从某个角度看，这也依然是我们身上所流淌的那种力量：喜欢什么就去做什么，敢想敢拼。

我一直以来都让我的孩子学习中国文化，要让我们的侨二代、侨三代一直记住自己的根在哪里。在国外，政府会办一些像孔子学院之类的中文学校，让当地侨胞的孩子们学习中文。同时，我们也通过夏令营的形式把他们带到国内来了解中国。对很多华侨孩子来说，只要人来到这个环境里，就容易产生感情，不来的话，慢慢也会将关于国家的情感淡化，所以这个非常需要我们去引导。

比方说有些小孩不愿意回来，你就告诉他们，夏令营是有趣的，让他们通过学习和玩耍的方式参与进来，他们就非常有意愿来了。华侨作为桥梁，和自己的子女相处，应该多给他们讲讲家乡的故事，讲讲中国的故事。

在国外这些年，我们也确实能感受到一些不太友好的地方，但是这个事情需要客观分析和看待。首先，中国人很勤劳，勤劳就能赚钱，而老外有的比较懒散，就觉得我们把本该是他们的资源占去了；其次，一些中国人没有按照国外的法规，及时纳税，那他们当然有意见了；再次，生活习惯不同、语言沟通上的差异，也造成了彼此之间的误解，但是如果能好好沟通，那肯定是没问题的。

这些年，随着国家日益强盛，中国在国际上的影响力渐渐变高了，外国人对我们也改观了不少。这种改变可以从两个层面上说。首先，从政府层面来说，中国的崛起让外国人既高兴，又不高兴。高兴是因为我们带动世界文明的发展，不高兴是觉得我们的强大对他们而言是一种威胁。其次，从百姓层面来看，国内的教育越来越普及，教育程度越来越高，现在出去的很多人素质也高了，很多都是去从事高层次的技术工作。中国人素质的不断提高，让他们对中国人的看法发生了不小的变化。所以，总的来说，人与人之间的关系逐渐在往好的方向发展。

2000 年左右我回到国内来的时候，惊讶于国内的发展变化。外国人曾经跟我说，他们觉得我们中国的天都是灰蒙蒙的，在他们眼里，我们这里甚至连太阳都没有，就是贫穷落后的。外国人还很奇怪地问我们说，你们怎么吃得那么好？吃的咋都是生猛海鲜？因为外国人他们不知道我们中国的情况。但即便是我，从国外回来后，也不禁感慨，中国怎么会发展得那么快？即使是现在，仍然有些地方的人觉得我们中国还是很落后、很差劲的，所以现在政协给我们华侨开会，强调要讲好中国故事，打造"同心圆"，通过华侨这个桥梁来向世界宣传我们中国，扩大中国对世界的影响力。

投身慈善，更重要的是做好自己

遇到需要资助或者捐款的项目，我们公司是经常参与的。以前湖州捐资赈灾的时候我们捐了 10 万元，汶川灾后重建我们也有捐赠。2021 年 8 月，超强台风利奇马过境致多地受灾严重，我也捐了 60 万元，都是尽自己的一点绵薄之力。

这些年我也一直在资助一些学校办学。我们公司前年给安吉的实验小学资助了 60 万元，后面也多次捐赠。我们给温州市实验中学教育发展基金会也捐过 60 万元。我们做这些都很少去统计的，不论是过去还是现在，我都觉得资助学校，进行慈善事业是我们这些企业应该做的。

我曾遇到一个非常有趣的事情，也引发了我的思考。有一个和尚跟我是好朋友，他一直在学习佛经，有很多独特的观点。有一天，他和我说："你们能不能少吃一顿饭，少买一点衣服，这样的话，我们周围那些没有学上的小孩子，那些受饥寒的人就能够多得到一些帮助，就能帮助更多的人。"

我思考了一下，我就给他举了个例子，我说当时在昆明高铁站有一个小孩子他得了重病，总理看到后把他带到北京的医院，治愈了他。后来有人问小孩子，他说自己感谢总理，感谢政府。我告诉我朋友，其他小孩子也会那么幸运吗？如果没碰到总理怎么办？所以只有从根本上去解决医保问题，才能让有病的人都得到救治，让我们国家的孩子们都开开心心地长大。

这就是我的观点，做慈善、资助学生等一系列事情，如果让我去救的话，每次只能救一个人，哪怕我个人投入的金钱再多，从总体上看，永远只是个点。这些事情更大程度上是应该在政府层面去解决的，只有政府出面去做，那才是一个面，是更有力的保障。

所以我对我的朋友说："做慈善事业我是义不容辞的，也非常愿意。但是你说让我们少吃一顿饭去做慈善，我想这其实不是我的责任，作为一个企业家，我最重要的责任就是把我的企业做好、做强、做大，听从国家的安排，争取多纳税。国家有了钱才可以纳入统筹，那些有病的人才可以得到治疗，贫困的孩子才有学可以上。这就是我们这些企业家对政府最大的一个支持。"

我们有一年开年会，也讨论了类似这样的话题。我觉得这种民生问题我们都需要加以关注，我们只有做好自己，把自己安顿好，让自己的企业成长好，我们才有余力去帮助别人。

这段时间，在温州市委统战部和温州市侨联的指导下，我们温州市华侨总商会成立，我当选成为了监事长。这对我来说，是一个新的身份，也是来自家乡对我的肯定，是我事业的又一个新起点。我们温州华侨总商会的成立，就是把世界温州人聚成一团火。希望我能在这个位置上，多为自己的家乡做一些贡献！

易 会场

1964 年出生，温州苍南人，博士。年轻时做供销员打开新疆市场，1999 年毅然赴非洲创业，至今已在安哥拉创办企业 12 家，产品遍及各领域。2002 年创建安哥拉中国商会，让华商在安哥拉落地生根，不断壮大。2012 年，响应"浙商回归"号召，在家乡苍南投资建设医院。现为易得利集团董事长、中非人民友好协会副会长、安哥拉中国人民友好协会会长、安哥拉浙江总商会总顾问等。同时还是浙江省民营企业研究会副会长，温州市对外经济技术协会副会长，被评为苍南县改革开放 30 周年十大风云人物，苍南县改革开放 40 周年十大风云人物提名。

易会场：
我相信『爱拼才会赢』

采 访 时 间：2021 年 9 月 12 日
采 访 地 点：浙江温州苍南县灵溪镇浙南海西台湾商品交易中心
受 访 者：易会场
采 访 者：徐静、金康颖、李广旭
录音·摄影：金康颖
指导教师：李广旭

独辟蹊径，开发新疆市场

苍南，浙江最南端的一个县，与福建接壤，有山也有海，我便是在这片山海间长大的。1979 年，苍南自动化仪器总厂创办，是一家专业研制电动机保护器的企业。我那时就在总厂里当供销员。供销员在那个年代是一个"铁饭碗"，跟现在的公务员差不多，有非常多的人想加入呢。

那时苍南刚刚建县，大家身上都有股"拼"和"闯"的劲儿。20 世纪 80 年代，苍南有超过 1.5 万的供销员奔波在全国各地。有人露宿过街头，有人上当受过骗，有人挨过饿受过冻，也有人睡过火车地铺……在信息不通、交通不便的年代，出门在外全靠个人的努力。供销员跑市场真的是不易，很艰辛。

很多人成为供销员后都会选择去离家比较近的地方讨生活，赚些小钱，过安安稳稳的小日子。但是离家比较近的地方人也多，人多就有竞争。如果都挤在人多的地方"凑热闹"，未必是一个好的选择，还不如去一个人少的地方碰碰运气，所以我主动申请去新疆当销售人员。

好多人认为新疆人不好沟通，与他们交流会有很多障碍。其实不是的，新疆一些少数民族百姓也会讲我们的汉语，我在语言沟通上碰到的问题并不多。

我到那边发展了一段时间以后，新疆这一块区域的业务就主要由我来负责了。

新疆的工业一直以来就有较大的发展潜力，乌鲁木齐的产业主要集中在机械制造、金属加工、钢铁生产等领域。像新疆这样重工业比较发达、矿商也比较多的地方，电气设备、电动机保护器就有销路，不愁卖不出去。我周围去新疆的供销员不多，虽然我的经验也有限，但综合考量之下，我想新疆确实是一个比较合适发展的地方。

我从上海坐火车去新疆，坐了四天三夜。坐过火车的人都知道，长时间坐火车很不容易，有时候没座位，你就只能硬站着，时间一长，腿都受不了了。那时候的物价，公交车坐一站是一毛五分钱，我买火车票花了几十块，到了新疆，住一天的花销就要好几块钱。我那时候比较年轻，攒着满满一股子劲儿，把南北疆几乎都跑遍了。在我心中，把这市场开发出来才是最要紧的事。

做人肯吃苦、守信用，走到哪里都有饭吃。所谓"金杯、银杯不如口碑"，我很重视客户的口碑，有了客户的信任之后，我用不到半年的时间就将这片市场打开了。我负责推销的电机多功能保护器等产品在新疆成了知名品牌，销售业绩直线上升，在全公司 70 多名供销员中我排第三。这也为我后面在北京、甘肃、宁夏、云南、贵州以及东北等地区的创业奠定了基础。我在新疆待了五六年，业绩非常可观，我的第一桶金就是这样在新疆赚到的。

我对做生意有了更深刻的认识

在新疆打拼的这些年，我也是遇到过危险的。1990 年，我坐车从乌鲁木齐到伊犁，途中经过果子沟时遭遇大雪封山，我被困了三天。那时的交通工具不像现在这样便捷，汽车几乎很难开上去，甚至根本开不上去。在果子沟，天气突然变化，温度一下子降低好多度，看着雪花大片大片地落下来，这对我来说是身体和心理上的双重考验。我被困在那里三天三夜，人生地不熟，又冷又饿，我一度做好了最坏的打算。万幸的是，一行人得到了果子沟附近村民们的帮助，村民们不仅为我们提供了吃喝，还让我们住进家里，最后顺利脱离了险境。这次经历让我印象深刻。尽管物质条件艰苦，也有风险存在，但是只要能跑到业务，我就觉得很值得。

新疆的打拼经历为我积累了丰富的经验，后来，我就开始在很多领域都有所尝试。比如玉米生意，我国玉米市场的一个特点就是生产和消费分布不平衡。我国玉米主产区在北方，而销区在南方，玉米"北粮南运"的流通格局在20世纪90年代就已经存在了。东北地区是最大的商品玉米产地，全国70%以上的玉米都产自这里。南方是很喜欢玉米这种食物的，加之饲料工业和畜牧业很发达，对玉米的需求量很大。所以我就试着做起了玉米生意，从吉林收购玉米，把几百吨的玉米从辽宁的葫芦岛运到苍南。玉米生意做了一两年，但是玉米售价不高，同行竞争激烈，没能赚到很多钱。

通过这件事，我对做生意有了更深刻的认识。做生意有竞争是难免的，我不怕竞争，一个人的经商能力正是因为有竞争才会提高。大家共同把市场做大做强才是重要的，但是生意人不能不顾道德去竞争，没有底线的竞争只会两败俱伤。在出国前的种种经历，让我逐渐成长起来，对赚钱这件事也有了更豁达的看法。做生意有赚有亏是最正常的一件事，一定要放宽心态。

我选择挑战风险

国门打开以后，中国的经济得到了迅猛发展。与此同时，国外的世界突然近在眼前，对很多人来说这都是一个新的机会，一个新的可能。那时候，不少人心里都想着出去试试，看看那个机遇与挑战并存的世界，于是出国的浪潮就这么掀了起来。

温州就是一个走在时代潮头的地方。在这样的大环境下，我也萌生了跟着潮流出去看看的念头。我那时已经积累了一定的积蓄，生活也安稳了一些。我花了很长一段时间去了解国外市场，通过不断摸索、学习、调研，发现安哥拉这个非洲国家虽然饱受战乱，但是发展空间巨大。经过慎重思考，我决定踏上去国外创业的道路。

易会场参加中非地方政府合作论坛

　　1999 年 3 月 28 日，我到达了安哥拉。来安哥拉的中国人也有一些，但要说来安哥拉开拓市场的温州人，我是唯一一个。我有个北京的朋友，他被派到安哥拉经商，对安哥拉的环境比较了解。我通过他的邀请，从温州到香港，再到南非约翰内斯堡，最后飞抵安哥拉。

　　安哥拉的气候跟国内很不一样，头顶的大太阳直接照射下来，特别热。安哥拉当地人和中国人相比，无论是肤色还是语言都是截然不同的。刚开始的时候确实有些不适应，但是这些都不是问题，慢慢地也就适应了。

　　不可否认的是，这是一片充满危险的土地。2002 年安哥拉内战结束，这场内战持续了 27 年之久。满街的垃圾、拥堵的街道、破败的房屋，还有肆虐的疟疾……虽然战火停歇了，但战争造成的隐患并未结束，1200 多万颗地雷因为内战还埋在地里。我去之前也考虑过自己的人身安全，最后还是毅然决然地来到了这里，因为风险与机遇是并存的。

　　安哥拉是一个物产丰饶的国家，矿产资源、渔业资源、森林资源等都很充裕。对于一个长期处于战乱中的国家来说，他们有着一个非常重要的特点，就是物价不稳定，物价飞涨的情况时有发生。由于战争，安哥拉自身的生产力比较薄弱，所有东西都很依赖进口，就连我们觉得很普通的矿泉水、餐巾纸都要进口。当地人想吃到一口蔬菜更是难上加难，蔬菜的价格飞涨，异常昂贵。举个例子，和我们国内对比一下就有概念了，在安哥拉，铝合金的门窗一平方米要卖到 400 美元，那个时候国内一平方米铝合金门窗才卖 200 元人民币。

安哥拉圣保罗市场的物价在当年可以说是全世界最高的，据说美国在当年的消费额甚至还比不上安哥拉的圣保罗市场。而且非常重要的一点是，当时在安哥拉的外国人很少。在生意领域中，同行少就意味着竞争比较小，比较好打开市场。丰富的资源、飞涨的物价、较小的竞争，这些都深深吸引着我。可以说，我选择安哥拉就是看中了这个国家未来的发展前景和市场潜力。有多大的风险，就有多大回报率，我不惧怕风险，不管遇到多大的困难，我都会怀着勇气坚持去拼、去努力。

第一批扎根安哥拉的温州人

安哥拉的圣保罗市场非常有名。这个地方原来被西非人和越南人占据过，是有一点排外的。他们长久以来垄断着圣保罗市场，外人也进不去。当他们发现这个市场突然有另一批外国人挤进来时，难免会觉得不舒服。

中国的货品物美价廉，对安哥拉人来说性价比很高，特别是温州的小商品，和他们当地的产品比起来优势明显。再加上中国人秉承着吃苦耐劳的传统，尤其是温州人身上那种敢闯敢拼的精神，因此，中国人在安哥拉圣保罗市场的存在对西非和越南人来说打击是非常大的。

当然，进入这个圣保罗市场并不是件易事。安哥拉人是讲葡萄牙语的，刚开始我不太懂国外的语言，也不了解他们的风俗习惯，跟他们打交道难免会遇到沟通方面的障碍。为了尽快融入他们，我花了一些时间学习。从刚开始什么都听不懂，到能够用一些字句去交流，我一直在不断要求着自己。做生意时常常会讲到价格，如果碰到拿不准的发音或计算复杂的价格时，我会通过计算器进行操作。

经过一段时间的摸爬滚打，我逐渐在安哥拉站稳了脚跟。我聘请了葡萄牙语专业翻译，来帮助解释生意上的专业词汇。就这样，从刚开始不懂葡萄牙语，到后期可以针对商品进行简单的专业交流。经过不懈地学习和努力，圣保罗市场慢慢地就被中国的商品占据了。

2001 年初，我先在安哥拉首都罗安达集资设立了"易得利公司海外贸易部"。2002 年，安哥拉内战结束后，我看准了时机，取得了省外经贸厅批准，注册设立"中国温州易得利进出口有限公司安哥拉办事处"。我把来自苍南的编织袋、毛毯等传统产品销往非洲大陆，其中印着"易得利"商标的太阳伞在罗安达这个 400 多万人口的热带海滨城市随处可见。走在安哥拉首都罗安达，你也许很难找到中国大使馆，但你绝对很容易找到"易得利"。

之后，我又投资创办贸易公司、铝合金加工厂、装潢超市、建筑装潢公司等。在安哥拉，不管是编织袋、毛毯、太阳伞或玩具，我们易得利产品在大小商品市场都可以看到。甚至是在铝合金门窗、不锈钢产品、玻璃幕墙、矿山、建筑、装潢材料、厨房设备等领域，也都有易得利公司的身影。我在圣保罗批发市场的生意很红火，可以说，我在安哥拉的第一桶金几乎是从圣保罗市场挖掘的。2004 年，公司的出口额就超过了 300 万美元，获得了"温州市外经先进企业"和"县重点出口企业"的称号。在安哥拉稳定发展以后，2005 年我又去科特迪瓦设立了公司。

从用 800 美元租下一个店面开始，不到半年把整个圣保罗市场拿下来，从什么都不懂，到不断摸索进步，就这样我成功挤进了圣保罗市场，成了第一批扎根圣保罗的温州人，在安哥拉这片战火纷飞的土地上慢慢扎根，生长。

解决管理问题，组建华人商会

创办企业的过程中，很多企业家都遇到过管理方面的问题。在安哥拉，企业的员工来自各地，其中黑人占比应该有 60%，是大头。当地黑人的工作方式跟中国人的勤劳简朴完全不一样，他们一天常常干不到 8 个小时，礼拜六、礼拜天一定要有休息时间，哪怕给他们再多的钱让他们周末来公司上班，大概率也不会来。经常是把发下来的工资吃光、喝光了以后，才会回来公司上班。

他们的消费习惯和工作习惯与我们有差异，在语言沟通方面有一些障碍，因此在对于他们的管理上存在一定的困难。除此之外，他们学习东西的速度比较慢，对中国人适用的管理方法，有时候对他们难以适用。

但人是可以随着环境慢慢变化的，在我们潜移默化的影响下，最近几年，安哥拉当地人也逐渐适应了我们的管理方式，逐渐展现出他们勤劳的那一面。刚开始，他们的国家在战乱中，朝不保夕，在花钱的习惯上难免大手大脚，我能够理解他们。这几年他们确实改善了很多，我让中国人担任总经理统一管理，然后再聘请他们当地人管理当地人。这样一来，公司内部的一些管理问题就慢慢得到了解决。

虽然公司对内的管理问题得到了解决，但对外仍会面临着生意场上的竞争。来安哥拉的外国人多了，就意味着竞争对手多了，类似恶性压价的情况时不时会发生。我的理念就是只管做好自己，打好自己的品牌。这么多年来，我从来都没有跟人家结怨或者恶性竞争过。别人知道"易得利"在国外的实力，不会和我们竞争。不过即使如此，仍有人曾冒充过我们的品牌，我通过安哥拉警察局进行维权与协调，让冒充品牌的人赔付了 8000 美元。

善于经商的温州人是非常团结的，富有向心力。不管走到哪里，慢慢都会建立起一个组织，就是商会。商会是维系我们这些海外华侨华人的重要纽带，让我们这些在海外的中国人拧成一股绳，共同解决生意上、生活中、经济上面临的种种困难。看到那些需要帮助的海外同胞，我提出了在战乱的安哥拉创建一个属于我们中国人的商会的想法。2002 年，我带领当地的华侨华人，创建了安哥拉中国商会，让华商在安哥拉落地生根、不断壮大。安哥拉现在的中国商会逐渐多了起来，这些年也有了江苏商会、浙江商会等。有了商会，海外经商的华侨华人就有了家。

与这片异国土地结下深厚情谊

虽然内战已经结束，但安哥拉的治安并不算稳定。记得有一次，我正在罗安达郊外的房子里休息，突然一阵乱响把我从睡梦中惊醒，发现是机关枪在猛扫，房子的墙壁被打得千疮百孔，窗户玻璃被打得支离破碎，非常吓人。入室抢劫都不算是小概率事件，十几年前就十分猖獗，即便近年来情况得到了好转，但仍需要时时加强自身的安全防范。大使馆和媒体每年都会提醒安哥拉的华人同胞在日常工作与生活期间，要高度注意人身安全问题。

在充分了解了安哥拉的局势后，我是只身一人出国的，并没有像很多人那样把家人一同带到身边。我真切地明白自己去这个地方已经是一种冒险了，绝不能再给家人带去风险。所以在打拼的这些年里，我让他们留在了安稳的国内。

抢劫是极其恶劣的行为，但在政局不稳的安哥拉，却一度很常见，我也碰到过。安哥拉这边的抢劫犯有的冒充移民局实行犯罪活动，有的冒充供电局来收电费，有的还会串通雇佣的工人，这几种抢劫形式都比较常见。遭遇类似抢劫这样的突发事件时，我并没有很慌张，这些年的经历让我明白了最重要的一点：在异国他乡身上一定要带钱，不管多少。作为一个外国人，身上没有一分钱是不会得到对方信任的。如果有黑人来抢劫的，把钱给人家大概率是不会遭遇危险的。很多人往往既不愿意给钱，又要与对方硬碰硬，鸡蛋碰石头的话，个人生命安全很难得到保障。在我看来，生命安全才是最重要的。其他都是身外之物。在经历了几次危险后，我们也比较有经验了，防患措施、安全措施都做得很到位。

我还跟安哥拉军队进行了合作，让当地军警在我们工厂办公的地方站岗，一般在办公的地方都设有 7 个军警。2012 年，面对安哥拉治安较乱的局势，我国公安部也曾派遣了许多警力到安哥拉。这些警员也在我家里住过，一住就是 40 来天。我在安哥拉待了 20 来年，对安哥拉和我们国家的警察是很感恩的。出门在外，军队和警察就意味着保障，看到他们就有了安全感。也正是因

易会场获得的部分荣誉证书

为这些军警的帮助，这么多年来，海外华侨才能安心地做自己的生意，做好自己的品牌。

近几年，有20多万的中国人来到了安哥拉，部分安哥拉人可能对如此众多的中国人产生了些许反感，抢劫的时候还会出现打人的情况。当地人有时候不太理解，他们本来生活得好好的，突然有一群外国人闯了进来，他们就觉得中国人来这里是抢夺了本来属于他们的资源。其实这种理解是不对的，虽然安哥拉的石油资源、矿产资源很多，但这些早已被开发，而且大都被西方国家控制和垄断。中国人来这里是为他们的国家投资，中国现在已成为非洲最大的投资和游客来源国，不仅为非洲带来了1000多亿美元的资金投入，还带来了技术和就业岗位，为安哥拉当地人提高经济收入。谁是真正的朋友，事实会说话。我们中国人既是来赚钱的，也是来做贡献的，我们彼此是互利互惠的。

令我感动的是，在海外发展的过程中，我跟安哥拉军队开展了非常愉快的合作。他们为我们提供工厂资源、安保，我们向他们提供技术、材料，为他们生产部分用品，像军用的鞋子、衣服很多都是我们做的。近两年安哥拉的军用汽车等相关工具，也都是我这里生产制作的，双方合作长达17年之久。17年来，安哥拉军队里的几个将军跟我如同亲兄弟一样，非常和睦，至今仍保持着联系，这些情谊让我留恋。

在安哥拉，我也经常会从事慈善捐赠活动，捐赠给孤儿院实用的生活用品等。易得利集团承接了葛洲坝集团国际公司"安哥拉桑比赞加3000套移民安置房工程及基础设施建设"的两个标段工程，分别是500套移民安置房和2500套安置房，共计中标金额为1800多万美元。在那片土地上，我收获了很多值得铭记的情谊，结交了很多善缘。虽然现在我离开了这个扎根多年的国家，但还是想为这个国家做一些力所能及的事情。

我也吃到过"坏螃蟹"

中国人近些年陆续来到安哥拉，竞争非常激烈，价格战时有发生。我看到人多、竞争激烈的情况，再加上这里的市场逐步出现饱和的状态，便开始考虑慢慢将投资的重心转移回国。毕竟在海外发展再好，终究不是自己的国家。

这些年大大小小的问题，我其实遇到了很多。作为经常第一个吃螃蟹的人，我也曾吃到过"坏螃蟹"。回国以后，我回到新疆，在伊犁投资工业硅。2007年，我把工厂建好，2008年就碰到了金融危机。

金融危机对新疆的项目影响比较大，2008年5月，新疆工厂开业，2008年8月份金融危机就来了。金融危机下全球的形势不是十分乐观，工业方面受到的打击比较深，大环境对企业的影响巨大，很多企业面临着资金危机。原来工业硅的价格是每吨1.8万元，金融危机暴发后，价格就掉到了9000元，直接掉了一半。新疆的工业硅面临的最主要的问题是掉价问题，其次就是技术问题和原材料短缺问题。开采工业硅出奇地贵，市场价格又不断回落，我找了很多地方，做了很多努力，那段时间确实是很难。

另外还有政策的变化。我们原来的高档花岗岩成品大量输送给写字楼、银行等地，为他们的装修提供帮助。但是这几年，随着政策调整，写字楼、银行等单位装修对高档矿岩的需求量变少，安哥拉的矿产业务受到影响。同时，中国新疆的矿产业务也受到了影响。

面对种种情况的变化，我就逐渐把产业从新疆转移了出来。我决定重整旗鼓，回到我的家乡——苍南。

建设医院，反哺家乡

2012年，在外打拼多年后，我积极响应省政府"浙商回归"的号召回乡投资。同年，我的家乡霞关镇被商务部、海关总署批准为"对台小额贸易更加开放口岸"，这对我而言是个大好的契机。于是易得利集团与台商共同投资创办了"浙南海西台湾商品交易中心"，这成为当时浙南闽北地区体量最大的台湾商品集散地。

2013年上半年，我去了台湾8次，想去拓展台湾市场，促成两岸的部分合作项目。2013年11月，易得利集团与台湾中山医院签约合作，准备引入台湾的先进医疗资源与团队，建设以"小综合、大专科"为特色的苍南海西中山医院项目。

与台湾的医疗团队合作不是偶然，苍南是一个浙江省对台经济合作区，可谓是一个桥头堡，地理位置靠近台湾，有着天然的地缘优势。苍南和台湾的语言同属闽南语，沟通起来比较方便。此外，台湾地区的医疗水平在亚洲范围内都是比较先进的，所以我找到台湾中山医科大学合作，想引进他们的医疗设备、医疗团队，把他们先进的医疗技术、管理的理念引进到苍南。

苍南是我的家乡，它虽然是一个小地方，却也是一个人口大县。作为一个苍南人，我感觉到苍南医疗基础的薄弱，这更让我坚定了创办医院以回报家乡的决心。苍南海西中山医院是浙台经贸合作区引进的重点台资项目，我想创建的是比较高端的医疗产业，可以联合北京协和医院等世界名牌医院，打造国家级重点专科，希望家乡人民能和大城市的人一样享受到高质量的、一流的医疗服务。

但现在，医院在建设的过程中面临着一些阻碍，其中新冠疫情对医院发展的影响较大。台湾的医疗团队、各方面人员等暂时还无法进来。医院如果提前投入使用，医疗团队的缺位会是一个非常致命的问题。现在我在国内积极寻求较为成熟的医疗团队专家，希望他们能够加入，深化合作，管理医院。

2012年开始规划投资医院，2016年正式出让土地，2018年医院开始建设，直到去年年底，我们医院才差不多全部弄好。虽然现在面临一些挑战，但是我对这个项目抱有信心。从国外回到苍南，我发现苍南周围的很多设施还在建设过程中。作为一个苍南人，我怀着家乡情怀，希望尽自己的一份力，把苍南一起建设好。

祖国是我最坚固的后盾

2020年，新冠疫情暴发后，国内外贸易形势都不是很乐观，疫情对贸易方面打击很大。在国内新冠疫情暴发后，大概过了半年，安哥拉才逐步开始暴发疫情。安哥拉的医疗条件一直以来都比较落后，医疗资源紧缺，大的医院几乎没有。中国在那边的医院也只有一两家，这些医院也不大，都是小医院。疫情暴发以后，我在安哥拉的几家店面都陆续关掉了，根据安哥拉当地政府的防控要求，店面关掉一个月、两个月情况都时有发生。如此一来，便造成了一个很不稳定的生意局面。

目前安哥拉的疫情不算严重，但经过这两年疫情，加上安哥拉这几年市场不景气，中国人在国外投资也变少了。集团仍有业务在安哥拉，那边的生意一直在做，目前仍与葛洲坝合作，这个项目主要涉及市政道路等，现在还在做。下一步计划在安哥拉进行大投资。

但是我觉得一切都会好起来的，现在疫情也慢慢得到了控制。等疫情稳定后，海外这一块市场还要继续开发。我主要的精力接下来可能会放在国内，国外的项目会根据具体的形势来看，综合考量以后再决定在哪边发展。安哥拉这个市场我是不会放弃的，还会继续做下去。国外的其他地方我也都在考察，也在努力挖掘。比如在莫桑比克北部沿岸的鲁伍马盆地中，挖掘到了全球最大的天然气库藏，这也是我下一个征战的目标。

"爱拼才会赢！"我很喜欢选择做富有挑战性的事情，这可能是我从小刻在骨子里的一种品格。我不怕风险，也不怕苦。我喜欢在别人还没有发现的时候就先去探索、去投资、去合作。这样的回报会比较丰厚，但同时这也意味着很大的风险。

我知道风险的存在，所以不管做什么项目，我前期都要花很多精力和时间去规划，在能力范围内尽可能地规避风险。凡事都要有一个过程，虽然过程艰苦了些，但是这总比跑在别人的脚跟后面要好。遇到机会提早发现、提早进入、提早开花结果，这个是最重要的。

海外再好，终究不是我自己的根。天下虽大，唯有家乡是最温暖的。无论在海外发展多好，我终究还是要回到家乡，为此哪怕放弃一些东西，在我看来都是值得的。未来，我希望能把更多更好的资源带到国内，把医疗产品和技术输送家乡。强大的祖国永远是我和易得利集团背后最坚固的后盾，我不会忘记我的初心，会继续为家乡做出自己的贡献。

任 俐敏

1965 年出生于温州市瓯海区仙岩街道。高中毕业后进入青岛潜艇学院，在伍期间表现优异，升为军官。1992 年主动退伍后前往法国创业，在巴黎周边小城镇逐步开了 8 个皮具零售店。2003 年回到巴黎重新投入饰品行业。1996 年加入法国华侨华人会，2016 年起连任两届主席。致力团结侨界力量，维护华侨权益，积极投身公益，培养"留根工程"。被温州鹿城区聘请为"海外传播官"。

任俐敏：期望把中华文化传下去

访谈时间： 2021 年 8 月 3 日
访谈地点： 温州市瓯海区阿外楼度假酒店一楼大厅
受 访 者： 任俐敏
采 访 者： 武宇嫦、徐斌斐、秦一丹
录音、摄像、摄影： 秦一丹
文字整理： 徐斌斐

出身仙岩农村，从小就爱动脑子

我出生在温州瓯海区仙岩农村，父母都是农民。我是家里最小的孩子，父母都比较宠我。

从小我就爱偷点懒，但是我脑子比较聪明。小时候，山上种的地瓜熟了，父亲要运回家，他一般就是先从山上挑到山脚，再从山脚挑回家，这段路非常远，有三四千米。我就跟父亲说："你太笨啦！山上挑下来是没办法，只能人来挑没法用车运，那挑到山脚后，买一辆板车一次性把地瓜拉回家多轻松，否则距离那么远，这样挑回家，不得累死？"父亲很生气地说："你知道一辆板车需要多少钱吗？"那时候我们家一年所有的收入都来源于家里养的一头猪，买一辆板车相当于一头猪的价格，卖了猪才能买板车。父亲自然是舍不得，执意要自己挑。我还不罢休，又说："你不能这样想，板车不是只用一次，一辆板车能用五年、十年呢！"但我父亲听不进去，他们老一辈的想法，都很传统，不仅如此，他还把我痛骂了一顿，说我就知道偷懒和动歪脑筋，不会踏实干活。在父亲眼里，我手脚不勤快，长大后很有可能会饿肚子。

我小时候受我母亲的影响比较大。我母亲出身大户人家，与她同龄的女性，

几乎都不识字，母亲小时候家里比较富裕，因此读过几年书，认得一些字，在那个年代可以说是半个知识分子。她经历过"文革"，却是一个特别善良的人。母亲信佛，我很小的时候，她就教育我，自己苦一点没关系，要成就别人。她说："你可以得罪自己，但你绝对不能得罪别人；你可以对自己不好，但是你不能对别人不好。"她经常跟我讲这些道理，总是反复强调：你自己可以默默无闻，但是一定要对别人好，成就别人，千万不能害人。所以，在母亲的教育下，我从小就常常把好的东西都给别人，久而久之，就养成了这种习惯。

我在贫穷的农村长大，农村太落后了，从小我就明白：留在家里只能种田，肯定没前途，我非常渴望能走出去。当时农村的年轻人出人头地基本上只有两条路，要么考大学，要么去当兵。高中毕业之后，我没考上大学，但我身体素质还不错，获得了当兵的机会。既然读书的路走不通，能当兵也不错，我就去了。

参加阅兵式是我最难忘的经历

1983 年，我进入青岛潜艇学院，成为了一名潜艇兵。当时潜艇部队的条件非常好，国家为了培养潜艇兵投入了很多钱。潜艇兵经常要在高压的环境下工作，对身体素质要求比较高，因此，伙食费远远高于其他兵种。当时陆军一天的伙食费是 7 毛 1，普通的海军是 1 块 3 毛 5，战斗机飞行员的伙食费是 4 块 4，而我们的是 5 块 8。不要小看这多出来的一块钱呐，那时候一块钱是可以买很多东西的。后来伙食费还涨到了十几块钱，而我们一个月的津贴是 7 块钱。

1984 年，我作为海军受阅部队的一员，参加了中华人民共和国成立 35 周年国庆阅兵式，这是我一辈子最难忘的经历。参加阅兵要经过严格的筛选和训练。首先挑身高，太高和太矮都不行；在个子差不多的情况下，还要看脖子的长短，如果两个人肩膀一样高，脖子长，头就高出来了；手臂的长短也要考虑。经过层层筛选，最后总共挑了 400 来人进行训练。我们每天在飞机场排练，总共训练了一年多时间。训练强度很大，非常辛苦。基本上每天除了吃饭、睡觉，就是在踢正步。当时部队给我们发了一种非常牢固的鞋，正常的人穿一辈子都穿不坏，我们一年的时间里踢坏了四双，这个强度可想而知。即使气温高达到40多摄氏度，我们都不休息，还要继续踢正步。

我那时候19岁，身体素质非常棒，但身体也受不了这样的强度。训练完很多人站着坐不下去，坐着站不起来。我们当时那么年轻，被练到这种程度，甚至有人出现吐血的情况。但我们没有人想放弃，都咬着牙坚持。那个时候不讲利益，大家都乐意为了共同的目标努力。我们都觉得能接受党和国家领导人的检阅，这是个无限光荣的使命，即使再辛苦，也要坚持下来。

现在想起来那次阅兵，我都觉得是我人生中最幸福的时刻。1984年国庆大阅兵是改革开放后的第一次阅兵，国家正从计划经济迈向市场经济，在特殊的时刻举行35周年国庆阅兵式，意义非凡。阅兵首长是邓小平，阅兵总指挥是秦基伟，他们两个人都是久经沙场的老将军。包括参加阅兵的很多军人都打过仗，身上充满杀气。所以，人们总说1984年的阅兵特别经典，是最有杀气的一次大阅兵。

第一次参加天安门阅兵式，那种激动真的难以形容。现在我还会时常看看这个阅兵的视频，每当听到音乐响起，我全身的血液都会沸腾。虽然当时训练非常苦，但这是我人生中最自豪的时刻，也是我最宝贵的财富。

十年部队生活，打下人生基础

虽然在家里我是最懒的孩子，但到部队以后，我变得很勤快。因为我知道，想要摘掉农民的帽子，就必须在部队好好表现——当时干部转业回来能分配工作，可以获得城市户口，而且当上干部就意味着有铁饭碗了。那时流行一种说法，当兵相当于"跳龙门"，能够成为"城里人"。

潜艇兵是技术类兵种，随着年龄增长，身体会吃不消，没法进入潜艇工作，所以都是快速提干。只要你业务好，一年可以升三级，从战士到排长快则五年，慢则7年。当时我在部队的整体表现非常优秀，身体素质、专业素养各方面

任俐敏（第二排右三）参加 1984 年国庆阅兵式

条件都不错，甚至可以说我的技术是最好的。我不是吹牛，当时在部队，专业知识没有人能超越我。潜艇是空间利用率很高的一种载体和武器，每一台机器的构造和原理都必须要搞清楚，要弄明白潜艇内部各个器械是如何启动和运作的。

我人比较聪明，也乐于学习。为了学习技术，我拜江南造船厂的一些师傅为师，向他们请教如何修理机器。跟这些师傅熟了之后，我经常把发下来的橡皮鞋和军装送给他们，自己只留一套。很多上海老师傅都很穷，我把东西送给他，他们都高兴得不得了。渐渐地，我跟这些师傅们的关系越走越近，他们都乐意教我，还把一些进口的工具给我。我学会了技术，就相当于掌握了王牌。潜艇有时出故障了，领导就喊我去维修。时间长了，领导自然都很喜欢我。

在部队十年，我只做好自己的本职工作，从来没有拿过任何荣誉，所有的荣誉和先进我都让给身边的兄弟，从来不跟人家去争。因为我能力强又不争荣誉，人缘就挺好的。后来部队里要提干部，领导和我身边的兄弟都把票投给了我，一共四个名额，其他三个人都是大学毕业，只有我是高中文凭。我凭借自己的能力和人缘当上了干部，直接提升为副连长。

当领导后，我一直很爱惜下属，经常像父母一样照顾他们。我和部队里的队友、下属关系都很好，发生了什么问题，都是我去解决。有一年，一个新兵觉得训练比较辛苦，打了份假报告给我，想请假回家。我跟他家人联系后发现他撒谎，就把他叫到办公室，跟他说："你第一次犯错，我理解你，不会把这件事情说出去，但是只有这一次犯错的机会，如果再发生这样的事情，我会让你吃不了兜着走。"他的脸一下子就红了。直到现在，我跟他还保持着联系。人与人之间的感情是相互的，我退伍的时候，很多战士都舍不得我走。

当兵的这段经历，对我产生了很大影响，也为我的人生打下了基础。不管是我之后开公司，还是做其他的事情，都受益匪浅。

我在部队养成的一个习惯，就是每天进行总结。部队里有这么多的兵跟着我，我必须保证每天正常的军事训练和各种任务，不能出任何意外，所以，我每天都要做总结。晚上睡觉前，我会把今天做的事情想一遍，看看还有哪些不足，该如何处理；明天起来做什么，这个礼拜要做什么事情，这个月要达到什么目标，三个月要达到什么样的目标等，我都会一一做好规划。这是我在部队里锻炼出来的思维。人有了目标和规划，就不会盲目地活在这个世界上。这个习惯，对我的事业发展起到了重要作用。

主动退伍，放弃"铁饭碗"

退伍的念头是在我快 30 岁时产生的。我当时已经是军官了，那段时间，我回温州想找对象，却一直找不着。我想找一个城市里的女孩，但是碰到的温州姑娘都会问一些很现实的问题。第一个就是问我什么时候回来。我哪能决定自己回不回来呢？作为军人，我必须服从部队的安排，要组织批准才行，每年正常的假期也就 20 来天。对方听说要两地分居，基本上都不太乐意。那个时候的军官家属不像现在可以随军，那时要达到一定的级别才可以随军，而且温州姑娘也都不愿意随军。第二个问题，女孩们都问我在温州有没有房子。我当时穷得响叮当，哪里来的房子？

人回不来，要房子也没房子，谁嫁给你？所以，一些媒人给我介绍的姑娘，最后都没成。我那时候其实工资还可以，就是攒不下来钱。当战士的时候，我一个月能攒300块钱，那时候300块钱还蛮多的。当了副连长之后，每个月的工资又涨了130元，却一分钱都剩不下来。当干部之后，社会关系不一样了，领导请你吃饭什么的，你总不能老跑人家那白吃白喝，都要拿瓶酒带点水果去；平时吃饭的次数也比较多，晚上和周末时不时都有聚会，费用自然就大起来了。每个月工资基本上都花完了。

那时候我就在想，靠部队的工资，我怎么养活父母，怎么组成家庭？找不到对象，又没有钱，那我当兵有什么意思？虽然我很喜欢军人这份职业，但当时很现实的情况摆在我面前，我要成家，我要赡养父母，我必须要赚钱。

慢慢地，我就萌生了退伍的念头。那个年代，很少有军官主动选择退伍的，当上军官，就已经是端上铁饭碗了。对于我要离开部队，上面领导也很意外，还专门还派了两个人来调查我。我说："我离开部队，是想下半辈子有更大的发展。我把最好的十年青春时光献给了伟大的边防事业，现在我也想为自己今后的生活谋一条出路，请你们放我走。"离开部队进入社会，也可以继续为祖国的建设服务。

1992年，我正式退伍。回来以后，我一下子也不知道该做什么。后来一次偶然的机会，有人给我介绍了现在的老婆。那时我听说村里一位法国老华侨要找女婿。只有一个条件：身体好。除了这之外，没有其他要求。我当兵回来，身体非常硬朗，自然很符合身体好这个条件。不过那时候华侨回来找对象比较吃香，以自己的条件，对方未必看得上。我记得很清楚，我老丈人那时每天差不多要看十几个年轻人，家里每天进出一波又一波的人。我觉得华侨的门槛有点高，但人家又帮说了，我不能不去。到了他家门口，我还很犹豫，差点想扭头走，想想要不硬着头皮进去看看？结果，老丈人跟我聊了半个小时，就看上我了。其实他当时还看上了一个瑞安市银行行长的儿子，一个市领导的儿子，但在三个人中间，老丈人还是最喜欢我。他觉得我出身于农民家庭，比较实在一点。

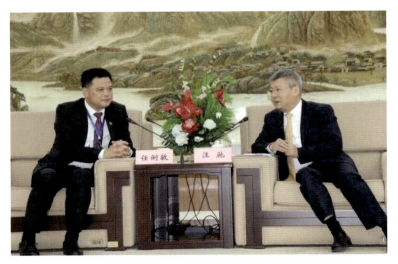

任俐敏率法国华侨华人会回温州，受到时任温州市副市长汪驰接待

我老婆是法国国籍，结婚后，我也就拿到了法国国籍。不用办任何手续，我直接移民到法国了。在身份合法性这一点上，我必须要感谢我老婆，算是赢在了起跑线，所以我之后的发展道路，比同龄人要相对顺一些。

面对文化冲突，我必须改变自己

初到法国的第一年，我白天打工，晚上去读夜校，学法语。法国和中国，社会体制不同，文化也有着天壤之别。面对不同文化的冲突，我心里一度很痛苦。在国内，我一直接受的是社会主义下中国共产党的教育，当我突然到了一个资本主义国家，自然很不习惯。很多东西，我认为对的，到了法国就是错的，我认为错的，到了那边是对的。无论是文化、思维方式、生活各个方面都不一样，我感觉自己进入了一个黑白颠倒的世界。

那段时间，我一直在思考：我这条路走得对不对？那真是很难熬的一段时间，我也没法向他人求助。我太太是在法国长大的，她的思想跟我的很不一样。

由于是他父亲包办的婚姻，我们俩在结婚之前都没有接触过，互相了解很少，那段时间经常吵架。两个人发生冲突的时候，我也只能硬忍着。有好几次夜里睡不着，就跑到外面哭。语言不通，观念不同，我那时是真的很绝望。

在那个处境下，我明白：到了一个陌生的国家，我不可能改变环境。想要在法国活下去，我就必须改变自己，要不然做什么都不会成功，只会处处碰壁。

刚开始，我在一个工厂里做皮带，每天站着工作 18 个小时。我做了一段时间，两条腿根本受不了，晚上回来抽筋都抽几十次。那时候赚钱特别不容易，我一个月赚 6000 法郎，4000 法郎要交房租，剩下 2000 法郎，都不够我买女儿的尿布。我意识到打工的日子没法活，我必须寻找新的出路。

在出国之前，我听很多人说巴黎遍地是黄金，我也梦想着到巴黎淘金。但是，现实却非常残酷。当时我只有两个选择，要么努力，要么去死。一个人没有被逼到绝境，是不会反弹的，一定要把你逼到死角，才能站起来。

我一直想当老板，不想过打工的日子，但老板不是想当就能当的，既要有钱，又要有能力。想要当老板，首先要跟老板们多打交道，进入老板的圈子。为了融入他们的圈子，我就经常厚着脸皮跟一帮温州商人们玩在一块，他们要赌我陪他们赌，他们干什么，我就跟着干什么。在跟这些老板相处的过程中，我反复告诉自己，不要怕掉价——反正我已经很掉价了，饭都吃不上了，也就顾不上什么脸面不脸面的。

渐渐地我和他们成了朋友，也融入他们的圈子中。跟他们混在一起后，很快我就明白了整个链条的运转，货物的来龙去脉，海关怎么走等。如果这些基本的信息都不知道，我根本没法做生意。

当时，我还面临着另一个困境，就是没钱，没钱怎么当老板？我又没有亲戚，在法国根本借不到钱。后来有一次，我去一个朋友的仓库，发现他工厂里的仓库堆满了各种皮包。整个仓库塞得满满的，门都关不上。看到这样的情况后，我就问那个老板，我可不可以向他借货。我不能开口向他借钱，但我可以先从他们那里拿货，货卖掉后，再把钱给他们。那个老板自然很乐意，因为他的货压在仓库，短期内也很难卖完。我向他们借货是互利共赢的事。于是我就从代销压货开始起步。

有了货之后，我要有自己的客户，必须找一个地方把皮包卖出去。一番思考后，我决定避开有温州人的城市，去找没有老乡的地方卖货。因为跟温州人在一起做生意，就容易出现今天我卖 10 块，明天他卖 9 块，我发现他卖 9 块，我就得卖 8 块的情况，成本都是一样的，一直这样竞争下去，几乎是没有利润的，根本就赚不到钱。两个温州人碰到一起，必然会出现竞争，生意就肯定没法做。我只有跟外国人竞争，才能保住价格，确保有钱可以赚。

我找来找去，都没有找到一个合适的店面。一开始我一直在相对比较富裕的地方找，找到过一个比较好的店面，但因为没有本钱，我就放弃了。多次失败之后我就悟出一个道理：一个地方有没有市场，最主要的不是这个地区有多少人。有些城镇很大，但是依旧没有市场。如果只看这一个地方就错了，还应该看这个镇的周围有没有大的村庄。这个经验跟我小时候在农村的经历有关，从小父母经常叫我去菜市场买菜。我就发现农民总是喜欢跑到大的城镇买东西，周围的村庄会影响一个小镇的生意和人气。后来，我在靠近比利时的一个小城市里开了自己的第一家店。在法国的乡下，位置比较偏僻。正是因为地方很小，所以没有同行。从那里，我开始一步步发展起来。

租店面总要花钱，一分钱没有就没法做生意。为了开店，我和老婆一共叫了 30 来个人，通过民间"呈会"的方式筹了 30 万法郎。"呈会"是在温州人之间流行的一种民间集资方式，找几十个人，每个人出一个月的工资，凑在一起给第一个人；过一段时间，大家再凑钱给第二个人；通过抱团的形式，互相帮助扶持。出于公平，借钱的次序根据抓阄来决定。第一个先发展起来的人，如果赚到钱，再给第二个人筹钱时，可以多出一点。本来一个人出"一个份头"，一人'一脚'，但赚到钱的人可以根据自身能力出钱，出"两脚""三脚"都没问题，但最起码要出"一脚"。另外，在生意上也是一样的，你有活可以给我做，我有活可以给你做。一个人做鞋底，一个人做鞋盒子，一个人做鞋带，相互之间就形成了一个产业链。大家互相照顾，相互扶持，最后熟人内部就形成了一个很大的堡垒，可以在小范围内做到垄断，确保大家都有饭吃。

当老板，就是要不断挑战自己

我那个时候就一心想赚钱，真的想疯了，满脑子只有赚钱。我深知在法国没钱，就没法活，根本就是死路一条。而且我已经出国了，也不能再回国内，必须要在法国生存下来。现在，我对钱已经没有什么太大的感觉了，但那个时候我只想赚钱，看到钱我就想要。

因此我自己开店的时候特别拼命，每天都在想怎么赚钱，怎么更快地赚钱。刚开始起步的时候，很艰难。为了节省成本，我也干过不太道德的事。商店里的皮包里面需要塞纸，只有塞得满满的，包的形状才能固定住，包摆在店里才会好看。虽然说这些纸不值多少钱，但是当你没钱的时候，连这点小钱都显得很珍贵。当时我所有的钱都投到店面和货物上了，没有钱买纸。店马上就要开业了，实在没办法，我夜里背个包去偷报纸。我跟在报童后面，他送完报纸出来，门没关上，我就踮一踮脚，把信箱里的报纸偷过来。偷报纸讲起来是不道德的行为，因为当时真的逼得你没办法，在那种情况下，什么事都想得出来。

头几年时间里，我很少坐在桌子上吃饭，经常站着吃几口，就去干活了。我吃饭速度非常快，一两分钟就吃完了，身边的人饭碗还没端起来，我就已经吃完了，这是当兵的时候养成的习惯，我的两只手当三只手用。为了赚钱，那十年时间真的没怎么好好休息，晚上临睡，我要总结当天的工作，还要思考第二天的工作，常常会思考一个小时左右才能睡觉。

自己做老板非常非常辛苦，因为要不断挑战自己。我每天晚上躺在床上，脑袋还在不停地思考。想一想我今天做了什么事情，哪些事情是对的，哪些事情可能还存在不足，将来要如何改变与调整；思考下一个礼拜要达到什么样的目标，我下个月要达到什么样的目标，我今年要达到什么样的目标。经常性地自我总结是很有必要的，总结完我会给自己定新的目标。有了目标，就会为了这个目标努力。例如我一年想赚 1000 万元，我哪怕达不到，只赚到 500 万元、600 万元，那也比赚一百万要好得多。有了目标，就能让我不断挑战自己。在做生意之前，还要把风险考虑进去，如果这个生意做下来亏了怎么办？赚了以后，我还能赚多少钱？我都会先在脑海里想一遍，把各个环节的因素都想一遍。

为了做生意，我会抓住所有能利用的社会资源。记得 1999 年，一个地方记者打电话到我店里，说接下来要进行选美。希望我能够帮忙，帮他们弄 20 条裙子和礼服。法国每年都会选美，从基层开始，一层层选拔，是一个很知名的活动。所以，我马上就答应下来了。我知道，这是一次很好的宣传机会，必须要抓住。平时让媒体打广告是要付钱的，这次是对方找上门来，当然不能错过。我说所有的衣服我都可以免费提供，但我有个前提，你到时候要把选美小姐的照片提供给我。

当时我店里卖的都是小女孩的衣服，说实话，衣服的档次并不高。为了给这次活动提供服装，我专门去法国巴黎高档的店逛了一圈，专门买最好、最贵的礼服。一条裙子和礼服都要几千欧元，我最后买了 20 件礼服，免费送给那些选美的小姐，她们都高兴坏了——她们也都很懂的，知道这是高档货，一般人舍不得花这笔钱。

之后我把那些照片拿过来，挂在店里，很多人就都知道了我是选美小姐的服装供应商，纷纷过来买衣服，店的名气也就大起来了，那段时间营业额一下子翻了好几倍。我坐在火车上经常能看见别人提着我家服装的袋子，有的还从附近的城市专门赶过来买我家衣服。所以说做生意，思维很重要。在我眼里，一个店就是一个中转站，打个比方，我的东西成本是十块钱，我卖 12 块钱，赚两块钱。在这个中转站里，钱转得越快，利润才能越多。

我记得那时候开零售店，别人可能一年赚个 30 万元或 50 来万元，我和他们开同样的店，我赚的利润是别人的五到十倍。我真的很拼命，也很爱动脑子。后来我一共开了 8 家零售店，也成了专家，不是我吹牛，我只要在一个地方待三天，在咖啡馆喝上几杯咖啡，看客流量、行人的神情、着装，我就能分析出这个地方适不适合开服装店、适合卖什么样的衣服，甚至一年的营业额能达到多少，我头脑里都马上能估算出来。这都是慢慢积累起来的经验。

任俐敏率法国华侨华人会回国访问

奋斗十年，从头再返大城市

2003 年的时候，我已经开了 8 家店面，但我发现自己那时脑子里只有赚钱，好像沦为了一个不折不扣的赚钱机器。

我虽然赚到了钱，却依旧待在法国的农村。刚来法国时，我特别向往大城市的生活，现在十年过去了，我还在法国的角落里，身边没有一个外国朋友，也没有一个中国朋友。钱是赚到了，但心里总有点失落的感觉。加上我的两个孩子慢慢长大，如果一直待在农村，对孩子今后的发展很不利。我自己是农民出身，父母也是农民，我不想我的孩子也像我一样，一直待在农村。大城市的教育相对比较好，如果孩子在大城市长大，世界观、格局都会很不一样。

纠结了一段时间，我终于狠下心，把 8 家店全部卖掉了。那时候店里的生意还不错，但为了孩子，我还是决定回巴黎。我又一次选择挑战自己。

刚回到巴黎时，我也不知道自己该干什么。我只卖过衣服和皮包，其他的行业也不了解，而巴黎服装和皮包的竞争又非常激烈；做餐饮的话，我没经验。想来想去，我最后决定试一试做饰品。

我之前做过服装生意，饰品跟服装有一定联系，我多多少少了解一点行业的情况。巴黎是时尚之都，做时尚行业有着先天的优势。当我进入饰品行业的时候，饰品正风靡全球，我正好赶上时代的风口。以前的女孩子喜欢戴真金白银这类比较传统的饰品，但我开始做饰品生意的时候，巴黎的年轻女孩穿着风格越来越开放，越来越大胆，常常佩戴一些抢眼的饰品来搭配服装，她们不追求材质，只要时尚好看，能和衣服搭配，起到画龙点睛的作用就行。

虽然当时饰品行业的发展势头很好，但饰品生意也不好做，有着很深的学问。最关键的就是颜色的搭配。什么颜色的饰品配什么颜色的衣服是很有讲究的。比如，黑色不能跟咖啡色搭配在一起，如果女孩子今天穿黑色上衣，咖啡色裤子，那再漂亮的女孩也会显得很丑；而橘色跟橄榄绿搭配就是黄金搭配。这个学问太深了！我一开始对颜色搭配也不懂，花了很多的时间学习。那时候我走在路上，会经常观察身边的女孩子，根据她的衣服、头发的颜色，分析她适合戴什么样的饰品，慢慢地，对这方面也就越来越懂了。

做饰品这个生意，必须要相当准确，没有"差不多"这三个字。饰品对颜色精确度的要求非常高，橄榄绿就是橄榄绿，生产的时候配料必须是一样的，小小的饰品，颜色出现一点偏差，效果都会很不一样。在加工过程中，一些师傅觉得颜色相似就可以，我说不行，必须要准确，不能差不多。如果只做到差不多，一定会失败。

一开始，我经常跑韩国的工厂。21世纪初，我国制造业开始兴起，成为世界工厂，我就开始在广州、义乌加工饰品。我会根据每个时段流行的趋势，请设计师设计样式，然后带到义乌来加工，再出口运到欧洲售卖。

我的生意，是靠着国家改革开放的机遇，靠廉价劳动力的红利发展起来的。如果没有天时地利，我再有能力也没有用。正是强大的国家和时代的机遇让我积累了财富。如果没有改革开放，没有这么大的世界工厂，没有廉价的劳动力，我根本赚不到钱。在这一点上，我是非常感恩改革开放，感恩国家的。

饰品生意我现在还在做。2015 年，我开始专做贸易，跟义乌的一个工厂签合同，我下订单，工厂负责生产。现在批发生意越来越难做了，跟之前没法比。我国的劳动力价格慢慢上来了，时代也不同了，订单比之前少了很多。这也很正常，每个时代的钱都由每个时代的人去赚，不可能都装进一个人的口袋。

真诚付出，凝聚侨团向心力

法国华侨华人会是欧洲历史最悠久的协会。1949 年刚成立的时候是叫"旅法华侨工商互助会"，1971 年改为"旅法华侨俱乐部"，1998 年起采用"法国华侨华人会"的名称。法国华侨华人会位于巴黎市中心，属于黄金地段。当时这块地主要是靠浙江籍华侨一起凑钱买的。老华侨们省吃俭用，平时连杯咖啡都不舍得喝，却有着先见之明，把这块地买下来，组织成一个协会，让华侨华人同胞能有个聚在一起开会，商讨事情的落脚之地。

1996 年，我加入华侨华人会，当时杨明主席问我愿不愿意参加华侨方面的工作，我欣然答应，就加入进来了。2011 年，我进入主席团，2017 年 2 月，正式成为法国华侨华人会主席。华侨华人会的领头人不好当，他们很多人都说，当会长要出钱出力，还要挨骂，不是人当的。确实是非常辛苦。我当上会长之后，每天都很忙。很多国内的代表团访问法国和巴黎，通常会来华侨华人会看一看，我自然要做好接待工作，有时候一天要接待三个代表团。

法国华侨界有 30 多个小团体，平时和华侨华人会联系也比较密切。他们经常办一些活动邀请我出席。我记得有一个晚上，我收到了 7 场活动的邀请！几个协会都请我做代表上台发言。一个地方结束后，我就要赶去下一个地方，西装里装好几份发言稿。这也是没办法的事，为了汇聚各个团体，我不得不答应这些邀请，很多时候都是被逼着参加。我如果以没空为由，推掉不去，很多会长都会苦口婆心地跟我说，这场活动花了很多的钱和精力，非常不容易，希望我一定要去站站台。对方这样说，我就不好意思再拒绝。

华侨华人会内部的人情也很多，一些朋友办丧事、喜事，也都要去。有时候一些活动，我叫副主席去参加，很多协会就不开心。因此只要时间允许，我都会尽量赶到。一年365天，我没有几天能坐在家里好好吃顿饭，一年到头都在外面跑，根本就没有什么休息的时间。所以，这个会长真的是很难做，但既然在这个位置上，就要全力以赴。

我当会长的这段时间，华侨华人会比较团结、和睦。我经常跟他们说，在华侨华人会没有得到，只有付出，愿意进来就进来，不愿意做事的可以选择退出。既然加入华侨华人会，就要实实在在地做点事情。华侨华人会也不会给干事的人发工资，大家都是凭着一颗付出的心做事情。虽然这话不好听，但都是实话。我希望参会的人都是能干实事的人，如果是想要捞好处，那干脆就不要加入进来。

平时遇到重要的事，我会把潮州会、法国青田同乡会几个大的协会的会长叫在一起商量。抓主要矛盾和次要矛盾，这与我在部队的经历有关系。只要抓住几个大的、能够为社会做事的协会，其他的小协会自然就会跟上，整个华侨华人会自然就团结起来了。一个组织最重要的就是向心力，如果组织内部都不团结，像一盘散沙，根本做不出事情来。

2018年12月，我第二次当选法国华侨华人会主席团主席。对于我在2016年至2018年付出的努力，国务院侨办以及浙江省侨务都做出了很高的评价，点名表扬我为和谐侨社建设做出的贡献。这有内因、外因两个因素。从内因角度来说，我主要处理和协调好几个大会的关系，抓住主干，从整体上把力量凝聚起来。外因方面，海外华侨的团结除了有各个会长的努力之外，使馆领导的支持也很关键。很多事情如果领导不支持，那么事情也就做不了。那两年，我刚好遇到了非常好的使馆领导，很多工作都能和使馆进行有效配合，做起事情来就容易很多。国内外事部门、统战部侨办的领导也都功不可没。

华侨华人会的和谐发展离不开各方力量的支持。当所有部门都能连成一条心，汇聚成一股力量，才能为社会做贡献，为海外华侨同胞、为国家做贡献。

法国侨界的和谐发展其实也是温州形象的展现，所以一定要团结，为家乡和祖国做一些事情。

两次游行，为华人争权益

在我任职华侨华人会期间，发生了两起华人遭受恶意暴力伤害的事情。2016 年 8 月，温籍侨胞张朝林在法国遭暴力袭击抢劫后死亡。这件事情很快在华侨华人中流传开来，大家知道这个消息后都很愤怒。中国人在法国被无辜杀害，作为华人，自然难以接受。

事情发生后，为了维权，我们决定举行一次游行，时间安排在 9 月 4 日。省委统战部部长知道这个消息后，打电话给我，要我们立即取消 9 月 4 日的游行——因为那一天刚好是 G20 杭州峰会开幕式的日子，习近平主席同时任法国总统弗朗索瓦·奥朗德要在杭州会晤。但我们游行的日子是一个月之前就定好的，不可能改变。我跟统战部部长说："你不要紧张，我们会按照文明的方式开展游行，我们不是捣乱，我们是抗议。法国经常会有游行活动，这是很正常的现象。"我向统战部部长保证我们会以文明的方式开展游行，不会发生任何事故。华人同胞在国外受到如此不平等的对待，我们必须要声援。

2016 年的这次游行，有一万多人参加，规模很大。我们从巴黎市中心共和国广场一直游行到民族广场。这件事情也引起当地政府的重视，驻法国使馆领事部参赞也约见了法国的警察，要求尽快抓获凶手。后来，凶手被抓获了，算是给遇害的华侨同胞有个交代。

2017 年我们又开展了一次大规模的维权游行，也是为了维护华人同胞的合法权益。2017 年 3 月 26 日，一名巴黎便衣警察闯入华人刘少尧的住所，开枪将其击毙。这件事情很快就引发了华人的愤怒。第二天，两百多名法国华人在巴黎 19 区的警察局前抗议，闹得很厉害，十来个人被逮捕。

华侨同胞在家里被法国警察击毙，我们能不愤怒吗？如果我们不去维权，今后再发生这样的事怎么办？我们的下一代怎么办？所以我们下定决心要讨回公正，投入很多精力和财力参与这一次维权。我们联系了很多新闻媒来报道这件事，还举行了一次有七八万人的大规模游行。那次游行，我也是费了不少心思。法国警方一开始不同意我们举办游行活动，没有批准。后来，我们就威胁法国警察："不管你批不批，我们肯定都要开展游行，如果你不批，出了事情，法国华侨华人会一概不负责。如果你批了，出了任何安全问题，我们自己负责。"在我们的威胁下，最后警察局长连夜给了我通过游行的许可。

关了保障游行的安全，我雇了300位外籍军人维持秩序，还有救护车、医疗团队、卫生团队。整场游行下来，没有发生事故，地上也没有留下垃圾。最后游行完了，我接到巴黎市市长的电话，他说这次的游行显示出了中国人的文明和高度。巴黎检察局局长也高度赞扬我们中国人的素质。遗憾的是这件事情最后没有得到令我们满意的结果，家属也没有获得应有的道歉和赔偿，但我们通过一系列的行动，显示出了中国人的力量，让法国政府和法国警方看到华人维护合法权益的决心。

为祖国搭建"后勤生命线"

大年三十的晚上，我在手机上看到国内出现疫情的信息。得知这个消息后，我就有点坐不住了。每年的正月初二，法国华侨华人会都会举行春节彩妆游行，是一次很盛大的活动。前几年因为反恐暴乱，我们都取消了，本来准备大弄一场，很多组织为这次活动已经准备了大半年时间。看到这个消息后，我当时心里挺纠结的，马上联系了巴黎市长和大使馆的人员。最后，我们决定取消这次春节游行，组织侨联和协会的人，把精力投入支援国家上。

因为疫情蔓延得很快，没过多久，口罩、防护服等物资就变得非常紧缺。看到这些消息，我们内心真的很沉重，作为身在海外的华人，当然要为国家做点事情。我们各个协会的成员争分夺秒地跑到各个药店里把口罩一扫而光。不仅仅是法国，整个欧洲的口罩都被华人买空了。口罩是有使用期限的，但当时国内的情况太严重，即使是过期的口罩，我们也都只管买下来。只要有人卖，我们就买，也不管是几倍的价格，只要是口罩，我们都要。还有很多华人纷纷主动募捐，支援祖国。我记得有一个 80 多岁的老人，走路都是颤颤巍巍的，专门到法国华侨华人会捐了 1000 欧元。其实不是所有华侨的口袋里都有钱的，但是大家都爱国爱到这个程度，真的是让我很感动。

我们买到口罩后，要尽快想办法运到国内。为了能早一步把物资送到国内，我们花了很大力气，与三大航空公司老总沟通，希望对方尽早把我们买的口罩运到国内。越早越好，哪怕是早一个小时也好。国内的各个省市都很缺物资，我们除了向温州捐赠物资，也分了一部分口罩给其他省份。华侨华人会与很多省的侨办、统战部的关系都很密切。北京市外事办的主任收到我们送过去的物资后，专门打电话给我表示感谢。国家有困难，我们当然要出一份自己的力。

几个月下来，法国的口罩都被我们华人买光了。等到法国疫情蔓延的时候，法国国内的防护物资就不够了。2020 年 4 月 2 日，温州统战部运了 8 万个口罩到法国，让我们把物资送到侨胞手里。那时法国的口罩非常稀缺，规定所有医疗救助物资要统一管理，统一分配。温州统战部把口罩运过来，要求我发给浙江华侨同胞们。那我必须要完成任务，把温州市政府的这份心意送到法国侨胞的手里。

要分口罩，就肯定会有风险。4 月 5 日，法国浙江同乡会会长高铭铿接到一位分会长的电话，对方说急需 100 个口罩。高铭铿到我那领了 4000 个口罩，想分批次把口罩分给一些华侨。在送口罩的途中，就被法国警察拦截了。他当时车上一共带了 400 个口罩，其他 300 个是要转交给另外三名侨领。高铭铿被抓之后，警察到他家搜查，发现另外 3600 个口罩。于是他被拘押了，口罩也被没收了。

高铭铿被拘押后，法国警方又来到法国华侨华人会找到我。我跟法国警察说我给当地医院捐赠了部分口罩，不是倒卖口罩的，我分口罩纯粹是做好事。他们不听我的话，扣留了协会里的一万多个口罩，把我也抓进去了。在被关的一天时间里，不同的警察提审了我五次，24 小时后，我们两个人才被放出来。我被放出来后，立马请了律师，准备打赢九月份的官司。

新冠疫情暴发，任俐敏积极参与抗疫物资捐赠活动

　　9月16日上午，巴黎高等刑事法院法官对此案做出"不予受理"的裁决，这一审判结果可以说是非常精彩。从法庭出来，我跟媒体、大使馆的人说："官司打赢了，案件以圆满的结果结束。这件事情就到此为止，我们不要再谈论这件事了。我们要让对方有台阶可以下，不要因此影响中法之间的友好关系。"

　　虽然发生了这样的小插曲，但能够为祖国做事情，我还是很开心的。向国内捐赠物资就是为国家搭建后勤生命线，在这个过程中，难免会遇到困难，肯定要有人付出代价。我能为国家和故乡做事情，并圆满完成任务，我非常开心，这点委屈不算什么。

　　目前巴黎大概有30来万温州人，是温州人在法国的重要堡垒。法国疫情严重的时候，很多华侨都被感染了，有的甚至一家都病死了，那时候微信群里都是求救的信息。我们不能看着同胞就这样离去，我们很快发动在国内的侨领到青田买中药，运到法国，再通过各个协会把中药送到侨胞手里。救命要紧，那段时间，真的忙都忙不过来。只要有人需要中药，我们就想方设法用各种途径把药送到有需要的人手里。

　　华侨华人会一直都很积极地参与各类公益。这次疫情只是一个缩影，在此之前，华侨华人会每在家乡需要支援的时候都会伸出援助之手。2019 年，永嘉山早村发生严重的洪灾，会里自发组织募捐，为永嘉送去了华侨的一份心意。在洪灾发生前几个月，我刚好在法国接待过永嘉县的县长林万乐，对方收到捐款后，也非常感谢我们。

我始终觉得能为国家和家乡出一份力，是无比自豪的一件事。本来这次河南的水灾，我们也想捐一点，国家明确表示不需要华侨的捐款，中国驻法国大使馆也表示不需要。这样一来，我们就没捐了。

现在最重要的是"留根工程"

国家现在鼓励华侨落叶归根。因为我担任华侨华人会主席的这几年，各方面的工作做得比较出色，不管是中央、浙江还是温州市的领导都比较认可我，因此我经常被邀请参加各种会议。2018 年，我被五个部门推选参加全国政协十三届一次会议，其实我到现在也不知道是哪些部门推荐了我，但那一次参加政协会议给我留下了深刻的记忆。

接到邀请时，我还在法国。当我一踏上回国的飞机，一个乘务员就过来跟我说："任委员，您好，从现在开始，我要全方位地为您服务。"我之前从没有过这样的经历，一时间还有些不适应，连说不需要，他说这是上级的指令。等飞机落地后，机门一打开，下面站着两排人，拿着鲜花迎接我，他们接过我的护照和行李，还安排了一辆红旗车接我。我这一辈子都没有受过这样的待遇，政府邀请我作为海外侨领列席国家的政协会议，参加如此重大的会议，确实感到非常荣幸。

我还被温州鹿城区聘请为"海外传播官"，参与国内大事和家乡文化的对外传播工作。作为侨领，目前我个人觉得最重要的事情是传播中国文化。现在我国日益强大，经济发展迅速。在具有硬实力的基础上，如何把我们五千年灿烂的文化推出去，关系到我们国家的伟大复兴。所以我们法国华侨华人会就一直在推行华文教育，把我们中华民族优秀的文化传承下去。

我的女儿和儿子看上去是个中国人，但实际上脑子已经100%西化了。因为他在法国出生，吃法国餐长大，接受法国的教育，身边的朋友都是法国人，他们对很多中国优秀的传统文化都不了解。如果我们再不把文化传递给下一代，几代人之后，他们就忘了自己的根。我们现在大力推行华文教育，就是想增加华二代、华三代学习中华文化的兴趣。

华文教育是"留根工程"，许多华侨华人都已融入当地，现在我们必须重视华侨后代的中文教育。让这些年轻人既能融入当地，又能保留中华文化的优良传统。在这样的基础上，希望年轻人能够参政议政，在当地社会争取更多的话语权。这是很重要的事情，参与当地的政治，获得一定的社会地位，才能为当地的华侨做事情，维护华侨们共同的权益。我们目前已经组织了一批在各个行业的青年人，努力培养他们积极参政议政。但这需要一代代的华人共同努力。

再过一段时间，我就要从华侨华人会主席的位置上退下来了。现在也有在考虑华侨华人会接班人的事情，要培养一个会长很不容易，要同时满足几个条

任俐敏参加庆祝中国共产党成立100周年大会

件:第一，个人事业要成功；第二，要有一定的领导能力；第三，很关键的一点，要舍得花钱，华侨华人会开展很多活动都要自己掏钱，对待金钱要大方；第四，要有一定的高度，也就是格局，不能因为鸡毛蒜皮的事就跟别人脸红，这样做不了大事；第五，还要有无私奉献的精神，要爱国。这些都是一个优秀侨领所必须具备的品质。

各级侨联领导一直期望能有新鲜的血液加入华侨华人会当中，鼓励 45 岁以下的年轻人担任侨领。我也希望年轻人能尽早接过这一棒，挑起重担。但其实内心又很矛盾，把年轻人拉入侨领的队伍，有可能就是害了别人。因为侨联里的事情很多，要耗费很多精力，那年轻人就根本没时间做生意，会影响年轻人事业的发展，有可能就毁了他人的前途。这也是很矛盾、很头疼的事。

担任法国华侨华人会的主席，事情真的太多了，出钱出力，维护各方面的关系，不好当的。等我任期满了，就退下来，让其他人去做这些事。但即便我不当主席了，我也还能做很多事情，国家和家乡需要我的时候，我依然会献出自己的一份力量。凭借自己的能力和人脉，继续为华侨、为家乡做事情，这是一直都不会变的。

我目前最大的期望就是把中国优秀的文化在华侨华人当中继续传承下去，这是长久的事业，需要一代代人的努力。只有把中国优秀的文化传递下去，我们才不会忘记自己的根。

图书在版编目 (CIP) 数据

闯天涯：温州华侨口述史 . 第一辑 / 温州华侨口述
史课题组编 . -- 杭州：浙江大学出版社，2023.10
ISBN 978-7-308-24249-3

Ⅰ . ①闯… Ⅱ . ①温… Ⅲ . ①华侨－历史－温州
Ⅳ . ① D634.3

中国国家版本馆 CIP 数据核字 (2023) 第 179182 号

闯天涯：温州华侨口述史（第一辑）
温州华侨口述史课题组 编

责任编辑	韦丽娟
责任校对	吕倩岚
装帧设计	胡文胜
出版发行	浙江大学出版社
	（杭州市天目山路 148 号 邮政编码 310007)
	（网址：http://www.zjupress.com)
印 刷	浙江新华数码印务有限公司
开 本	710mm×1000mm 1/16
印 张	22
字 数	322 千
版 印 次	2023 年 10 月第 1 版 2023 年 10 月第 1 次印刷
书 号	ISBN 978-7-308-24249-3
定 价	128.00 元